착한 맥주의 위대한 성공, 기네스

Copyright ⓒ 2009 by Stephen Mansfield
Originally published in English under the title The Search for God and Guinness
by Thomas Nelson, Inc., 501 Nelson Place, Nashville, TN 37214, USA.
All rights reserved.
This Korean Edition Copyright ⓒ 2010 by Garam Publishing Co., Seoul, Republic of Korea
This Korean edition is translated and used by permission of Thomas Nelson, Inc.
through arrangement of rMaeng2, Seoul, Republic of Korea.

본 저작물의 한국어판 저작권은 알맹2 에이전시를 통하여 Thomas Nelson, Inc.와 독점 계약한 브레인스토어에
있습니다. 신 저작권법에 의하여 한국 내에서 보호받는 저작물이므로 무단전재와 무단복제를 금합니다.

착한 맥주의 위대한 성공, 기네스

스티븐 맨스필드 지음 | 정윤미 옮김

BRAINstore
브레인스토어

프롤로그

더블린의 성 제임스 게이트 St. James Gate 맥주 공장에는 기네스 문서보관소가 있다. 하루는 그곳의 야외 벤치에 앉아 있다가 건너편 벤치에 앉은 10대 남녀의 대화를 듣게 되었다. 금발의 미국인 여자아이는 옆에 앉은 남자친구에게 "그런데 기네스가 뭐니?"라고 묻는 것이었다.

순간 나는 웃음이 터져 나오는 것을 겨우 참았다. 그도 그럴 것이 커다란 맥주잔처럼 생긴 7층짜리 건물 옆에서 그런 질문을 하는 것은 어이없는 일이었다. 하지만, 남자친구는 아무렇지 않은 척하며 이렇게 대답했다.

"자기야, 기네스는 맥주 브랜드야. 정말 대표적인 브랜드지. 세계 어디를 가도 기네스 맥주를 모르는 사람이 없을 정도로 굉장히 유명해."

그는 비꼬지 않고 최대한 부드럽게 대답해주려고 애쓰는 것 같았다.

그런데 금발의 여자아이는 심드렁하게 응수했다.

"아니, 맥주 브랜드가 어디 한두 개야? 기네스 맥주는 뭐가 그리 특별한 거야?"

그러자 남자친구도 더는 할 말이 없다는 표정을 지으며 나에게 눈짓을 했다. 나는 그곳에 약속이 있어서 스포츠 코트를 입고 서류 가방을 들고 있었다. 아마 그런 모습을 보고 도움을 청할 만하다고 생각한 것 같다. 게다가 그 커플보다 내 나이가 두 배는 많을 것이고, 그들은 알 리가 없지만 내가 기네스 회사에 직접 근무한 적도 있으니 사람은 제대로 고른 것이었다.

남자아이는 나를 향해 좀 도와달라는 표정을 지으며 이렇게 외쳤다.

"저기요, 제 여자친구에게 기네스가 왜 유명한지 좀 설명해 주시겠어요?"

솔직히 말하면 그 순간에는 "됐어요. 내가 아니어도 되잖아요, 누구든 그 정도 설명하지 못하겠어요?"라고 말하고 싶었다. 하지만, 순간 귀찮은 생각은 사라지고 어젯밤에 친구들과 이야기한 것이 생각났다. 바로 기네스 이야기가 미국에는 거의 알려지지 않았다는 점이었다. 미국에는 기네스를 다룬 책이 거의 없으며 부쉬Busch와 쿠어스Coors 등의 대규모 미국 브랜드 때문에 뒷자리로 밀려나 있는 실정이었다. 그러니 기네스의 뒷이야기를 모른다고 해서 젊은 사람들을 비난할 문제가 아니라는 생각이 들었다. 그래서 나는 점잖은 목소리로 이렇게 응수했다.

"그럼 잠깐 이야기 좀 해줄까요?"

우선 나는 아더 기네스Arthur Guinness와 그의 후손에 대한 비공식적인 이야기를 간단히 들려주고 마침내 기네스가 유명 브랜드로 자리 잡게 된 경위를 들려주었다. 이야기의 초점을 최대한 맥주에 맞추려고 노력했는데, 두 사람의 표정을 보고 금세 내가 실수했다는 생각이 들었다.

둘은 예의 바르게 이야기를 듣긴 했지만 고맙다는 인사를 하는 둥 마는 둥 하더니 자리를 뜨고 말았다. 내 이야기가 두 사람의 귀를 사로잡지 못한 것이 확실했다. 그렇게 이야기를 끝내고 싶지 않아서 둘의 등을 보며 이렇게 외쳤다.

"그 중에서 나는 기네스 회사가 그동안 벌어들인 수익으로 대규모 자선 사업을 한 것이 가장 멋지다고 생각해요."

그러자 둘은 곧바로 고개를 돌려 나를 바라보며 "그게 무슨 말씀인가요?"라고 물었다.

옛날이야기를 늘어놓기 좋아하는 사람이라면 바로 그 순간에 가장 짜릿한 흥분을 느꼈을 것이다. 어린아이 둘이 한껏 호기심 어린 눈으로 귀를 쫑긋 세우고 있으니 본격적으로 흥미진진한 이야기를 늘어놓으면 되기 때문이다. 그래서 나는 본격적으로 이야기보따리를 풀어놓았다.

기네스 가문의 사람들이 굉장한 신앙을 가지고 있으며 그로 말미암아 사회에 공헌하고자 적극적으로 노력한다는 점을 강조하면서 특히 아더 기네스의 행적을 자세히 알려주었다. 그는 자신의 재산을 정의로운 방법으로 사용하고 주일학교를 장려했으며 결투 없이 우정을 쌓아가는 관계를 지향했다. 또한, 그는 불필요하게 사치를 부리는 생활을 강하게 반대했다. 그의 후손들의 이야기도 빼놓지 않았다. 그들은 고용인에게 높은 임금을 지불했으며 아일랜드의 역사 유적을 복원하고 가난한 사람들을 위해 주택을 제공하는 등 적극적인 복지사업을 펼쳤다.

내가 한창 이야기에 몰두하고 있을 때 여자아이가 친구들에게 이쪽으로 오라고 손짓했다. 그러자 다른 아이들이 아이팟을 끄고 내 이야기에 귀를 기울이기 시작했다. 정말이지 여자아이에게 뽀뽀라도 해주고 싶을 정도로 기분이 좋았다.

그렇게 내 이야기는 한참 이어졌다. 그 후로 들려준 이야기는 대부분 이 책

기네스 스토어하우스 자료 보관실에 있는 저자의 모습

에서 다룰 것이다. 나는 그 아이들에게 기네스 회사에 근무한 의사가 당시 이웃들의 처절한 모습을 직접 조사한 후에 기네스 이사회에 도움을 요청한 이야기, 기네스 가의 상속자 중 한 사람이 결혼하자마자 아내와 함께 빈민가로 이사한 후 그들의 빈곤 문제를 뿌리 뽑으려고 노력한 이야기를 들려주었다. 그들의 조부모 세대로 돌아가서 아일랜드의 맥주회사인 기네스가 당시 사람들을 돌보는 데 얼마나 많은 정성을 쏟았는지 알게 되면 지금 마이크로소프트나 구글의 명성은 아무것도 아니라는 점도 빼놓지 않았다.

그 순간 대여섯 명의 미국인 십 대 청소년들이 기네스 이야기에 푹 빠져들었다. 성 제임스 게이트 앞에서 그렇게 함께 하는 동안 이 세상에 너 중요한 일은 없는 것처럼 느껴졌다.

내가 말을 마치자 금발머리 여자아이가 "이제 가야겠네요"라고 말하며 일어섰고 남자친구도 곧이어 자리를 박차고 일어났다. 나는 도망치듯 서두르는 여자아이를 보며 껄껄 웃었다.

"너희들은 이제 어디로 갈 거냐?"

그러자 금발머리 여자아이는 몸을 반쯤 돌려 나를 보는 듯하더니 이내 친구들을 향해 이렇게 소리쳤다.

"그 사람들이 대단한 일을 했다잖아."

손가락으로 땅바닥을 쿡쿡 찌르는 제스처를 하며 "난 기네스가 한 일을 다 알아봐야겠어"라고 말을 맺었다. 그 말에 순간 감정이 벅차오른 나머지 나는 이렇게 대답해 주었다.

"그래, 가서 잘 알아보렴. 그리고 너는 그보다 더 큰 일을 하도록 노력해 보거라."

아마 아이들은 내 말을 속으로 비웃었을지도 모른다. 그렇지만, 나를 바라보는 아이들의 반짝거리는 눈빛에는 고맙다는 인사가 담겨 있었다. 그 중 한 명이 "감사합니다"라고 인사를 하고는 다들 떠나버렸다. 그 아이들은 모두 배가 훤히 드러나는 짧은 상의에 슬리퍼 같은 샌들을 신은 데다 문신과 피어싱을 하고 있었다. 내 눈에는 그 모습마저 예쁘게 보였다.

바로 그때에 기네스 자료보관실 담당자인 에이브린 로체Eibhlin Roche가 와서 "맨스필드 씨, 시작할 준비는 되셨습니까?"라고 물었다. 그건 처음부터 물을 필요도 없는 질문이었다. 나는 오래전부터 준비되어 있었으니까.

서문

나는 잘못 알려진 이야기를 바로잡고자 이 책을 기획했으며, 그 사실들이 진절머리가 나서 본격적으로 집필을 결심하게 되었다. 그리고 마침내 희망을 널리 알리려는 목적으로 완성되었다.

먼저 잘못 알려진 이야기가 무엇이었는지 알아보자.

어느 9월의 일요일 아침에 나는 친구를 따라 장로교회에 갔다. 검은 옷을 입은 목사가 단상에 오르더니 설교를 시작했다. 내용을 들어보니 그는 교육을 아주 많이 받은 데다 교회에 온 사람들을 매우 사랑하는 것 같았다.

설교를 마무리할 단계가 되어 그는 한 가지 이야기를 들려주었다. 주인공은 바로 유명한 맥주 가문을 일으킨 아더 기네스로, 그는 1700년대 중반에 더블린을 거닐면서 술에 찌든 아일랜드 사람들을 위해 자신이 무엇을 해야 할지 알려달라고 신에게 호소했다고 한다. 그 당시 사람들은 젊은 기네스조차 견디기 어려울 정도로 위스키와 진에 빠져 있었다. 그렇게 술 문제로 간절히 기도하자 하늘에서 신의 목소리가 들렸다고 한다. 기네스에게 주어진 명령은 마실수록 몸에 이로운 술을 만들라는 것이었다. 맥주는 도덕성이 땅에 떨어진 세상을 위해 하느님이 제시한 해답이었으며 그 모든 것은 아더 기네스가 하늘의 뜻을 잘 듣고 순종할 준비가 되어 있었기에 가능했던 일이라는 말로 끝을 맺었다.

설교는 굉장히 성공적이었다. 하지만, 하느님과 아더 기네스에 대한 이야기는 일종의 전설이라는 것을 금방 눈치 챌 수 있었다. 기네스 가에 대해 알려진 몇 안 되는 사실에서 지어낸 이야기가 분명했다. 나도 한때 아더 기네스의 생애를 연구한 적이 있었기 때문에 그 정도는 확신할 수 있었다.

설교가 끝난 후에 목사를 만나보았다. 그는 인터넷에서 그 이야기를 보고 깊은 감명을 받았으며 하느님께서 우리가 보기에 사소한 것을 통해 자신의 목적을 이루실 때도 있다는 점을 뒷받침하려고 이를 설교에 인용했다고 말했다. 이해할 만한 행동이었다. 사실 그 목사는 맥주까지 사용할 기세였다. 이 점은 추후에 다시 살펴볼 것이다. 아무튼, 그 이야기는 실화가 아니었다.

마크 트웨인은 거짓말은 아주 잠깐 사이에 온 세상을 한 바퀴 돌 정도로 빨리 퍼진다고 말했다. 인터넷을 사용하는 요즘 시대야말로 역사상 그 어느 때보다도 마크 트웨인의 말이 가장 어울릴 것이다. 진실 여부에 관계없이 이 이야기가 웹사이트를 타고 여기저기 퍼질 것이고 온갖 허풍과 거짓이 계속 추가될 것이다. 결국, 오래전에 위대한 기적을 일으킨 신의 존재가 더욱 부각될 것이다.

하지만, 그런 현상은 우리에게 아무런 도움을 주지 못한다. 아더 기네스Arthur Guinnes에 관한 진실은 아주 고상한 이야기이며 그 어떤 소문도 함부로 흉내낼 수 없을 정도로 독실한 종교심이 넘쳐난다. 그에 대한 실화에서는 하느님의 목소리도 등장하시 않고 땅바닥에 떨어진 당대 도덕성을 바로잡기 위해 맥주를 생산하는 일도 없지만, 인터넷에 떠도는 이야기보다 훨씬 더 흥미진진하고 감동적이다. 아더 기네스의 실화가 더 흥미로운 이유는 옛말에도 있듯이 신이 자연현상처럼 보이는 일을 통해 그 흐름을 '원하는 방향'으로 이끌어 가는 것이 느껴지기 때문이다. 더부에 기네스 가의 무용담은 인간미가 느껴지는 동시에 부담 없이 논하거나 따라해 볼 용기를 준다. 하지만, 실화가 아닌 전설은 진실을 왜곡하고 과장하여 제대로 된 교훈과 감동을 주지 못한다.

아더 기네스는 분명 믿음이 아주 신실했던 사람이었다. 대주교의 집안에 태어나서 아일랜드 교회식으로 철저히 교육받았으며 평생 '내 희망을 하느님께 두었다' 라는 가훈을 마음에 품고 살았다. 그는 복고주의자인 존 웨슬리 John Wesley의 영향을 크게 받았는데, 존은 기네스에게 부와 재능을 인류의 아픔을 치유하는 데 사용하도록 독려했다. 기네스는 성서의 말씀을 자신의 등불로 삼아 동시대 사람 중에서 가난한 이들을 극진히 보살폈고 자신의 재능을 펼치고자 노력했다.

아마 이 부분은 요즘 사람들에게는 좀 익숙하지 않을 것이다. 현대인들은 연설을 잘하는 목사들과 신의 위대한 손길의 증거를 한껏 부풀리는 설교 방식에 익숙해져 있다. 그래서 종교는 일상생활의 탈출구와 비슷한 것이며 믿음은 또 다른 세계에서 이루어지는 생활에 초점을 맞추는 것이라 여긴다. 아더 기네스 역시 믿음을 내세운 모험을 창시했다고 말할 수 있다. 하지만, 그가 말하는 믿음은 이 세상에서 열심히 노력해 가치 있는 희생을 하며, 부모에게 물려받은 기술, 훈련, 노동과 기술에 대한 애착을 신성한 것으로 여기는 태도를 말한다. 그 믿음은 땅의 산물에 기초한 것으로 노력과 연구를 통해 그것을 더 가치 있는 것으로 만들어냈다. 실제로 250년을 망라하는 기네스 가문의 역사는 믿음에 기초한 실력을 통해 부를 축적하고 그러한 부를 다른 사람들을 위해 사용했다. 이것이 바로 아더 기네스가 지향한 목표이며 오늘날 기네스가 상징하는 유산이다.

장로교 목사와 악수를 하고 바깥으로 나오니 9월의 햇살이 눈부시게 내리쬐고 있었다. 사람들이 진실을 제대로 모른다고 생각하니 안쓰러운 생각이 들었다. 이야기가 극적인 요소를 갖추는 데 반드시 하늘의 계시가 필요한 것은 아니며 도리에 맞는 일이 그저 일상적이고 소소한 일처럼 보일 수 있는데 말이다. 아더 기네스와 그 후손들의 이야기를 살펴볼수록 나는 그 점을 더욱 확신하게 되었다. 그리고 아더 기네스에 대한 근거 없는 이야기와 그 때문에 기네스 가의 실제 이야기에 큰 타격이 가는 것을 볼수록 진실을 반드시 밝혀야 한다는 생각이 강해졌다.

근거 없는 이야기는 금세 지루해지고 사람들에게 진한 감동을 주지 못한다. 나는 2008년 대통령 선거 운동이 시작되기 얼마 전에 ≪버락 오바마의 신앙The Faith of Barack Obama≫이라는 책을 출간했다. 내가 오바마 후보를 존경하긴 했지만 그를 지지하지는 않으므로 그의 당선을 노리고 쓴 책은 아니었다. 그보다는 오바마의 생애를 사용해서 미국 문화에 존재하는 종교적 트렌드를 밝히고 싶었다. 그런데 2008년 선거가 대단히 과열되고 오바마와 매케인을 지지하는 세력이 각자의 종교적 성향을 강하게 드러내자 나는 소규모

남북전쟁에 휘말린 꼴이 되고 말았다. 생명의 위협도 받았고 지옥에서 썩게 하겠다는 말도 귀에 딱지가 앉도록 들었다. 미리 계획된 강연은 모두 취소되고 친구들의 전화가 빗발쳤다. 워낙 민감한 시기다 보니 나는 미국 정치의 본모습을 가장 가까이에서 들여다보게 되었다.

상황이 일단락되고 나니 피곤함이 극도로 몰려왔다. 출간 기념회와 인터뷰가 쇄도한 탓도 있었지만 삐뚤어진 정치의 공허함을 보고 나니 허망했다. 정치는 진실한 삶을 보호하는 기술이 아니라 인생의 의미를 구하는 과정이었다. 정당 간의 분쟁은 신들의 전쟁처럼 지겹게만 느껴졌다. 내가 원한 것은 단순하고 인간적이며 전통과 뿌리가 살아있는 모습이었다. "이 세상에서 가장 멋진 것은 평범한 남자와 평범한 여자가 평범한 아이들을 키우며 사는 것"이라는 G. K. 체스터튼Chesterton의 말처럼 평범한 것에 숨겨진 진실을 꼭 알고 싶었다.

장로교 목사의 설교를 들은 것도 바로 그 무렵이었다. 그래서 실제 기네스가의 이야기 속에서 인간미와 유산 및 진정한 인생과의 연관성을 찾을 수 있지 않을까 하는 생각이 들었다. 나는 관련 서적을 탐독하고 전문가들도 만나보았으나 더블린에 있는 양조장을 직접 찾아가서야 조금씩 이해가 되기 시작했다.

오늘날 기네스라는 브랜드가 화려하고 첨단 기술과 막강한 영향력을 자랑하지만 정작 내 상상력에 불을 붙이지는 못했다. 그보다는 과거의 모습이 어땠을까 상상해보니 순수한 마음으로 자랑스레 양조 기술을 몇 대에 걸쳐 전수하는 가문이 그려졌다. 장인의 손길을 거친 보리, 물, 홉 열매, 이스트가 술로 변하는 모습을 그려보았다. 많이 마셔도 인사불성이 되는 것이 아니라 오히려 정신을 맑게 해주고 기운이 나게 하는 좋은 맥주를 만드는 모습이었다. 잘 길들인 말이 맥주가 가득한 큰 통을 운반하는 모습과 큰 통을 만드는 기술자들이 서툴고 경험 없는 후배들에게 기술을 전수하는 모습도 그려졌다. 바다 위에는 갑판마다 술을 잔뜩 실은 배들이 떠 있고 부둣가 인부들은 작업을 끝내고 시원한 맥주를 들이켤 생각에 부푼 채 열심히 맥주통을 내리고 있었다. 마침내 고단한 하루 작업이 끝나자 인부들은 한자리에 모여서 시원하게 맥주를 들이켰다. 선술집에 모인 남자들도 하루 일과를 마무리하는 자리에서 기분 좋게 맥주잔을 높였고, 가족끼리 옹기종기 모여서 맥주를 마시는 장면도 그려졌다.

마침내 지친 내 영혼이 찾아 헤매던 이야기의 윤곽이 드러났다. 기네스 가문은 대를 거듭하여 한 가지 기술을 연마했으며 가족 전체가 이 세상에서 선을 행하는 것을 당연하게 받아들였다. 세속적인 사람들의 이야기였지만 인간미가 있고 거룩한 면이 있는 이야기였다. 성 제임스 게이트 양조장에서 맡은 진한 보리 냄새가 묻어나면서도 여러 세대를 아우르는 옛이야기에서 흔히 볼 수 있듯이 인생의 쓴맛과 단맛이 모두 느껴지는 이야기였다. 그렇게 해서 나는 기네스 이야기에 심취하게 되었다. 물론 나의 지친 영혼이 아니더라도 기네스 이야기는 나의 큰 희망이자 관심사였다.

그런데 여러 달에 걸쳐 이 책을 준비하는 동안 대공황 이후로 가장 최악이라 할 정도의 경제 침체 현상이 나타나기 시작했다. 미국 내 주택 시장이 붕괴되기 시작하더니 먹고 먹히는 대부 관행과 무모한 대출 및 이에 대한 파생 금융상품인 '스왑swap' 때문에 오래전부터 휘청거리던 월 스트리트도 타격을 받았다. 얼마 지나지 않아 미국에서 내로라하던 주요 금융기업들이 무너져 내렸고 그나마 살아남은 기업들도 연방 정부의 도움에 전적으로 의지했다. 그렇게 미국 경제는 모래성처럼 무너져 내렸다. 어디를 돌아봐도 탐욕으로 물든 흔적이 역력했다.

사무실 텔레비전을 켤 때마다 폭음을 일삼고 비탄에 잠긴 사람들의 모습이 나오는 것에 완전히 질렸던 나는 기네스 가문의 이야기를 접하자 감사하는 마음마저 들었다. 그 속에는 나에게 용기를 주고 희망을 안겨주는 일화가 들어 있었다.

기네스 가는 가업이 된 양조업을 시작하는 순간부터 이 세상의 불우한 이웃들을 돕는 것을 하나의 의무로 여겼다. 그들은 우선 가족이나 다름없는 자사 직원들부터 살뜰히 챙겼다. 창립자인 아더의 증손자 에드워드 세실 기네스는 근본적인 회사 운영 방침을 다음과 같이 설명했다.

"직원들이 돈을 벌도록 적극적으로 지원해주지 않으면 회사가 돈을 벌 수 없다."

이러한 방침에 따라 기네스 양조장은 언제나 평균 임금보다 10% 내지 20%를 더 많이 지급했으며 아일랜드에서 가장 좋은 직장이라는 평판을 얻었다. 그뿐만 아니라 매일 모든 직원에게 가장 유명한 흑맥주를 2파인트씩 제공했다. 직원들은 대부분 이 때문에 기네스에 근무한다고 말할 정도였다.

또한 당시에 기네스가 직원들을 위해 마련한 각종 혜택은 구글이나 마이크로소프트와 같은 현대의 대표적인 기업들도 감히 상상하지 못할 정도였다.

1928년 기네스 회사 보고서를 잠깐 살펴보면 그 점을 쉽게 이해할 수 있다. 당시는 기업이 직원들의 복지 혜택을 크게 중시하던 시절이 아니었다. 하지만, 더블린에 있는 기네스 양조장에는 항상 전문의 두 명이 대기하고 있어서 직원들뿐만 아니라 배우자 및 자녀들도 진료를 받을 수 있었다. 이러한 혜택은 과부나 연금 수혜자들에게도 동일하게 적용되었다. 이들 의료진은 24시간 진료 체제를 유지하면서 직접 왕진을 가기도 하고 필요한 경우 환자를 대신해서 각 분야의 전문의들에게 자문을 구하기도 했다.

또한 직원들을 위한 치과의사, 약사, 간호사가 두 명씩 있었고 직원들의 가정을 방문하여 건강 상태를 체크해주는 '방문 치료사'와 마사지 담당자도 있었다. 결핵 치료를 받는 환자들을 위해 기네스 공장과 시골 지역의 요양원에는 병원용 침상도 마련되어 있었다.

하지만, 이는 시작에 불과했다. 퇴직자들은 본인 부담 없이 '이사회의 결정에 따라' 연금을 받았다. 이러한 혜택은 과부가 된 사람들에게도 똑같이 적용했다. 또한, 직원이나 직원 가족이 상을 당하면 회사에서 장례식 비용을 거의 다 부담했다.

그뿐만 아니라 직원들의 생활수준 개선을 위해 회사 측에서 저축 은행을 개설하여 주택마련 자금을 대출해 주었다. 집뿐만 아니라 생활수준 및 삶의 질 향상을 위해 바느질, 요리, 인테리어, 정원 가꾸기, 모자 만들기 등 각종 경연대회를 개최했으며 직원들의 배우자를 위한 강연과 음악회도 기획했다. 주부의 도덕적·지적 수준이 곧 가정의 도덕적·지적 수준을 결정한다는 생각에서 비롯된 것이었다.

동일한 논리에 따라 각종 길드와 노동조합도 전폭적인 지지를 받았다. '개, 닭, 오리 등을 비롯 비둘기 및 새장에서 기르는 각종 새'들을 보호·사육하는 단체, 각종 채소와 꽃을 키우는 단체, '국내 산업을 장려'하는 단체도 있었다. 그뿐만 아니라 게일식 축구Gaelic football, 아일랜드에서 하는 축구와 비슷한 경기로서 한 팀이 15명으로 이뤄지며 다소 난폭하다–옮긴이, 크리켓, 사이클링, 복싱, 수영, 헐링hurling, 하키와 비슷한 아일랜드의 구기 종목–옮긴이, 줄다리기 경기를 후원하는 스포츠 단체도 결성되었다. 이밖에도 맥주 양조와는 전혀 무관한 각종 단체가 관련 사회단체가 아니라 바로 회사로부터 적극적인 후원을 받았다.

교육 혜택 또한 현대의 어느 기업과 비교해도 뒤지지 않을 정도로 파격적이었다. 기네스 회사는 14세에서 30세 사이의 모든 직원이 더블린의 기술학교에서 공부할 수 있도록 학비를 지원했으며 일정 수준 이상의 직원들에게는 추가 교육도 지원했다. 공장에는 책을 대여할 수 있는 도서관은 물론이고 음악을 즐길 수 있는 장소와 '직원 전용 공간'이 있어서 책을 읽거나 생각을 정리하고 회사일이 아닌 다른 것에 마음 놓고 집중할 수 있었다. 그뿐만 아니라 목각, 케이지 제작, 뇌문가장자리에, 직선을 이리저리 꺾어서 번개 모양을 형상한 무늬–옮긴이 세공, 스케치, 사진 촬영, 캐비닛 제작, 서예, 음악, 성악, 댄스 등 다양한 강좌가 마련되어 있었다.

이처럼 기네스의 관용은 한계가 없는 것처럼 보였다. 매년 모든 직원이 가족과 소풍을 즐기도록 유급 휴가를 받았다. 기차 티켓은 물론이고 식비와 각종 오락비를 회사가 모두 지원해 주었다. 독신 직원들은 연인과 데이트하는 것으로 이를 대체했으며 비용 전액을 회사에 청구할 수 있었다. 퀸 빅토리아

즉위기념일이 되면 1주일 봉급이 보너스로 지급되었다.

　탐욕과 부질없는 특권을 추구하느라 매일같이 인생을 망치는 요즘 사람들을 바라보다가 이렇게 후히 베푸는 기업 이야기를 읽으니 마음이 한결 푸근해졌다. 기네스 가의 이야기는 요즘처럼 각박한 세상에 적절한 자극과 편안함을 고루 전해주는 것 같다. 그뿐만 아니라 기네스의 유산에서 얻을 수 있는 교훈을 생각해보면 또 한 번 감동을 받게 된다. 사람들을 혼란스럽게 하던 모델이 아니라 새로운 모델을 찾아서 처음부터 새로 시작하려는 기업들 역시 기네스 모델에서 교훈을 얻을 수 있다. 바로 그 희망이 내 마음의 무거운 짐을 덜어주고 이 책을 집필할 동기를 불어넣어 주었다. 희망은 내가 기네스 이야기에 집착하는 주된 이유이다.

　그런데 기네스 가문의 이야기를 하려면 맥주를 빼놓을 수 없다. 사실 맥주에 관해서 나는 문외한이나 다름없다. 평소에 맥주를 즐겨 마시는 사람이 절대 아니기 때문이다. 그렇지만, 맥주를 둘러싼 문화와 맥주를 마시는 분위기에서 인간관계가 돈독해지는 것은 정말 매력적인 요소이다. 그래서 맥주 이야기를 할 때 나는 사탕 가게 바깥에서 유리문에 코를 바짝 대고 부러운 눈으로 가게 안을 들여다보는 어린 소년이 된다.

　이런 생각은 어린 시절 아버지가 저녁에 퇴근하는 모습을 보면서 시작된 것 같다. 미국 육군 장병이었던 아버지는 키가 아주 크고 군복을 입은 모습이 위풍당당해 보였다. 아버지는 퇴근하자마자 군복과 신발을 벗고 편안한 스웨터를 입었다. 아버지의 기분이 좋을 때면 형과 내가 군화를 벗겨 드리다가 장난으로 레슬링을 할 때도 있었다. 아무튼, 퇴근 후 아버지의 이동 경로는 정해져 있었다. 침실에서 옷을 갈아입고 주방으로 가서 간단히 요기한 다음 편안한 소파에 누워서 저녁 뉴스를 보는 것이었다. 뉴스를 볼 때면 어김없이 맥주를 들이켜곤 했다. 맥주를 한 잔에서 한 병 정도 마시면서 땅콩 한 줌을 먹지 않고서는 도저히 못 살 사람처럼 보였다.

전쟁 용사였던 아버지는 조금씩 편안한 아빠의 모습으로 변하셨다. 맥주를 마시며 혼자 신문을 읽는 데 푹 빠질 때도 있었다. 남자는 다 저러기 마련이니까 내가 크면 그런 아빠의 모습을 이해할 수 있으리라 생각했다. 아버지의 인생에서 맥주가 등장하는 순간은 아주 많았다. 맥주를 빼면 군인의 삶을 논할 수 없다고 해도 과언이 아닐 것이다. 부모님은 장교 모임에 나가거나 부대 전체가 야유회를 갔을 때, 골프를 칠 때면 어김없이 맥주를 마셨다. 그럴 때면 농담이 오가고 박장대소가 터져 나왔으며 나는 어른들의 대화를 조금이라도 더 들으려고 귀를 쫑긋 세웠다. 그렇게 내 머릿속에는 맥주의 이미지가 형성되었다. 어린 나이였지만 맥주는 인간관계를 돈독히 하고 사람들의 마음을 열어주고 경계를 늦춰주는 효과가 있다는 것을 깨달았다. 맥주를 마신 아버지는 완전히 딴 사람처럼 보였다. 맥주를 너무 많이 마셔서 그런 것이 아니라-아버지는 절대로 과음하는 분이 아니었다-맥주를 마시면 편안해 보여서 주변 사람들을 푸근하게 대해 주었기 때문이었다.

아마 고등학교 동창들도 이러한 신비감을 이해하고 싶어서 맥주에 푹 빠졌을 것이다. 그러다가 우리 가족은 아이오와 주 디모인으로 이사했다. 새로 전학 간 학교에서 사귄 친구들은 이 세상에서 가장 좋은 음료는 바로 '쿠어스 Coors'라는 혼합음료라고 말했다. 하지만, 아이오와 주에서는 쿠어스 판매가 금지되어 있었기 때문에 십여 명의 학교 친구들은 쿠어스를 합법적으로 구매할 수 있는 근처의 다른 지역에 가서 몰래 사오곤 했다. 그럴 때면 학교 친구들은 곤드레만드레 취할 정도로 술을 마셨지만, 솔직히 말해서 나는 쿠어스가 맛있다는 생각이 들지 않았다. 그래서 흥청망청 거리는 친구들의 음주 문화에서 한 걸음 물러나서 우리 아버지 세계의 맥주 문화에 더 흥미를 느꼈다.

시간은 금방 흘러서 나는 대학생이 되었다. 나중에는 강연도 하고 책도 내고 정치도 조금 관여해 보았다. 그러면서 내 인생에서 우정과 인간관계의 의미를 찬찬히 생각해 보았다. 그 무렵 집에서 술을 빚는 것이 유행하면서 거의 모든 도시마다 직접 술을 빚어서 파는 음식점이 등장했다. 그때 다른 변화도 함께 나타났다. 그야말로 문화적 변화였다. 베이비붐 세대가 나이를 먹으면서 벌어진 현상인지 아니면 예전 세대가 커피에 심취했던 것에 비해 요즘 20대가 맥주와 술에 열광하는 현상인지 알 수 없었다. 어쨌든 친구, 직장 상사나 직장 동료, 배우자와 함께 시원한 맥주 한잔을 즐겨야 멋있는 사람이라는 말을 들을 수 있었다.

집 근처 내슈빌에 비행접시라는 술집이 있었다. 그곳에 가면 이러한 문화적 변화를 극명하게 볼 수 있었다. 나는 다이어트 콜라를 시켜놓고 손님들을 구경했다. 교회 장로들이 모여서 맥주를 마시는가 하면 노트북을 펼쳐놓고 프레젠테이션에 열중하는 회사원들도 있었다. 그들은 2차로 어떤 맥주를 마실지 의논할 때 외에는 프레젠테이션에 온전히 몰입해 있었다. 그런가 하면 벨기에산 맥주를 맛보려고 온 가족들도 보였고 저편 구석에는 연방 깔깔 웃어대면서 그날의 맥주를 주문하는 아가씨들도 보였다. 다들 유럽 사람을 흉내 내고픈 기색이 역력했다. 과거 술 문화를 놓고 도덕성을 따지던 고리타분한 미국인의 모습은 온데간데없고 오로지 친구들과 맥주를 함께 마시면서 즐거운 시간을 보내고 픈 마음만 가득한 것이 분명했다.

이 또한 내가 기네스에 매력을 느낀 이유였다. 중요한 순간마다 흑맥주를 마시며 살아온 250년의 역사를 상상해 보았다.

세계적으로 유명한 기네스 맥주

새 생명이 탄생했을 때, 늙은 부모가 돌아가셨을 때, 자녀가 좋은 학교에 입학했을 때, 신혼부부가 다정하게 신방으로 들어가는 모습을 볼 때 사람들은 맥주를 마셨을 것이다. 인생의 행복한 순간과 의미 있는 순간에는 언제나 맥주가 함께 했다. 매일 천만 명이 넘는 사람들이 기네스 맥주를 한 잔 가득 마셨을 것이다. 그로 말미암아 그들의 삶은 더욱 풍요해지고, 소중한 사람들과 함께 하는 즐거움과 우정의 의미도 깊어졌을 것이다.

솔직히 말하자면 술이나 맥주를 전혀 마시지 않던 나로서는 술자리는 그저 기분을 들뜨게 한다는 이미지를 떠올릴 수밖에 없었다. 술은 그저 현실을 기피하고 감상적인 세계로 빠지려고 마시는 것으로 생각했다. 하지만, 지금은 그때 모르는 사실을 깨달았다. 맥주는 단지 술에 취하려는 도구도 아니고 나쁜 짓을 저지르기 전의 전주곡도 아니었다. 맥주는 적당히 마시면 신이 내린 선물과도 같은 음료였다. 어쩌면 신은 맥주의 매력을 숨겨놓고 희열을 느꼈을지 모른다. 이제 인간들은 특별한 날이나 순간을 기념하거나 인생의 혹독한 시련을 직면할 때 동료들과 함께 맥주를 마시며 마음을 달래고 있다.

나는 아더 기네스에 대해 사람들이 오해하는 점이 많다는 사실을 알게 되었다. 그에 더하여 인생의 중심에서 정치에 대한 허탈감을 느꼈으며 보다 고상한 비즈니스 세계를 고대하게 되었다. 물론 사람들이 맥주를 한잔하면서 친해지는 비결에 대한 궁금증도 있었다. 이런 점이 모두 합쳐져서 이 책을 집필한 동기가 되었다.

이 책은 소중한 유산, 신앙, 장인 정신을 찾아나서는 여행에 비유할 수 있다. 과거 세대로부터 배울 점을 찾으려는 나의 의지에 더하여 그들의 종교적 의식을 이해하려는 열정도 무시할 수 없었다. 그러므로 이 책은 기네스의 뿌리를 찾아가는 나의 탐험 여정을 보여줄 것이다.

기네스에 대한 몇 가지 사실

- 매일 세계 전역에서 사람들이 마시는 기네스 맥주는 천만 잔이 넘는다. 이는 파인트로 환산하면 매년 20억 파인트가 넘는 양이다.

- 아더 기네스는 1759년에 더블린의 성 제임스 게이트에 있는 유명한 건물을 대여하여 기네스 양조장의 문을 열었다. 무려 9천 년 동안 대여한다는 조건이었다.

- 아더 기네스는 아일랜드에서 최초로 주일학교를 열었으며 결투 대결을 반대하는 운동을 벌였고 가난한 사람들을 위한 병원 이사직을 맡았다.

- 기네스 양조장이 리피 강River Liffey에서 물을 가져다 쓴다는 말은 잘못 알려진 것이다. 양조장의 물은 대부분 더블린 정남쪽에 있는 위클로우 산Wicklow Mountains의 계곡에서 조달한 것이다.

- 1920년대에 기네스에 근무한 직원들은 회사로부터 치과를 포함하여 전반적인 의료 혜택을 지원받았다. 직원들은 마사지 서비스도 이용할 수 있었고 회사가 부담하는 연금 혜택, 장례비 지원, 교육비 지원, 스포츠 설비 및 독서실 이용, 무료 음악회, 간식 제공, 각종 강연 및 오락 프로그램을 지원받는 것에 더하여 매일 기네스 맥주 2파인트를 무료로 받았다.

- 1차 세계 대전이 벌어지자 기네스는 징용된 직원들에게 전쟁이 끝나면 복직시켜 주겠다고 약속했으며 가족에게 월급의 절반을 계속 지급했다.

- 2차 세계 대전이 발발한 지 얼마 되지 않은 1939년 12월에 기네스는 영국 육군 소속의 모든 군인에게 크리스마스 저녁 식사를 즐기도록 흑맥주를 1파인트씩 제공했다.

■■ 1900년에 기네스의 의료책임자인 존 럼스덴John Lumsden 박사는 더블린에 있는 수천 가구를 직접 방문한 다음, 그 자료를 토대로 직장 내 질병, 불결, 무지 퇴치에 앞장섰다. 그 덕분에 아일랜드 적십자가 문을 열었고 럼스덴 박사는 조지 5세로부터 기사 작위를 받았다.

■■ 위젯widget, 기네스 맥주 캔에 질소를 적절히 주입하는 데 사용하는 작은 플라스틱 캡슐은 1991년에 기술 발전상을 수상했다. 2005년에 영국에서 실시된 조사 결과에 따르면 위젯은 지난 40년 동안 가장 뛰어난 발명품으로 인정받았다.

■■ 현재 기네스는 150개국에서 판매되고 있으며 기네스 양조장이 있는 국가는 49개에 이른다.

■■ 2003년 위스콘신 대학의 연구 결과에 의하면 하루에 기네스 1파인트를 마시는 것이 심장에 매우 좋다고 한다.

■■ 기네스의 창립자인 아더 기네스의 손자인 헨리 그라탄 기네스Henry Grattan Guinness는 기독교에서 영향력 있는 리더로서 당대의 드와이트 L. 무디Dwight L. Moody와 찰스 스펄전Charles Spurgeon과 어깨를 나란히 할 정도였다. 그는 '19세기의 빌 그레이엄Bill Graham, 독일 출신 미국의 음악 공연 흥행가-울긴이'이라는 별명을 얻기도 했다.

■■ 1910년에 세상을 떠난 헨리 기네스는 오스만의 예루살렘 장악이 1917년에 끝날 것임을 정확히 예측했을 뿐만 아니라 1948년에 이스라엘이 복원될 것이라는 내용을 담은 베스트셀러를 출간했다.

■■ 기네스는 무엇보다도 파격적인 직원 복지 정책으로 잘 알려져 있다. 양조장을 맡고 있던 기네스 가족 성원의 한 사람은 이렇게 말했다. "직원들이 돈을 벌도록 적극적으로 지원해주지 않으면 회사가 돈을 벌 수 없다."

■■ 1890년대에 루퍼트 기네스Rupert Guinness는 결혼식 날 아버지로부터 500만 파운드를 받았다. 그는 앞으로 기네스를 물려받을 인물이었다. 루퍼트는 그 돈을 받은 즉시 슬럼가로 이사하여 가난한 사람들을 돕는 다양한 프로그램을 실시했다.

차례

프롤로그 4
서문 9
기네스에 대한 몇 가지 사실 23

제1장 기네스가 탄생하기 전에 29

맥주는 모든 문명이 형성되는 데 크게 기여했으며 옛 조상이 중요한 결정을 내릴 때 적지 않은 영향력을 주었다. 어떤 교수는 서슴지 않고 인간이 처음으로 문명을 세우는 데 성공한 비결은 바로 '맥주'라고 주장했다. 그렇다면, 지금까지 우리는 왜 과거 역사를 논할 때 맥주를 별로 언급하지 않았을까?

제2장 아더 기네스의 등장 65

1771년 아더 기네스가 더블린에 와서 다 쓰러져 가는 허름한 공장을 매입하던 시기가 그의 생애 중 최고의 순간이었을 것이다. 기네스 본인도 그 공장이 훗날 자신의 이름을 전 세계에 떨치는 발판이 되리라고는 상상도 못했을 것이다. 그는 수로의 벽을 허물고 리피 강에서 사유지로 물을 끌어오는 파이프를 더 큰 것으로 교체하면서 공장 운영을 시작했다.

제3장 조상들의 발자취를 따라 걷다 107

아더 기네스 2세는 35세가 되던 해에 성 제임스 게이트에 있는 공장의 경영권을 물려받았다. 이미 그는 십 년간 아버지 밑에서 공장 운영에 대해 배운 상태였다. 기네스 가에서는 그런 식으로 자녀에게 가업을 이어받을 준비를 시켰다. 그가 아버지 밑에서 일하던 십 년 동안 기네스 공장은 더블린에서 가장 규모가 큰 맥주 양조업체로 성장했다.

제4장 부를 나누어 선행을 실천하다 153

기네스 기업 문화는 지난 200여 년 동안 직원들의 생활을 크게 개선해주고 더블린의 빈곤층을 지속적으로 도와주었으며 다른 기업들에 직원들을 돌보는 것이 가장 중요한 업무라는 사실을 일깨워주는 등 많은 업적을 이루었다. 신의와 친절, 관대함을 특징으로 하는 기네스 기업 문화는 직원들에게 큰 감동을 주었다.

제5장 성직자의 길을 선택한 사람들 189

헨리 그라탄 기네스의 자손 중에는 기독교 목사, 선교인 겸 의사, 기독학교 교사, 왕실 공군의 군목사가 되거나 아시아에서 선교 활동을 한 사람이 굉장히 많다. 그렇다면 그 시작은 과연 어디인가. 아더 기네스의 자녀들은 열 명당 한 명 꼴로 독실한 기독교인이 되어 신앙의 힘으로 한 나라의 역사를 바꾸는 위력을 발휘했다.

제6장 20세기에 들어선 기네스 235

20세기의 여명이 밝을 무렵 기네스는 이미 세계 어디에서도 경쟁업체를 찾아볼 수 없는 대규모 맥주 브랜드로 우뚝 서 있었다. 직원들은 삼천 명이 넘었으며 기네스의 맥주 생산과 관련된 일을 하는 사람들은 1만 명 이상이었다. 1900년대 초반에는 사람들이 입을 딱 벌릴 정도로 급격히 성장했다.

에필로그 : 기네스의 방식 282
감사의 말 292
참고자료에 대하여 295
작가에 대하여 300
옮긴이의 말 302

제1장
기네스가 탄생하기 전에

맥주는 모든 문명이 형성되는 데 크게 기여했으며 옛 조상이 중요한 결정을 내릴 때 적지 않은 영향력을 주었다. 어떤 교수는 서슴지 않고 인간이 처음으로 문명을 세우는 데 성공한 비결은 바로 '맥주'라고 주장했다. 그렇다면, 지금까지 우리는 왜 과거 역사를 논할 때 맥주를 별로 언급하지 않았을까?

윌리엄 셰익스피어는 '지나간 모든 것은 서막에 불과하다' 라는 말을 남겼다. 나는 이 명언에 대해 오랜 확신을 가지고 있었다. 그러나 내가 학창시절에 필수과목이었던 역사 시간에는 이 명언을 배울 기회가 전혀 없었던 것 같다. 역사 시간에 배운 것은 도무지 현재 사건의 서막이라는 느낌이 들지 않는다. 그 후에 일어난 일들과 아무런 관련도 없는 것 같고 현실에 별다른 의미를 부여하지도 않는 것 같다. 마치 '그때는 그때이고 지금은 지금일 뿐이다' 라는 느낌이 들었다. 외우기 어려운 날짜와 인명이 계속 나오는 역사 교과서를 보면 지루하다 못해 정신이 멍해지는 것 같았다.
　돌이켜 생각해보면 역사 시간을 그토록 지겹게 만든 요인 때문에 나중에 역사를 좋아하게 된 것 같다. 이 세상에 사는 수많은 사람과 마찬가지로 그 설문조사가 진실이라면, 나는 한 사람의 성인으로서 역사에 대단히 매료되었을 것이다. 이는 먼지투성이 교실에서 역사 수업을 들을 때에는 도저히 상상도 할 수 없는 일이다.

그래서 기네스 이야기를 조사할 때는 셰익스피어의 명언을 가슴에 새기고 기네스가 탄생하기 전 맥주의 역사에 대해 알아보기 시작했다. 조사의 목적은 기네스 이야기가 흘러나온 근원, 구체적으로 말해서 맥주의 세계를 이해하는 것이었다. 조사 결과는 한마디로 놀라움 그 자체였다. 나는 역사 분야에서 박사 학위를 받았고 여러 해 동안 강의와 집필을 준비하느라 연구를 계속했지만, 맥주가 수백 년 동안 어떤 역할을 했는지 알게 된 것은 이번이 처음이었다. 맥주를 주제로 역사를 연구하다 보니 맥주 이야기는 역사의 주류에서 벗어나 잘 알려지지 않은 주제가 아니라 주요 문학과 문명의 발전 및 역사 전체의 흐름에 밀접하게 관련되어 있다는 사실을 알게 되었다.

한 가지 예를 들어 설명해 보겠다. 아마 다들 청교도 이야기는 익히 들어서 알고 있을 것이다. 미국인들은 추수감사절만 돌아오면 청교도가 메이플라워호를 타고 신대륙으로 건너온 이야기를 회고하곤 한다. 그런데 여기에는 대부분 잘 모르는 이야기가 있다. 추수감사절의 유래는 이미 다 아는 이야기인데 무슨 엉뚱한 소리냐고 반문할지 모른다. 그러나 역사를 되돌아볼 때 맥주가 얼마나 흥미를 더해주는지 이해한다면 내 말에 공감할 것이다. 매우 중대하고 잊을 수 없는 역사적 사건마다 맥주에 관련된 일화가 빠지지 않고 등장한다.

1621년에 뉴잉글랜드의 겨울은 유달리 춥고 힘들었다. 당시 청교도라 불리던 몇몇 영국인들은 갖은 고생을 하며 불모지처럼 보이는 케이프 코드Cape Cod에 생활 터전을 꾸미고 있었다. 사실 당시에 그들이 생명을 부지한 것 자체가 거의 기적에 가까운 일이었다. 대서양을 횡단하느라 66일 동안 바다에서 사투를 벌인 것이 불과 몇 달 전의 일이었다. 대서양의 거센 파도에 몇 주 동안 헤맨 적도 있었다. 갑판에 갇히다시피 했을 때에는 죽음이 코앞에 닥친 것 같았다. 바닥에 가득한 오물 때문에 발을 디딜 곳이 없었다. 사람들은 그저 비명을 지르고 눈물을 쏟을 뿐이었다.

그들은 대서양을 횡단하여 정작 신대륙에 도착해보니 상황은 예상외로 암울했다. 후에 식민지 지사가 된 윌리엄 브래드포드William Bradford는 이렇게 기술했다.

'우리는 항해를 준비할 때부터 산더미 같은 장애물을 넘어야 했고 항해 중에도 갖은 고생을 겪었다. 그러나 정작 신대륙에 도착해보니 우리를 반겨주는 이는 아무도 없었다. 무사히 도착한 것을 자축하거나 오랜 여행에 지친 몸을 달랠 호텔도 보이지 않았다. 마을은커녕 도움을 요청할 집 한 채도 눈에 띄지 않았다.'

그야말로 청교도들은 광야의 모퉁이에 홀로 서 있었다.

1621년 3월부터는 살을 에는 찬바람을 맞아가며 추위를 피해 몸을 녹일 숙소를 짓기 시작했다. 원주민들이 멀리서 지켜보고 있었기 때문에 보안을 강화하는 것도 시급한 일이었다. 원주민들의 피부는 갈색에 가까웠고 정체를 알 수 없는 이 불청객들을 경계하는 눈치였다. 그들에게 접근하려고 한 번 시도해 보았지만 모두 경계하는 표정으로 달아나 버렸다. 할 수 없이 청교도들은 나무 꼭대기에 올라가서 자신들을 주시하는 원주민들 때문에 늘 총을 곁에 두고 일해야 했다.

3월 16일은 날씨가 확 풀려서 따스한 봄기운이 느껴졌다. 그날 원주민과 청교도 사이의 대립 구도도 해결되었다. 키가 크고 몸이 단단해 보이는 어떤 원주민이 나무에서 내려와 청교도들이 있는 곳으로 성큼성큼 걸어왔다. 청교도들은 재빨리 총을 집어 들었다. 이들은 가까이 다가온 그 남자를 보고 화들짝 놀랐다. 그도 그럴 것이 원주민 남자는 성인 남자의 손바닥만한 가죽을 허리에 끈으로 묶어서 중요한 부위를 가렸을 뿐 나체를 그대로 드러내놓고 있었다. 그는 활과 화살 두 개를 가지고 있었다. 머리는 등을 덮을 정도로 길었지만, 이마로 연결되는 머리 앞부분은 일부러 밀어버린 것 같았다. 정말이지 영국에서는 안 빈노 보지 못한 기괴한 모습이었다.

그의 모습은 기겁할 정도였으며 그다음에 벌어진 일도 그에 못지않게 충격적이었다. 그 남자는 가까이 다가와서 잠시 머뭇거리더니 아주 명확한 발음으로 "환영합니다"라고 외쳤다. 그다음에 이어진 말은 더 황당했다. 그는 완벽한 영어로 맥주를 가져왔냐고 묻는 것이었다. 세상에, 그들이 찾는 것은 바로 맥주였다.

이는 틀림없는 사실이지만 교과서나 텔레비전의 추수감사절 특집 프로그램에서 언급되지 않았기 때문에 사람들은 이 사실을 거의 모르고 있다. 순례자 이야기를 할 때 어김없이 등장하는 ≪몰트의 이야기Mourt's Relation≫와 ≪플리머스 식민지에 대하여Of Plymouth Plantation≫라는 책 외에는 어디에서도 이 점을 언급하지 않는다. 그 인디언 남자의 이름은 사모셋Samoset이었다. 이야기를 들어보니 그는 영국 상선을 타고 뉴잉글랜드 해변을 누비면서 영어를 완전히 마스터했고 영국인들을 좋아하게 되어 영국 문화를 배우던 중에 영국 맥주에 푹 빠진 것이 틀림없었다. 이렇게 해서 사모셋과 그의 옆에 서 있던 말 없는 스콴토Squanto라는 인디언은 순례자들이 직면한 또 다른 모험의 대상 이었다.

그 후로도 맥주는 순례자 이야기에서 중요한 역할을 했다. 일례로 순례자들이 마침내 뭍에 내려 정착하게 된 과정을 함께 살펴보자.

메이플라워 호 승객들은 갑판 가득 맥주를 싣고 영국에서 출발했다. 맥주를 관리하는 사람은 롱펠로우 이야기의 주인공인 존 알덴John Alden이라는 유명 인사였다. 불행하게도 뉴잉글랜드에 도착할 무렵이 되자 맥주 저장소는 거의 바닥을 드러냈다. 이는 거의 재앙에 가까운 일이었다. 그들에게 맥주는 단지 기분전환을 위해 마시는 음료가 아니었다. 신세계에 가면 맥주만한 의약품이 없으리라 생각했기 때문에 맥주가 동나자 모두 안절부절못했다. 또한, 그 당시에는 물을 그대로 마시면 위험하기 때문에 주로 맥주를 마셨다. 유럽의 주요 도시는 사람들이 너무 밀집되어서 주변의 강이나 수원은 심하게 오염된 상태였다. 그래서 물을 그대로 마시는 것은 자살 행위나 다름없었다. 17세기 유럽인들은 어떤 물이든 안심하고 마실 수 없다고 단정지었다. 하지만, 맥주는 비교적 깨끗하고 몸에 좋은 음료였다. 그 시절의 사람들은 물을 끓이기만 하면 모든 문제가 해결된다는 것을 몰랐을 뿐이다. 실제로 맥주를 제조할 때는 물을 끓여 사용하며 알코올 성분이 물을 오염시키는 균을 없애주므로 맥주는 물보다 안전한 음료였다.

그러니 맥주가 거의 바닥을 드러낸 현실은 순례자들의 마음을 더욱 분주하게 만들었다. 그들은 즉시 배에서 내려 신대륙에 삶의 터전을 가꾸기 시작했다. 신대륙에 도착한 것은 11월 말이었지만 그 후로 거의 한 달간 보금자리를 틀기에 좋은 자리를 찾아다녀야 했다. 당시의 속 타는 심정을 윌리엄 브래드포드는 이렇게 회상했다.

"맥주, 버터, 신선한 식재료와 그밖의 식품이 조금 남아 있었지만, 며칠 버티지 못할 것이 분명했다. 맥주와 식품이 모두 동나면 어떻게 해야 할지 생각하면 막막하기만 했다."

먹을 것이 거의 다 떨어질 무렵 보금자리를 틀 만한 장소를 발견했다.

"해변으로 다시 가서 제일 낫다고 생각되는 두 곳의 장소 중에서 하나를 선택하기로 했습니다. 이제는 더 고민하거나 다른 장소를 물색할 여력이 없습니다. 맥주는 물론이고 식량도 거의 동나버렸습니다."

그렇게 해서 매사추세츠 주, 플리머스Plymouth라는 도시가 탄생했다. 그 와중에 청교도들이 가장 먼저 세운 정식 건물이 바로 맥주 공장이었다는 사실을 보면 또 한 번 맥주가 얼마나 중요한 것이었는지 알게 된다. 맥주의 역사를 일목요연하게 정리한 그레그 스미스Gregg Smith는 '맥주가 거의 바닥을 드러내자 청교도들은 플리머스에서 첫 겨울을 맞으며 가장 먼저 맥주 공장을 건립했다' 라고 기술했다.

당장 마실 맥주가 없는 것도 아닌데 청교도들은 초조함을 견디지 못했다. 곧 인구가 늘어나면 유럽에서 맥주를 가져와도 부족할 것이 분명했다. 낯선 곳에 자리 잡느라 갖은 고생을 마다하지 않았지만, 맥주가 넉넉하지 않은 것만큼은 도저히 견딜 수 없었던 것이 분명하다.

십 년 후인 1630년에 청교도들이 뉴잉글랜드를 다시 찾았을 때에는 비슷한 어려움을 겪지 않으려고 맥주를 아주 넉넉히 챙겨왔다. 다섯 척의 배 중에서 아벨라Arbella라는 배에는 맥주가 42통이나 실려 있었다. 1통이 252갤런이므로 적어도 1만 갤런 이상의 맥주를 가져왔다는 뜻이 된다. 또한, 보스턴이라는 새로운 도시를 건축할 때에도 양조장을 매우 중시했다.

하지만, 내가 말하려는 요점은 청교도들의 첫 여행이나 그 후로 신세계에 새 보금자리를 마련하는 과정에서 중요한 순간에는 항상 맥주가 빠지지 않았다는 점이 아니다. 물론 그것이 핵심은 아니지만 어쨌든 맥주는 당시 사람들의 사랑을 받았으며 그들의 생활에 꼭 필요한 식품이었던 것은 분명하다. 이렇게 중요한 것이다 보니 그들이 중요한 결정을 내릴 때마다 맥주를 고려하지 않을 수 없었다. 다시 말해서 맥주는 어떤 행동을 하는 주된 동기나 결정적인 이유가 된 적도 있었다. 맥주를 마시면 단지 기분이 좋아져서 그런 것이 아니라 맥주를 통해 영양분을 섭취하고 건강을 관리했으며 당시 그들이 필요로 한 순수성이 보장되는 음료였기 때문이다.

사실 맥주는 전 인류의 역사를 통틀어 그와 비슷한 역할을 했다. 맥주는 모든 문명이 형성되는 데 크게 기여했으며 옛 조상이 중요한 결정을 내릴 때 적지 않은 영향력을 주었다. 어떤 교수는 서슴지 않고 인간이 처음으로 문명을 세우는 데 성공한 비결은 바로 '맥주'라고 주장했다. 그렇다면, 지금까지 우리는 왜 과거 역사를 논할 때 맥주를 별로 언급하지 않았을까?

지금부터 맥주가 진정으로 어떤 역할을 했는지 살펴보자. 맥주라는 유산을 잘 이해하면 기네스 가문 후손들이 크나큰 영광을 얻은 과정을 정리하는 데 도움이 될 것이다.

현대식 맥주 공장에 있는 번쩍거리는 스테인리스 강철 설비를 보면 맥주 제조 과정이 굉장히 대단해 보이지만 알고 보면 굉장히 단순하다. 먼저 보리를 물에 담가서 발아시킨다. 발아란 싹이 나게 하는 것을 말한다. 일단 보리가 발아하면 재빨리 말려서 엿기름 즉, 맥아를 만든다. 그다음에는 맥아를 볶

기네스 창고, 볶은 보리의 향이 구수하다.

는데, 볶는 시간에 따라 맥주의 색깔이 달라진다. 특히 기네스와 같은 흑맥주의 경우에는 이 과정이 대단히 중요한 공정에 속한다. 그다음에 맥아를 물에 오래 담가두면 맥아 속의 자연 녹말이 발효에 꼭 필요한 당으로 바뀐다. 그러면 물을 더 부어서 여분의 당을 씻어 내고 딱딱하고 단맛이 나는 맥아즙을 얻어낸다. 맥아즙을 한 번 끓인 다음에 향을 내기 위해 홉 덩굴hop vine의 말린꽃을 넣는다. 역사를 조사해보면 맥주향을 내는 데에는 홉 덩굴 외에도 여러 종류의 과일과 향신료, 꿀을 쓰기도 했다.

이렇게 홉을 넣은 맥아즙을 식힌 후에는 이스트를 넣는다. 어떤 사람은 파티에 몰려든 혈기왕성한 남학생들을 상상하면 이스트의 역할을 이해하기 쉬울 거라고 말했다. 이스트는 벌떼처럼 달려드는 남학생들처럼 맥아즙에 들어가 당분을 섭취하여 가스를 발생시키는 등 본격적인 발효과정을 주도한다.

그로 말미암아 생성된 알코올 성분과 이산화탄소 때문에 달달하고 홉 열매 향기가 나는 액체, 즉 맥아즙이 맥주로 완성된다.

위 내용은 맥주 양조 과정을 간단히 소개한 것이다. 고대 인류의 초기 역사에 대해서는 아직 알려지지 않은 점이 많지만 적어도 맥주가 어떻게 등장하는지 이해할 수 있다. 어쩌면 억세게 운이 좋아서 우연히 맥주를 양조했을지도 모른다. 그렇지만, 인류의 초기 역사를 조금 더 공부해보면 맥주가 결코 우연히 등장한 것이 아님을 알 수 있다.

아주 먼 옛날 인류의 첫 조상은 비옥한 초승달지대에 자리 잡고 살았을 것이다. 초승달지대는 오늘날 이집트에서 시작하여 지중해 연안을 따라 올라가서 터키의 동남쪽 모서리를 거친 다음 다시 이라크와 이란의 경계까지 내려오는 지역을 말한다. 당시 그 지역은 토질이 비옥하여 농산물이 잘 자라는데다 땅이 넓고 동식물이 많아서 사냥감도 풍부했기 때문에 비옥한 초승달 지대라고 불렀다. 어떤 종류의 식물에게나 최상의 조건을 갖춘 농토였으며 특히 빽빽하게 자라는 야생 밀과 보리가 자라기에 더할 나위 없이 완벽한 조건이었다.

역사가들의 추측이 옳다면-물론 아무도 진실을 모를 것이다. 역사가들의 추측은 흔히 빗나갈 때가 많다-그 지역은 처음에 다양한 야생 동물들을 잡아서 끼니를 해결하던 유목민들의 터전이었을 것이다. 그들은 사냥을 하거나 근처에 풍성하게 자란 곡식을 가져다 먹기도 했다. 시간이 흐르면서 이들은 곡물로 빵을 굽는 법을 발견하게 되고 결국 맥주를 양조하는 방법도 직접 알아냈다는 것이 역사가들의 추측이다.

물론 맥주를 양조하는 방법도 단박에 깨친 것이 아니라 몇 차례의 시행착

오를 거쳤을 것이다. 고대 유목민들은 보리를 추수하는 방법을 알아야 했고 이를 보관할 흙그릇도 만들어야 했을 것이다. 그 중 어떤 사람들은 그릇을 구하거나 만들지 못해서 보리를 수확한 다음에 그대로 땅에 쌓아두었다가 비를 맞게 했을지 모른다. 이렇게 보리가 젖으면 곧바로 맥아제조 과정이 시작된다. 이를 본 유목민들은 어떤 반응을 보였을까? 그 보리의 주인이 노나라는 여자였다고 가정해보자. 노나는 허리가 휘어질 정도로 일해서 보리를 수확한 후 뿌듯한 마음으로 잠자리에 들었다. 그런데 다음날 아침 비가 내려 보리가 흠뻑 젖은 것을 보고 망연자실했다. 보리를 수확하느라 고생한 것을 생각하며 차마 젖은 보리를 내버릴 수 없기에 노나는 어떻게 하면 젖은 보리를 먹을 수 있을까 고민했다. 당장 먹을 것도 없고 평소 실험정신이 강한 편이었던 그녀는 젖은 보리를 햇볕에 말려보기로 했다. 그러자 맥아가 완성되었다. 이제 말린 보리를 구워서 빵을 만들어내자 가족들은 예전에 먹던 보리빵보다 훨씬 단맛이 난다며 노나의 요리 솜씨를 칭찬해 주었다.

비에 젖었다가 햇볕에 말리는 방식으로 어설프게 완성된 노나의 맥아는 또다시 비에 젖게 된다. 그러면 이제는 정말 제대로 된 맥아즙이 되었다. 맥아의 전분이 당으로 바뀌어 물에 녹았기 때문이다. 아무것도 모르는 노나는 단맛이 강한 보리 덩어리를 항아리에 담아 두었다. 물론 당시에는 항아리 뚜껑이 없기 때문에 공기 중에 있던 이스트가 노나의 맥아즙에 섞이고 결국 항아리 속에는 거품이 나는 새로운 음료가 만들어진다. 노나는 맥주를 맛보고는 즉시 친구들에게도 먹어 보라고 권했을 것이다. 톡 쏘는 것 같으면서 감칠맛이 나는 음료에 모두 반하지 않았을까? 다들 노나에게 이 음료를 또 만들어보라고 강하게 권했을 것이다. 인류 역사를 통틀어 보건대 호기심, 실험, 흥미는 새로운 발명을 이끌어낸 핵심적인 원동력이었다. 그 덕분에 한동안 지속되던 옛날식 맥주 제조 공정 방법이 완성되었다.

펜실베이니아 대학의 솔로몬 카츠Solomon Katz 교수는 틀림없이 이런 식으로 최초의 맥주가 탄생했을 것이라고 굳게 믿는다. 그뿐만 아니라 그는 맥주가 발견되면서 고대인들이 사냥과 수렵을 그만두고 도시를 건설했을 것이라고 주장한다.

"알코올을 안정적으로 생산하는 방법을 처음으로 발견한 이후로 사람들은 앞으로도 계속 밖에 나가서 제조 원료가 되는 곡물을 모아야겠다는 생각을 굳혔을 것입니다. 또한, 알코올 음료의 질과 맛을 개선하기 위해 다양한 실험과 연구를 거듭했을 겁니다."

그의 주장인즉, 당시 사람들은 그저 야생에서 자라는 곡물에 의존할 것이 아니라 맛이 더 좋은 음료를 얻기 위해 직접 농사를 짓는 쪽을 택했다는 것이다. 이렇게 보리 수확에 지대한 관심을 갖게 되면서 사람들은 한 곳에 정착해 생활할 필요성을 느끼고 대규모 공동체를 형성하기 시작했다. 결국 도시가 등장했고 문명이 출범했다. 실제로 '문명'이라는 단어는 글자 그대로 해석하면 '도시에 살다'는 뜻이다. 이처럼 카츠 교수는 사람들이 유목 생활을 접고 도시를 만들고 문명을 탄생시킨 결정적인 계기는 바로 맥주라고 주장한다.

사실 카츠 교수가 이런 주장을 최초로 펼친 것은 아니었다. 고대 수메르 인들은 분명 카츠 교수처럼 생각했을 것이다. 페르시아 만의 머리 부분에 해당하는 지역으로서 인류의 역사가 시작된 곳(기원전 3400년경에 그곳에서 문자가 만들어졌기 때문에 고대 문명의 발상지로 간주한다)인 수메르에서는 맥주와 문명의 직접적인 연관성이 그저 이론에 불과한 것이 아니라 굉장히 흥미롭고 다행스러운 사실로 여겨진다. 맥주가 문명의 탄생에 크게 기여했다는 사실은 세계 최초의 문학작품인 길가메시의 서사시 The Epic of Gilgamesh에서도 언급된다. 하지만, 그 시를 처음 학교에서 배울 때 맥주 이야기는 전혀 들어보지 못했다. 그러나 분명히 맥주 이야기가 등장한다는 증거가 있다.

길가메시는 기원전 2700년에 통치한 수메르 왕으로서 그의 생애는 수많은 이야기로 만들어져 회자되고 있으며 수메르 인만이 아니라 아카드 인과 바빌로니아 인들에게도 큰 사랑을 받는 인물이다. 길가메시의 서사시는 길가메시 왕이 엔키두라는 친구와 함께 모험을 떠나는 이야기이다. 엔키두는 힘센 야만인으로서 아무것도 걸치지 않고 광야에서 활보했었다. 그러나 어느 젊은 여성의 손에 이끌려 양치기 마을을 방문하면서 처음으로 문명을 배우게 된다.

사람들은 그의 앞에 음식을 가져다 주었다.
사람들은 그의 앞에 맥주를 가져다 주었다.
엔키두는 빵을 먹는 것이나 맥주를 마시는 것에 대해 전혀 아는 바가 없었다.
맥주라는 것은 생전 처음 보는 것이었다.
그녀는 엔키두에게 이렇게 말했다.
"엔키두, 눈앞에 있는 것을 먹어요. 사람들은 다 그렇게 산답니다. 맥주도 마셔요. 이곳에서는 맥주를 마시는 것이 관습이랍니다."
엔키두는 물려서 더는 먹을 수 없을 정도로 빵을 많이 먹었다.
맥주도 무려 일곱 통이나 들이켰다.
그는 배가 불러서 숨쉬기도 힘들었다.
하지만 기분이 좋아서 절로 노래가 나왔다.

그의 얼굴은 붉게 상기되었으며 구름 위를 걷는 듯 기분이 좋았다.

털로 뒤덮인 온몸에 물을 끼얹었더니 오일을 발랐다.

그러자 엔키두는 사람이 되었다.

수메르 인들은 맥주가 문명을 탄생시키는 데 결정적인 역할을 했다고 생각했을 뿐만 아니라 진정한 문명인이 되려면 맥주를 꼭 마셔야 한다고 믿었다. 아마도 그들이 이렇게 생각한 것을 보면 카츠 교수의 추론이 맞는 것 같다. 즉, 맥주 때문에 고대인들이 유목, 수렵 생활을 그만두고 도시를 건설하여 인류 역사 초기의 문명 발상지가 형성되었다는 것이다.

지나친 억측이 아닌가라고 생각할지 모른다. 하지만, 역사 시간에 배우지 못한 또 다른 사실에 주목해보면 이러한 추론이 결코 억측이 아니라는 점에 동의할 것이다.

고대인들은 맥주를 신성한 것으로 여겼다. 솔직히 말해서 나는 이 점을 충분히 이해할 수 있다. 요즘 사람들이 봐도 맥주 제조 과정이 신기해 보이는데 고대인들에게는 오죽했겠는가. 기적이 따로 없었을 것이다. 이교도들은 분명 많고 많은 신이 인간에게 맥주를 선물로 준 것으로 생각했을 것이다. 유대인들은 맥주가 유일신의 축복 중 하나라고 생각했으며 후에 기독교인들도 그러한 생각에 동의했다. 그들 모두 맥주를 제조하는 과정이 분명 우주의 신비를 잠깐 엿보는 신성한 일이라고 느꼈을 것이다.

실제로 맥주 만드는 일을 하는 사람이 나에게 이런 말을 한 적이 있다. 그는 자기가 맥주를 직접 만드는 것이 아니라 맥주가 생성될 수 있는 조건만 갖출 뿐이라고 했다. 보리를 적신 후 기다리기만 하면 발아되고, 말린 후 볶아

홉 덩굴

서 물을 섞으면 전분이 당으로 자연스레 바뀌기 때문이다. 당분으로 코팅된 맥아를 헹군 다음 끓여서 홉을 넣은 다음에는 이스트가 작용하여 맥주가 완성될 때까지 기다리면 된다.

아마 고대 수메르 인들도 맥주에 대한 신성한 외경심을 느꼈을 것이다. 그들은 제조 과정에 너무 놀란 나머지 그처럼 신성한 일은 성전에서만 진행하기로 결정했다. 이 때문에 수많은 미신이 생겼고 신에 대한 생각도 많이 달라졌다. 예를 들어 가장 오래된 맥주 제조법은 '술의 신들이 사는 산'으로 알려진 신비로운 사부 산에 살던 수메르 신들에게 바치는 시 〈닌카시의 찬사The Hymn to Ninkasi〉에 언급된다.

바빌로니아 사람들은 항상 주변 문화를 보고 배우는 데 지대한 관심을 갖고 있었다. 그래서 이들은 맥주에 대한 수메르 인들의 생각을 그대로 받아들였다. 맥주는 바빌로니아 말로 '카시kassi' 인데 이는 수메르 여신인 닌카시의 이름에서 그대로 따온 것으로 보인다. 아마 수메르 인들은 이들이 자기네 종교와 맥주 문화를 그대로 따라 하리라고는 상상도 못했을 것이다.

바빌로니아 인에게 맥주는 신에게 바치는 최상의 제물이었다. 신마다 원하는 방식이 다르다고 생각했기 때문에 일련의 제사장들이 나서서 제물로 바치는 맥주를 온스 단위로 분리하여 제대로 된 공정방식을 준수했는지 엄밀히 조사했다. 그들은 맥주 제조 과정이 잘못되면 신들의 분노를 사게 된다고 생각하여 맥주 제조 과정에 대한 별도의 법을 제정하기에 이르렀다. 이것이 바로 인류 역사상 최초의 성문법이었다. 이 법에 따르면 제조 과정을 엄밀히 지키지 않는 자는 사형을 피하지 못했다.

이렇게 동시대를 살았던 바빌로니아 인들과 수메르 인들은 맥주를 종교적 성수처럼 취급했다. 그런데 이집트 남쪽에 살던 누비아 인들 또한 화려한 맥주 문화를 누렸다고 한다. 이는 세계 여러 지역에서 맥주가 동시에 출현했다는 증거이자, 아프리카 인들이 오래전부터 맥주를 만드는 별도의 방법을 알고 있었다는 점을 확증해준다. 오늘날에도 그 지역을 찾아가보면 현지인들이 고대의 방식으로 맥주를 만드는 모습을 보게 된다. 누비아 인들은 맥주 제조에 특별한 재능을 보였다. 아마 맥주를 뜻하는 '보우사bousa'라는 누비아 인들의 단어에서 'booze술을 진탕 마신다는 뜻-옮긴이'라는 영단어가 유래했을 것이다. 기본 맥주도 만들지만, 그들은 최초로 향을 넣은 맥주를 만들기도 했다.

하지만, 여러 고대 민족 중에서 종교적 세계관에 맥주를 깊숙이 끌어들인 장본인은 바로 이집트 인들이다. 이 점은 그들이 맥주의 기원을 설명할 때 언급하는 전설에서 금방 확인할 수 있다. 농업의 신이자 사후세계를 관장하는 오시리스Osiris라는 신이 싹이 난 곡물을 물에 섞은 다음 깜박 잊고 햇볕이 드는 곳에 내버려두었는데 나중에 보니 그 음료가 발효되어 있었다. 오시리스는 발효된 음료의 맛이 아주 좋았기에 이를 인간들에게 선물하기로 했다고 한다. 이 이야기는 인간이 처음으로 맥주를 발견하게 된 경위와 거의 맞아떨어진다. 하지만, 이것은 어디까지나 고대 신화의 일부로서 고대인들이 생명과 맥주를 어떻게 생각했는지 엿볼 수 있는 예시가 된다.

이집트 인들처럼 맥주와 종교를 밀접히 관련시킨 민족은 좀처럼 찾아볼 수 없다. 그들은 신전 의식을 거행할 때 반드시 맥주를 마셨으며 신들에게 제물로 바치기도 했다. 맥주 제조 과정마다 특별한 신들과 관련이 있다고 정해놓았으며 그 신들을 따로 대접하는 것은 죄스러운 행동이라고 여겼다.

오시리스가 맥주를 발견한 신이라면 인류에게 최초로 맥주를 하사한 것은 자연의 신인 이시스Isis였다. 또한, 기쁨의 여신인 하토르Hathor는 맥주 제조 과정을 처음부터 끝까지 알려준 신이라고 한다. 그런가 하면 덴드라 신전에는 멘게트Menqet가 '맥주를 만든 여신' 이라고 새겨져 있다. 맥주와 관련된 신들을 소개하자면 끝이 없을 정도이다. 이처럼 맥주를 아주 신성한 음료로 여긴 나머지 보리를 키우는 것에서 마침내 맥주를 마시는 의식적 행위에 이르기까지 맥주에 관련된 인간의 모든 행동마다 별도의 신이 정해져 있다.

어떤 이집트 신화에서는 맥주가 전 인류를 구원했다고 알려준다. 이것만 봐도 당시 이집트에서 맥주가 얼마나 중요한 음료였는지 충분히 짐작할 수 있다. 줄거리를 자세히 들여다보면, 태양신인 라Ra는 인간들이 자신을 음해할 모략을 꾸몄다고 생각하여 그들을 벌하고자 하토르를 보냈지만, 하토르가 워낙 매정한 여신이라 인간들에게 너무 모질게 굴 것이 분명하다고 생각하여 후회하기 시작했다고 한다. 그래서 그는 즉시 7천여 통에 이르는 대량의 맥주를 만든 다음 이를 붉은색으로 바꾸어서 넓은 벌판에 뿌렸다. 그러자 벌판은 커다란 거울처럼 빛을 반사하기 시작했다. 한편, 하토르는 반역한 인간들에게 피비린내 나는 저주를 내리러 가는 길에 벌판에 비친 자신의 모습에 현혹되었고 결국 그곳에 주저앉아서 맥주를 마시기 시작했다. 하토르는 자기도 모르게 취해버려서 태양신에게서 무슨 명령을 받았는지도 기억할 수 없었다. 그렇게 해서 인간들은 멸망될 위기를 모면하게 되었다고 한다.

이러한 신화는 둘째 치더라도 이집트 인들은 맥주의 역사에 있어서 또 다른 면으로 크게 기여했다. 이집트 인들은 최초로 맥주와 같은 음료가 건강에 좋은 이유를 밝혀냈다. 고대 이집트에서 동의보감처럼 여겨지던 에베르스 파피루스Ebers Papyrus에서는 맥주를 의약품으로 활용하는 방법을 700가지 이상 소개한다. 이집트 인들은 맥주를 마시는 것이 건강유지와 증진에 필수적이라고 생각한 또 다른 증거로서, 나머지 기원전 3000년으로 추정되는 ≪사자의 서Book of the Dead≫에는 사후 세계로 여행을 떠날 때에도 맥주를 꼭 챙겨야 한다는 기록이 있다. 그러니 고고학자들이 이집트에서 파라오의 무덤을 발굴할 때마다 거대한 맥주통을 발견하는 것도 당연하다.

지금까지 맥주를 마시는 부분을 설명할 때 잔으로 마신다는 표현은 단 한 번도 나오지 않았고 항상 커다란 맥주통이나 갈대를 빨대 삼아 마시는 것으로 묘사했다. 이 또한 매우 흥미로운 점이다. 컵이나 잔은 사람들이 생각하는 것보다 훨씬 뒤늦게 만들어진 도구이다. 그래서 고대에는 커다란 맥주통에 갈대를 꽂아서 마셨다. 당시에는 제조 과정이 오늘날처럼 정교하지 못해서 항상 보리껍질 등이 두껍게 떠 있었기 때문에 컵을 사용하는 것보다는 갈대

착한 맥주의 위대한 성공, 기네스

로 마시는 것이 훨씬 편리했다. 표면에 형성된 막은 보기에도 흉하고 약간 냄새가 났지만, 갈대를 사용하면 제대로 숙성된 아랫부분의 맥주를 마실 수 있었다. 이 점은 맥주 마시는 모습을 최초로 묘사한 그림에서 확인할 수 있다. 메소포타미아의 테페 가우라Tepe Gawra에서 발견된 한 그림은 기원전 4000년에 만들어진 것으로 추정되는 삭품으로 두 사람이 맥주통에 긴 갈대를 꽂아서 마시는 모습을 볼 수 있다. 맥주통은 사람의 어깨에 닿을 만큼 높았기 때문에 그들은 서서 맥주를 마실 수밖에 없었다. 실제로 이집트에서는 서서 마시는 것이 일종의 관습이나 다름없었다고 한다. 그 후로 기원전 434년경에 그리스 역사가인 크세노폰Xenophon은 자신의 대표작인 ≪아나바시스Anabasis≫에서 맥주 마시는 방법을 이렇게 기술했다.

> '마실 것으로는 맥주를 빼놓을 수 없었다. 물과 섞지 않으면 아주 강한 편이었지만 그런 맥주에 익숙한 사람들은 물과 섞지 않는 것을 훨씬 좋아했다. 사람들은 커다란 통에 보리알갱이가 둥둥 떠다니는 것을 보면서 갈대를 통해 맥주를 마셨다.'

이집트 인들이 맥주에 이토록 열광한 사실은 오늘날 우리에게도 매우 중요한 문제이다. 바로 그 덕분에 유럽의 맥주 제조 역사가 완성되었기 때문이다. 기원전 61년부터 112년까지 살았던 로마 역사가 소 플리니Pliny the Younger는 이집트 인들이 그리스 인들에게 맥주 제조법을 가르쳐준 과정과 뒤이어 그리스 인들은 로마 제국에 이 비법을 전수한 과정을 자세히 기록했다. 역사를 보면 그리스 인들은 주로 와인을 마셨다. 하지만, 그들은 맥주에 관심을 보이기도 했다. 그들에게 맥주는 건강을 지켜주고 기분을 좋게 해주는 음료였다. 그리스 역사가인 헤로도토스는 기원전 460년에 맥주에 관해 자세한 논문을 남겼으며 소포클레스 역시 강연에서 매일 맥주를 마시면 건강한 삶을 누릴 수 있다고 주장했다. 이처럼 그리스 인들은 이집트 인들로부터 맥주 제조법을 배우고 그들처럼 맥주를 좋아하게 되었으며 로마 제국에 이를 전수했다. 이는 계속 발전하는 서구 문명에게 큰 선물과도 같았다. 플리니의 주장에 의하면 1세기에 이미 유럽에서 200가지 이상의 다양한 맥주를 생산했다고 한다. 로마 인들은 맥주가 힘을 솟게 해준다고 믿었기 때문에 맥주 제조에 남다른 열정을 쏟은 것 같다. 로마 군사들은 전쟁에 나가기 전에 맥주를 마셨고 운동선수들도 물 마시 듯 맥주를 들이켰다. 이런 점을 생각해보면 원래 '힘'을 뜻하는 라틴어 '세레비시움cerevisium'이 맥주라는 뜻으로도 쓰인 이유를 쉽게 이해할 수 있다.

이 책은 궁극적으로 아일랜드 출신의 아더 기네스에게 초점을 맞추고 있다. 따라서 로마 시대가 시작되기 훨씬 전에 영국제도에서 이미 맥주를 제조했다는 사실은 매우 중요하다. 아마 지금까지 살펴본 여러 지역에서 맥주가 출현한 시기에 영국제도에서도 맥주를 만들었을 것이다. 그리스의 약리학자인 페다니우스 디오스코리데스Pedanius Dioscorides는 1세기 당시 새로운 약재를 찾아서 로마 제국 전역을 돌아다녔는데, 아일랜드를 여행할 때 그곳 사람들이 보리로 맥주를 만들었다는 기록을 남겼다.

아일랜드 맥주는 '퀴림cuirim', '코름courm', '코르미courmi' 등의 다양한 명칭으로 불리고 있었다. 아무튼, 이 맥주는 1세기 아일랜드의 유명한 전설인 '쿨리의 가축 습격The Cattle Raid of Cooley'에도 빠지지 않고 등장했다. 이 이야기는 오늘날 '얼스터 전설Ulster Cycle'이라는 이름으로 잘 알려졌으며 아일랜드에서 가장 유명한 전설이다. 거기에는 아일랜드 국왕인 콘초바 맥 네사 Conchoba mac Nessa가 '곯아떨어질 때까지 맥주를 마셨다'는 표현이 나온다.

기독교 역사에서 술에 대한 의견 충돌이 큰 문제가 되었다는 점에 비추어 볼 때 기독교가 자리를 잡고 로마 제국 전역에 퍼진 후에도 맥주에 대한 로마인들의 사랑이 식지 않았다는 것은 굉장히 흥미로운 점이다.

사도들이 여러 차례 강조한 것처럼 초기 그리스도인들은 술을 마시는 것이 아니라 술에 취하는 것이 죄라고 생각했다. 그도 그럴 것이 예수는 가나의 혼인 잔치에서 와인을 만드는 기적을 보였고, 교회에서는 성찬을 할 때에도 와인을 마신다. 어떤 그리스도인은 제자들에게 병을 치료할 목적으로 와인을 마시라고 가르쳤다. 분명 초기 그리스도인들에게 맥주와 와인은 적절히 마신다면 전혀 잘못이 아니며 오히려 권장할 만한 것이었다. 기독교인들이 반대하던 것은 과욕과 술 취함, 그로 말미암아 벌어지는 부도덕이었다.

수많은 역사가들은 이처럼 기독교가 술을 긍정적으로 생각하여 맥주를 그저 피하지 않는 정도가 아니라 독한 술의 대용으로 적극적으로 마시도록 권한 덕분에 양조업이 더욱 활기를 띠게 되었다고 생각한다. 그리스도교 역사와 맥주가 워낙 밀접한 관련을 맺다 보니 심지어 기독교인들이 맥주를 처음 만들었다고 믿고픈 마음이 생길 정도였다. 물론 맥주를 적당히 마시라고 권하거나 성스러운 음료로 다룬 면에서는 기독교인들이 앞장섰다고 할 수 있다.

그들이 로마 제국 전역에 믿음을 전파할 때 맥주도 큰 몫을 담당했다. 일례로 5세기가 시작될 무렵 크게 추앙받던 성 패트릭St. Patrick은 당시 이교도가 팽배해 있던 아일랜드에 복음을 전파했다. 그의 옆에는 항상 개인 맥주 제조업자인 메스칸Mescan이 따라다녔다. 아마 성 패트릭은 하느님이 바라는 후대 정신을 잘 이해하고 실천했던 것 같다. 그 결과 수많은 아일랜드 족장들이 하느님에 대해 배우기도 전에 맥주의 맛에 반해버렸다. 즉, 맥주는 아일랜드가 기독교 국가로 변모하게 된 결정적인 계기가 되었다. 그뿐만 아니라 맥주는 유명한 성인들이 기적을 행할 때에도 빠지지 않았다. 전승에 의하면 한 번은 성 패트릭이 타라의 왕과 저녁식사를 하는 자리에서 '루카트마엘Lucatmael' 이라는 마녀가 맥주잔에 독을 한 방울 떨어뜨린 잔을 건네주었다. 그러나 패트릭이 잔을 받아들고 감사의 기도를 한 다음 이를 거꾸로 들자 맥주는 한 방울도 떨어지지 않고 마녀가 넣은 독극물만 식탁 위에 뚝 떨어졌다.

가톨릭교회가 맥주 수호성인들을 수없이 기리는 것을 보더라도 중세 그리스도인들이 맥주를 얼마나 귀히 여겼는지 이해할 수 있다. 그 중에서 가장 잘 알려진 사람은 바로 성 아놀드St. Arnold인데, 그는 "하느님의 축복과 인간의 땀이 결실을 맺어 이 세상에 맥주가 등장한 것"이라고 말했다. 하지만, 실제로 그를 성인으로 만들어준 기적은 그가 죽은 후에 일어났다. 그가 기원 640년에 세상을 떠나자 고향 사람들은 그가 수도하던 곳에 시신을 가지러 갔다. 그의 친구들이 시신을 들고 초라한 집을 향해 돌아오던 길에 맥주로 목을 축이려고 상피뇔르Champigneulle에 들렀다. 하지만, 온 마을을 통틀어 맥주는 딱 한 잔밖에 없었다. 그들은 결국 맥주잔을 돌려가며 한 모금씩 나눠마시기로 했다. 그런데 놀랍게도 모두 갈증이 풀리고도 남을 정도로 실컷 맥주를 마셔도 여전히 잔이 가득 차 있었다. 그래서 사람들은 죽은 아놀드가 기적을 행한 것이라 여겨 그를 맥주의 수호성인으로 떠받들게 되었다.

물론 그밖에도 맥주에 관련된 성인들은 굉장히 많다. 성 바솔로뮤St. Barth

olomew는 술꾼, 특히 꿀에서 발효시킨 맥주 애호가들의 수호성인이었다. 성 브리지드St. Brigid는 아일랜드 출신으로 나병환자 촌에서 봉사했는데, 나병 환자들도 맥주를 맛볼 수 있도록 목욕물을 맥주로 바꿔 달라는 기도를 드렸다고 한다. 가톨릭교회에 의하면 그의 기도로 브리지드가 성인의 반열에 가담하게 되었다고 한다.

또한, 성 콜롬바누스St. Columbanus도 빼놓을 수 없다. 그는 우연히 이교도들이 우상의 제단에 맥주 한 통을 바치려는 것을 보게 되었다. 이교도들은 맥주에 성스러운 불을 붙여서 제물로 바치려는 것 같았다. 콜롬바누스는 즉시 그들에게 복음을 전파하기 시작했고 결국 이교도들은 맥주가 아니라 우상에 불을 붙여 태워버렸다. 콜롬바누스는 그들에게 맥주를 제대로 마시기 전에는 반드시 감사의 기도를 드리라고 조언했다. 이들의 이야기는 중세 역사를 논할 때 자주 언급된다.

맥주는 성 로마제국이 탄생할 때에도 어김없이 등장했다. 샤를마뉴 대제는 워낙 맥주를 좋아해서 그가 다스리는 모든 지역에 맥주의 질을 향상시키도록 노력하라는 포고령을 내렸다. 그는 유럽 대부분을 정복했으며 예술, 종교, 문화를 크게 부흥시켰다. 그뿐만 아니라 맥주를 만드는 직업을 존경받게 했으며 맥주 공정에 관련된 기술 개발과 연구를 전폭적으로 지원했다. 맥주 제조를 전담하는 싱크탱크를 구성해서 고문단체로 삼을 정도였다. 샤를마뉴 대제의 맥주를 전담했던 전문가는 성 갤St. Gal이라는 이름으로 알려진 유명한 역사적 인물이다. 그는 맥주에 죽고 못 사는 셀트 족을 대상으로 포교활동을 시작하자마자 샤를마뉴 대제를 섬기게 되었다. 그는 셀트 족에게 배운 점을 맥주 제조 과정에 많이 적용했으며 결국 맥주 제조 공정의 모든 과정을 크게 발전시켰다. 샤를마뉴 대제의 개혁에 힘입어-그리스도교국 전체에 걸쳐 수도원마다 맥주 연구에 크게 노력한 결과도 포함된다-교회가 맥주 제조 및 도매업을 전적으로 맡게 되었다. 사람들은 이제 현지 종교 지도자들에게 잘 보여야 맥주를 맛볼 수 있다는 점을 곧바로 눈치 챘다. 곧 맥주는 여러 종교 모임에서 '교회 맥주'라는 이름으로 보급되었으며 그 후로 다양한 신조어가 생겼다. 일례로 새신부가 결혼 선물을 주는 사람들에게 대접하는 맥주를 '브라이드 에일bride ale신부가 주는 맥주'이라고 불렀는데 여기에서 'bridal신부의, 결혼식의'이라는 영단어가 생겼다.

기독교인들 사이에서 맥주는 이미 뗄려야 뗄 수 없는 음료로 자리 잡았지만 샤를마뉴 대제가 맥주 제조를 전폭적으로 지지하면서 맥주에 대한 중세 교회의 사랑은 더 이상 부풀릴 수 없을 정도로 커져만 갔다. 그 점은 그레고리 교황이 아이슬란드에 있는 대주교에게 보낸 편지에서 확인할 수 있다. 놀랍게도 중세 시대에는 몇몇 어린아이들에게 세례를 줄 때 성수가 아니라 맥주를 썼다는 사실이다. 당시에는 물보다 맥주가 깨끗한 편이었고 세례를 주는 사제 역시 맥주를 구하는 편이 훨씬 편했으니 이해하지 못할 일은 아니다. 어쨌든 그 편지는 당시 교회가 말 그대로 맥주에 푹 빠져 있었다는 것을 보여주는 단적인 예가 된다.

수도원의 세력이 확장되자 맥주에 대한 종교인들의 사랑은 더욱 깊어졌다. 수도원에서는 사회봉사 차원에서 맥주를 제조했다. 맥주가 생수보다 훨씬 건강에 이로운 음료이며 알코올 농도가 높지 않아서 독한 술 대신 마시기에 적합했기 때문이다. 수도원은 또한 맥주 생산으로 운영 자금을 충분히 모을 수 있었다. 수도승들이 맥주를 마시는 것에 대한 유머도 자연스럽게 유행했다. 일례로 당시 사람들이 흥얼거리던 짤막한 노래 중에는 이런 가사가 있었다.

> 맥주를 마시는 둥 마는 둥 하는 것은 카푸친처럼 마신다고 하고
> 깊은 맛을 느끼며 마시는 것은 베네딕틴처럼 마신다고 하며
> 빈 잔을 셀 수 없을 정도로 들이키는 것은 도미니칸처럼 마신다고 하지요.
> 하지만 술 저장소가 바닥을 드러낼 때까지 마시는 사람도 있으니
> 바로 프랑시스칸처럼 마시면 그렇게 됩니다.

이처럼 교회가 맥주 생산 및 보급에 대한 독점권을 거머쥐고 있었으나 금세 또 다른 맥주 생산세력들이 등장했다. 이미 농민들과 성주를 섬기는 시종들은 오래전부터 가족들이 마실 맥주를 직접 양조했었다. 그들의 양조법은 교회의 양조 방식과 거의 다를 바가 없었다. 그러다가 12세기 말이 되자 전문적으로 맥주를 양조, 거래하는 사람들이 등장했다. 각 마을과 주요 도로에는 술집이 생겨나기 시작했는데, 각 술집마다 직접 맥주를 양조해서 팔았다. 이들 중 몇몇은 전문적인 맥주 양조 공장으로 발전했으며 심지어 오늘날까지 명맥을 잇는 곳도 있다. 또한 몇몇 공장에서는 '브루스터brewster'라고 불리는 여자 양조자들이 두각을 드러냈다. 브루스터라는 새로운 직업은 북유럽 전체에 급속히 퍼져나갔다.

이렇게 맥주 가게와 선술집이 폭발적으로 늘어나가 서구 세계 역사에서 가장 무시무시한 재난이 벌어졌다. 1347년에 크리미아에서 북유럽으로 바나나를 운반하던 배를 통해 페스트균이 유입되었다. 눈에 거의 보이지 않지만

아마도 쥐를 통해 퍼진 것으로 보인다. 그 결과 흑사병이 유럽 전역을 강타하여 거의 4년 동안 사람들을 공포 속으로 몰아넣었으며 400만 명 이상의 목숨을 앗아갔다. 그야말로 고통과 눈물의 시기였다. 이렇게 말하는 것이 너무도 매정하게 들릴지 모르지만 흑사병이 휩쓸고 간 이후로 맥주의 역사는 새로운 국면을 맞이했다. 전염병이 끝난 후로 유럽의 인구는 크게 줄었으나 여전히 전염병이 유행하기 전처럼 부유한 편이었다. 1400년 무렵에 평균 노동자의 임금은 100년 전 노동자들에 비해 거의 두 배나 많은 편으로 여행에 필요한 시간과 자금이 넉넉했다. 그 덕분에 이미 번창하던 맥주 사업은 더욱 활기를 띠게 되었다.

이렇게 경제가 윤택해지자 유럽 전역에 시장과 장터가 생겨났다. 가장 먼저 모습을 드러낸 것은 선술집과 여인숙, 맥줏집, 맥주 양조장이었다. 영국의 아래 지방만 보더라도 1300년에는 술집이 거의 없었다가 1577년에 1만 7천여 개로 늘어갔다. 이는 거의 매주 선술집 하나가 개업하는 꼴이었다. 같은 시기에 3만 5천 명의 인구를 자랑하는 대도시였던 런던에는 무려 354개의 선술집과 1,330개의 브루숍brewshop이 있었다. 브루숍이란 21세 성인이면 누구나 와서 즐길 수 있는 맥줏집 또는 선술집이었다. 아더 기네스의 고향인 더블린도 예외는 아니었다. 그곳은 4천 가구가 모여 사는 소도시였으나 1610년에 실시된 조사 결과에 따르면 맥줏집이 1,100개가 넘었고 맥주 양조장과 생맥줏집이 거의 100여 개에 달했다고 한다.

이처럼 맥줏집과 양조장이 기하급수적으로 늘어나자 맥주 양조의 질적 저하를 우려하는 목소리가 커졌다. 급기야 영국 남작들은 루니메드Runnymede에서 존 국왕을 알현하고 마그나 카르타Magna Carta, 1215년 영국왕 존이 귀족들의 강압에 따라 승인한 칙허장으로서 영국의 헌정뿐만 아니라 국민의 자유를 옹호하는 근대 헌법의 토대가 된 문서—옮긴이 제정을 건의하면서 맥주 양조 공정을 표준화하라고 종용했다. 이는 결코 놀랄 일이 아니었다. 당대에 맥주가 지니는 의미는 오늘날 우리가 상상도 할 수 없을 정도였다. 당시에는 이스트를 몰랐기 때문에 발효 과정을 전적으로 자연에 의존했다. 따라서 공기 중의 이스트가 제대로 발효를 일으키지 못하는 경우가 허다했다. 그러면 맥주가 맛이 없고 알코올 농도 역시 아주 낮을 수밖에 없었다. 그런 경우에는 향신료를 넣어서 맥주의 맛을 보완했는데, 정말 심각할 때에는 후추를 뿌리기도 했다. 1200년대의 영국식 맥주에 대한 문헌 자료에 '진흙처럼 뻑뻑하고 역겨운 냄새가 나는 것이 진흙탕을 생각나게 한다. 인위적인 맛이 너무 강하다'는 표현이 나오는 것도 무리가 아니다. 또한 1540년에 등장한 앤드류 부르드Andrew Boorde의 유명한 시에도 비슷한 묘사가 등장한다.

> 나는 콘월 사람이라 맥주를 만들 줄 알지.
> 한 모금 마시면 켁 하고 뱉을 수밖에.
> 침침한 색깔에 묽은 데다 맥주 맛은 거의 나지 않아.
> 돼지가 한바탕 뒹굴고 지나간 물을 퍼온 것 같군.

유럽 전역에서 맥주 양조장이 폭발적으로 증가할 무렵 독일이 맥주의 질적 규제에 가장 먼저 앞장섰다. 1487년에 앨버트 4세 공작이 몇 가지 규제사항을 제시했으며 이를 기반으로 1516년에 독일의 맥주 순수법이 제정되었다. 이 법에서는 맥주의 기본 재료로서 물, 보리, 홉을 명확히 나열하고 있다.

루이 파스퇴르에 의해 미생물이 발효에 관여한다는 사실이 밝혀진 것은 1800년대이므로 그 법에서는 이스트를 언급하지 않는다. 어쨌든 맥주 순수법의 등장으로 독일 맥주는 질적으로 크게 향상되었다. 심지어 독일 양조업자들은 지금도 그 법을 준수한다고 말할 정도이다. 하지만, 영국에서는 홉을 오염물질로 간주하여 금지했으므로 독일의 발전에서 별로 큰 성과를 내지 못했다. 1524년 무렵에도 영국은 그런 태도를 견지하여 아래와 같은 표현이 유행할 정도였다.

> 홉, 종교개혁, 월계수 잎, 맥주는 모두 같은 해에 영국에 넘어왔네. 그 해는 참 불운했지.

독일 맥주는 독일 맥주 순수법에 힘입어 세계 최고의 자리에 올랐다. 그러나 안타깝게도 곧바로 종교개혁이 일어났고 그 여파로 두 가지 변화가 생겼다. 하나는 교회 역사상 맥주를 옹호하는 움직임이 가장 강하게 일어난 것이고 다른 하나는 당시 세계 맥주 생산을 도맡다시피 하던 수도원이 모두 문을 닫게 된 것이었다.

아마 마틴 루터는 1517년에 비텐베르크 교회 문 앞에 95개조 반박문을 붙이면서 자신의 행동이 이런 결과를 낳으리라고는 상상도 하지 못했을 것이다. 그의 의도는 로마 가톨릭 교회를 개혁하는 것이지 거기에서 벗어나는 것이 아니었다. 하지만, 교회가 워낙 강경한 태도를 고수하면서 프로테스탄트 세력을 완전히 짓밟아버리려고 하여 반대 세력의 거부감에 불을 붙였다. 결국, 유럽 전역이 종교개혁을 원하는 분위기로 흘렀으며 수많은 사제와 수녀들이 교회를 버렸다. 로마 가톨릭 성당은 프로테스탄트 교회로 바뀌고 수도원이 모두 문을 닫으면서 맥주 생산량이 급감했다. 맥주 양조량이 줄어든 것 때문에 마틴 루터가 종교 개혁을 중단할 생각은 추호도 없었겠지만, 그 역시 맥주를 굉장히 좋아하던 사람이므로 양질의 맥주 생산이 차질을 빚는 것을 보면서 개인적으로 매우 애석했을 것이다.

역사가 월 듀란트와 아리엘 듀란트는 ≪문명이야기 : 종교개혁The Story of Civilization : The Reformation≫에서 루터 시대의 모습을 이렇게 설명했다.

> '당시에는 맥주 1갤런을 마시는 것이 흔한 일이었다. 심지어 수녀들도 매일 맥주를 그만큼 마셨다.'

이 점을 보면 유명한 종교 개혁가들의 저서나 일대기에 맥주 이야기가 빠지지 않는 이유를 이해할 수 있다. 루터 역시 독일인이었으며 그 시절에는 맥주가 유럽을 대표하는 음료였다. 또한, 쓸데없이 엄격하여 삶을 각박하게 만든다고 생각하던 기존의 종교적 형식주의를 벗어났기에 인생의 즐거움을 제대로 누리려는 방법을 찾으려 했을 것이다. 그러니 루터에게 재기발랄한 그리스도인다운 삶을 설계할 때 맥주를 빼놓을 수 없었다.

또한, 루터의 고향인 비텐베르크는 맥주 양조의 중심지와 같았다. 사실 그의 아내인 케이티Katie 역시 결혼 전에는 수녀원에서 맥주를 만들던 기술자였다. 루터 역시 결혼, 직장생활 등 인생의 매 순간을 맥주와 함께 한 사람이었다. 그는 편지로 친구를 결혼식에 초대하면서 이렇게 썼다.

'내 결혼식은 목요일이라네. 아내와 나는 자네가 토르가우Torgau 최고의 맥주를 1배럴 보내줬으면 하네. 맛이 좋지 않으면 자네 혼자 그 맥주를 다 마셔야 할 테니 제대로 준비해야 할 거야.'

여기서 볼 수 있듯이 루터는 배짱이 두둑하고 유머 감각이 있으며 고급 독일 맥주를 아주 좋아했다.

95개조 반박문과 그것을 빌미로 벌어진 사건들 때문에 피곤해진 루터는 성서적인 시각에서 이 세상을 새롭게 이해하려고 노력했다. 그는 모든 것을 성서의 순수한 의미에 따라 조사하고 해석하여 성서와 맞지 않는 것은 과감히 개혁했다. 교황은 물론이고 수녀와 사제들, 심지어 극단적인 프로테스탄트 세력도 타도 대상이 되었다. 루터는 어리석은 행동을 가볍게 보아 넘기지 않았으며 도덕적 극단주의를 택한 나머지 이 세상의 유혹에 넘어갈까봐 모든 것을 멀리해야 한다고 주장한 사람들도 참아주지 않았다.

마틴 루터

"남용 대상을 없앤다고 해서 남용 행위가 사라질 거로 생각하면 큰 오산이다. 남자들은 술이나 여자 때문에 잘못을 범할 수 있다. 그렇다면, 여자를 금하거나 이 세상에서 없애버려야 하겠는가?"라는 것이 루터의 주장이었다.

그는 인생의 대부분을 비텐베르크에 있는 선술집에서 보냈다. 그렇지만, 맥주에 중독된 술꾼은 아니었다. 루터는 선술집에서 학생들을 만나 조언을 해주고 책을 읽고, 중요한 인사들을 만났다. 때로는 그곳에서 수업을 하기도 했다. 이렇게 선술집과 여인숙에서 시간을 많이 보냈기에 당대 사회의 모습을 있는 그대로 보고 느끼고 이해했을 것이다. 물론 술집에 있다 보니 창녀들과 잡담하거나 술주정하는 사람들을 집에 바래다준 적도 많았다. 분명 술 취한 남편과 잔소리하는 아내 사이에서 중재 역할도 여러 번 했을 것이다. 바로 그런 세상을 개혁하고자 했다. 맥주를 통해 인생을 배운 후에 그는 술 취한 상태에 대한 유명한 정의를 내렸다.

"술에 취한 것이란 혀로 기둥을 핥고 정신이 반쯤 나간 상태에서 노를 젓는 것과 같다."

하지만 정작 본인은 한 번도 과음하지 않았기 때문에 술 취한 기분이 어떤지 경험하지 못했다. 그는 술을 마시는 것이 몸에도 좋고 사회생활에도 도움이 되므로 신이 주신 선물이라고 믿었다. 그래서 루터는 종종 이렇게 말했다.

"만약 신께서 내가 이십 년 동안 이어진 미사를 십자가에 못 박아 버린 것을 용서해 주신다면 종종 그분을 영예롭게 하기 위해 좋은 술을 마시는 것도 너그러이 봐주실 것이다."

루터와 함께 종교개혁을 주도한 존 칼뱅John Calvin 역시 겉모습이 주는 이미지와 달리 루터와 비슷한 생각이었다. 존 칼뱅에 대해서는 좀 더 알아볼 필요가 있다. 그의 유명한 저서인 《기독교 강령Institutes of the Christian Religion》에는 이런 표현이 있다.

'성서 어디를 봐도 웃거나 배부르게 먹지 말라고 금하지 않는다.…… 음악을 즐기거나 포도주를 마시면 안 된다는 말씀도 없다.'

유명한 프랑스 개혁가 역시 '포도주는 생활의 필수품에 불과한 것이 아니라 우리에게 기쁨을 주는 것'이라고 기술했다.

루터처럼 칼뱅은 일관성 있게 성서적인 견해를 세상에 알리려고 부단히 노력했다. 그는 예수 그리스도의 통치를 따르기 위해서라면 일평생을 바칠 각오였으나 잘못된 신학이론이나 과도한 종교적 열정 때문에 진정한 의미를 놓치는 것 또한 바람직하지 않다고 여겼다. 칼뱅과 루터는 프로테스탄트 교회가 제대로 자리 잡기 전에 이미 그 점을 충분히 누렸다. 또한 ≪기독교인 생활 수칙The Golden Booklet of the True Christian Life≫라는 저서에서는 '하느님이 이 땅에 주신 것은 인간의 이익을 위한 것이므로 어느 것도 나쁘지 않다'고 지적했다.

> …… 그분이 먹을 것을 다양하게 만드신 이유를 알게 된다. 그분은 우리의 기본적인 필요만 충족시키려 하신 것이 아니라 우리가 음식을 먹고 기쁨과 만족을 누릴 수 있게 하셨다.…… 만약 그런 의도가 아니라면 시편 필자는 '포도주가 사람의 마음을 기쁘게 하고 기름이 그의 얼굴을 빛나게 한다'고 말하지 않았을 것이다.

이처럼 종교 개혁가들은 하느님의 창조물을 즐기도록 권하면서 그렇게 하는 것이 죄를 짓는 것이 결코 아니라는 파격적인 가르침을 내놓았다. 그들의 주장은 수백 년의 세월을 거치면서 조금씩 다듬어졌다. 아마 주류 판매를 반대하고 금주를 외치는 후세 사람들의 생각이 기독교의 정설이라고 믿었던 사람들은 이 사실을 접할 때 깜짝 놀랄 것이다. 그러나 종교개혁이 일어난 후에도 기독교인들은 대부분 1세기 기독교인들처럼 술에 취하는 것은 죄에 해당하지만, 술을 적당히 즐기는 것은 죄에 해당되지 않는다고 생각했다.

존 웨슬리John Wesley는 포도주를 즐겨 마셨으나 맥주에도 조예가 깊었다. 존 웨슬리에 의하면 그 시절에는 럼주가 돈처럼 사용되었으므로 감리교 전도사들은 럼주로 월급을 받았다고 한다. 그의 형인 찰스 웨슬리Charles Wesley는 마데이라Madeira 와인 애호가로 잘 알려져 있었으며 종종 집을 찾는 손님들에게 셰리주sherry, 스페인 남부 지방에서 생산되던 백포도주—옮긴이를 대접했다.

조지 화이트필드George Whitefield, 웨슬리 형제와 함께 일한 감리교파의 초기 전도자—옮긴이의 일기에는 웨슬리 형제가 술을 마신 이야기가 자주 나온다. 한 번은 편지의 맺음말에 '보내주신 럼주에 대해 정말 감사드립니다. 럼주를 만드는 솜씨가 대단하시군요'라고 썼으며 또 다른 편지에서는 '하느님께서 조지아 주를 축복하신다고 믿습니다. 최근에 그 문제는 하원의사당에서 다루어졌습니다. 감사하게도 럼주에 대한 허가를 받았습니다'라고 기술했다.

많은 사람의 존경을 받은 목사이자 신학자인 조나단 에드워드Jonathan Edwards 역시 술에 대해 비슷한 견해를 고수했다. 그의 전기를 기록한 엘리자베스 D. 도즈Elizabeth D. Dodds는 에드워드가 어렸을 때 그의 아버지가 '집 뒤에 있는 과수원에서 발효 사과술을 만들었는데, 그 지역에서 굉장히 유명한 술이었다'라고 기술했다. 그의 주량이 어느 정도인지는 모르지만, 친구들 사이에서는 가족들과 저녁 식사를 할 때, 그리고 밤에 설교를 준비할 때 펀치 한 잔을 마시는 것으로 알려져 있었다.

종교 개혁이 일어나자 유럽에 있던 수도원들이 대부분 문을 닫으면서 맥주 생산량이 일시적으로 크게 줄었던 것은 사실이다. 하지만, 종교 개혁가들은 맥주를 비롯 술을 과도하지 않게 마시도록 적극적으로 권장하여 맥주의 명분을 마련해 주었다. 그 덕분에 맥주 양조장은 다시 활기를 띠게 되었으며 예전에 없던 고상한 목적도 갖게 되었다. 그것은 바로 사람들에게 인생을 망치게 하는 독한 술 대신 맥주를 제공한다는 것이었다.

나는 독자들에게 고백할 것이 한 가지 있다. 이 책을 집필하려고 자료를 모을 때만 해도 나 역시 독자들처럼 1장에 언급된 내용은 거의 알지 못했다. 학교 공부나 전공 서적을 탐독할 때에는 맥주가 인류 역사에서 이렇게 큰 자리를 차지하는지 알 길이 없었다. 또한, 지난 수백 년 동안 역사 발전에 크게 공헌한 기독교인들이 맥주를 좋아한 데다 맥주 양조 기술을 마스터했다는 점은 꿈에도 생각하지 못했다.

나는 몇 가지 중요한 사실을 배운 다음에 아더 기네스의 생애를 연구하기 시작했다. 맥주의 역사는 귀족과 밀접한 관련이 있으며 아더 기네스가 탄생하기 전에 이미 1,700년 동안 기독교 신앙과 복잡하게 얽혀 있었다. 또한, 맥주 제조업은 사람들에게 존경받는 직업으로 여겨졌다. 실제로 사회에 긍정적인 기여를 많이 한 것이 이러한 이미지를 만드는 데 영향을 주었을 것이다. 사람들은 독한 술보다는 맥주를 마시는 쪽을 선호했다. 실제로 맥주는 사람들의 건강을 개선시켜 주었다. 당시에는 먹을 것이 풍족하지 않았기 때문에 비타민 B군이 부족하기 쉬웠으나 맥주가 이 점을 크게 보완해 주었다. 종교개혁이 일어난 후에는 맥주 덕분에 기분이 좋아지는 것이 곧 하느님께서 주신 선물이라는 루터와 칼뱅의 가르침 덕분에 맥주가 더욱 각광받았다.

이렇게 해서 나는 오랜 역사를 거치면서 양조 기술이 발전한 과정 및 현주소, 종교개혁이 세계관 형성에 미친 영향 및 1700년대 중반의 문화 등 새로

현재 더블린 시의 모습

운 사실들을 알게 되었다. 당시 사람들은 큰돈을 벌 수 있었지만, 돈을 벌면 반드시 인류의 복지를 위해 선용하라는 권고를 받았다. 이러한 사회적 분위기는 아더 기네스라는 젊은이가 사업가로 데뷔하기에 완벽한 조건이었다. 특히 흑맥주에 대한 그의 특별한 미각은 맥주 역사에 새로운 변화를 일으키기에 충분했다.

이제 내가 할 일은 단 한 가지이다. 그것은 바로 책을 덮고 짐을 꾸려서 아더 기네스가 새로운 역사를 쓸 무대로 선택한 더블린으로 떠나는 것이다.

제2장
아더 기네스의 등장

1771년 아더 기네스가 더블린에 와서 다 쓰러져 가는 허름한 공장을 매입하던 시기가 그의 생애 중 최고의 순간이었을 것이다. 기네스 본인도 그 공장이 훗날 자신의 이름을 전 세계에 떨치는 발판이 되리라고는 상상도 못했을 것이다. 그는 수로의 벽을 허물고 리피 강에서 사유지로 물을 끌어오는 파이프를 더 큰 것으로 교체하면서 공장 운영을 시작했다.

여러 해 전 런던에 있는 성 바오로 성당St. Paul's Cathedral의 화려한 모습을 감상한 후에 크리스토퍼 르엔Christopher Wren 경의 무덤을 방문하게 되었다. 르엔은 성 바오로 성당을 비롯하여 런던에 무려 55개의 교회를 지은 건축가였다. 1666년에 대화재가 발생하여 런던은 사실상 폐허가 되다시피 했다. 르엔의 천재적인 건축술은 감동적이었으나 그보다 더 감동적인 것은 그의 아들이 묘지에 새겨놓은 말이었다. 거기에는 '이 글을 보시는 분에게. 르엔 경의 기념비를 찾고 계십니까? 지금 주변을 둘러보십시오'라고 쓰여 있었다.

그 말은 한시도 잊혀지지 않았다. 또 다른 위인의 비명碑銘으로 써도 좋겠다는 생각이 들 정도였다. 누군가의 선행이 모든 사람에게 알려지고 그의 묘에서 그 흔적을 명확히 볼 수 있는 것만큼 좋은 찬사는 없을 것이다.

그로부터 몇 년 후에 아더 기네스의 생애를 연구하고자 더블린을 방문했을 때에도 크리스토퍼 르엔의 묘비가 생각났다. 리피 강변에 자리 잡은 북적대는 그 도시에서는 기네스와 그의 회사가 했던 선행을 피해갈 길이 없다. 어디를 둘러봐도 그의 사인이 들어 있는 유명한 기네스 간판이 눈에 띄기 때문이다. 그에 못지않게 아더의 초상화도 자주 볼 수 있다. 넓은 이마와 날카로운 콧날이 두드러진 얼굴에 단정한 가발을 쓴 모습은 더블린에 사는 모든 이들에게 친숙한 얼굴이다.

런던의 성 바오로 성당이 크리스토퍼 르엔을 연상시키듯이 더블린에 오면 아더 기네스를 생각하게 되는 이유는 광고뿐만 아니라 그의 선행으로 인해 남은 오랜 유산 때문이다. 사실 이 도시의 모든 도로와 광장마다 아더 기네스의 선행에 대한 흔적은 말없이 자기 자리를 묵묵히 지키고 있다.

성 패트릭 성당은 유명한 사도가 아일랜드 최초로 기독교인에게 침례를 베푼 곳에 세워졌다. 지금은 웅장해 보이지만 기네스가 자금을 지원하기 전에는 차마 눈 뜨고 볼 수 없을 정도로 참혹한 곳이었다. 그 사실은 성당에 한 번 가보면 충분히 이해할 수 있다. 거기서 조금 떨어진 곳에는 성 스티븐 그린이라는 도심 공원이 있는데, 이 또한 기네스가 시민에게 선물한 휴식처이다. 그뿐만 아니라 개신교인인 아더 기네스가 로마 가톨릭 교회의 권익을 보호하고자 목소리를 높인 것에 대해 감사를 표하는 팻말이 로마 가톨릭 교회마다 붙어 있다. 기네스가 지은 주거용 저택 단지 또

아더 기네스 1세

리버티 연립주택은 원래 기네스 사원들을 위해 지은 것이다.

한 워낙 견고해서 앞으로 백 년 정도는 거뜬히 버틸 것이라 평가받는다. 도심에 자리 잡은 '리버티'라는 연립주택단지는 원래 기네스 사원들을 위해 지은 것이지만 워낙 설계를 잘해서 더블린에서 가장 인기있는 부동산이다.

이처럼 각종 빌딩, 기관, 공원, 학교, 봉사단체 신탁기금 등 기네스가 사업 초반부터 착실히 쌓아온 선행의 기록은 책에 담으면 수십 권도 넘을 것이다. 아직 기네스의 업적에 대한 본격적인 이야기는 시작하지 않았다. 사실 돌판이나 건물 등 눈에 보이는 형태로 기네스의 선행을 기리는 것만큼 사람들의 기억 속에 남아 있는 그의 선행도 중요하게 여겨야 한다.

더블린에서 오랫동안 택시기사로 살아온 한 남자는 기네스 회사 이야기가 나오자 눈물부터 글썽거렸다. 이유인즉, 그의 할머니는 기네스 회사의 의사들이 정성스럽게 돌봐주지 않았다면 어린 시절에 목숨을 잃을 뻔했기 때문이다.

더블린 신학 대학의 어느 노교수도 마찬가지였다. 그의 아버지는 막노동자였지만 재주가 남달랐기 때문에 기네스 회사의 후원을 받아 전문 기술을 배웠고 중산층으로 올라설 수 있었다. 그래서 이 교수는 매일 기네스를 위해 기도한다고 말했다. 그는 사람들에게 존경받는 유명한 교수이지만 체면을 차리지 않고 만나는 사람마다 가족 전체의 운명을 바꿔준 기네스의 사랑에 대해 이야기한다.

기네스 공장 밖에는 항상 말이 끄는 수레를 끌고 나타나는 꾀죄죄한 늙은이가 있다. 온몸이 톱밥과 먼지로 뒤덮여 있어서 사람들은 의아한 눈으로 그를 쳐다본다. 그가 원하는 것은 사람들이 자신의 모습을 사진으로 담아서 옛 기네스의 모습을 기억하는 것이다. 시간을 내서 말을 건네 보면 그가 단순히 기네스 맥주를 좋아하는 사람이 아님을 알게 된다.

그는 젊은 시절에 기네스 공장에서 일했기 때문에 기네스의 옛 모습을 누구보다도 잘 아는 사람이었다. 겉모습만 보면 회사에 대한 불만을 가득 토로할 것 같지만, 사실 그는 기네스 공장에 근무할 때가 자기 인생에서 가장 행복한 순간이었다고 말했다. 이제 더는 그곳에서 일할 수 없는 현실이 너무나 가슴 아프고 세월이 흐르면서 기네스의 옛 모습이 조금씩 사라지는 것도 섭섭한 일이라는 말도 덧붙였다. 자신뿐만 아니라 많은 사람이 비슷한 생각을 품고 있으며 아일랜드에서 이보다 더 좋은 직장은 없다고 못을 박기까지 했다. 그는 사람들에게 이곳을 잊지 말고 또 방문해 달라는 당부도 잊지 않았다.

더블린은 아더 기네스의 사랑과 헌신으로 성장한 도시이며 기네스 공장은 그를 기리는 일종의 유적지와 같다. 이곳에 가면 기네스 가문의 사람들이 아직도 선행을 베풀고 있다는 사실을 알게 된다. 도시 곳곳에 산업을 부흥시키기 위해 노력하고 자선 활동에 앞장선 기네스 가문에게 감사를 표하는 비석과 푯말이 있기 때문이다.

작가로서 아더 기네스의 생애 중에 특히 애착이 가는 이야기가 있다. 아마 아더 기네스 본인은 동의하지 않을지 모른다. 사실 그의 생애에 대한 자료는 그리 많지 않기 때문에 에피소드 하나를 따로 분리하는 것 자체가 그리 쉬운 일이 아니다. 아무튼, 내가 미국인이라서 개성이 뚜렷하고 열정이 넘치는 인물을 좋아하기 때문에 이렇게 생각하는 것인지도 모른다. 그의 전기를 쓰고 싶은데 정작 법정 기록이나 정부에 보관된 자료 외에는 기록이 거의 없어서 그의 생애를 자세히 그려내기란 보통 어려운 일이 아니었다. 현대인들은 법정 기록에 그려진 딱딱한 인물이 아니라 인간적인 면모를 알고 싶어한다. 나 역시 마음이 뜨겁고 용기 넘치는 인물을 그려내고 싶다.

그래서 나는 다음 이야기를 아더 기네스의 생애 중 최고의 순간으로 정했다. 그것은 1771년, 그가 더블린에 와서 다 쓰러져 가는 허름한 공장을 매입하던 시기로 거슬러 올라간다. 기네스 본인도 그 공장이 훗날 자신의 이름을 전 세계에 떨치는 발판이 되리라고는 상상도 못했을 것이다.

물론 시련도 있었다. 그는 수로의 벽을 허물고 리피 강에서 사유지로 물을 끌어오는 파이프를 더 큰 것으로 교체하려 했다. 하지만, 엄밀히 따지면 신선한 강물의 소유권은 시市에 있으므로 관계 당국은 그가 주제넘은 짓을 한다고 생각했다. 관계당국이 아더 기네스에게 절도와 다름없는 행동을 그만두라고 경고하자 그는 오히려 강물이 자기 것이라며 "군대를 풀어서라도 강을 수호할 것"이라고 큰소리를 쳤다. 시시비비를 떠나서 나는 기네스의 이런 배포가 정말 마음에 든다.

젊은 시절 기네스 공장에서 일했던 이 노인은 기네스 공장 밖에서 항상 말이 끄는 수레를 끌고 나타난다. 그가 원하는 것은 사람들이 그의 사진을 찍어 옛 기네스의 모습을 기억하는 것이다.

관계당국과 아더 기네스 사이의 대립이 팽팽해지자 시 보안관이 출동했다. 그는 기네스가 불법으로 만든 수로의 구멍을 다시 메우기 위해 노동자 몇 명을 대동했다. 당시에 아더 기네스는 자리를 비운 상태였으나 직원들이 똘똘 뭉쳐서 시 보안관의 처사에 강력히 반발했다. 어찌나 반발이 심했던지 보안관은 직원들을 모두 감옥에 넣어버리겠다고 으름장을 놓기까지 했다. 직원들의 기세가 누그러질 무렵, 아더 기네스가 화가 머리끝까지 난 표정으로 나타났다. 전해오는 이야기에 따르면 그는 직원 한 사람이 들고 있던 곡괭이를 빼앗아 들고 욕설을 퍼부으면서 시 보안관에게 손가락 하나 까딱하지 말라고 엄포를 놓았다. 그리곤 수로를 처음부터 끝까지 다 막아놓더라도 자기가 당장 수로를 뚫을 거라며 물러서지 않았다고 한다.

솔직히 말해서 그 후로 전개되는 상황은 별다를 것이 없다. 그 문제를 법정으로 가져갔지만 여러 해 동안 판결이 나지 않았다. 그러는 사이에 아더 기네스는 더블린에서 명망 있는 맥주 양조업자가 되었기에 시 보안관도 그를 함부로 대할 수 없었다. 결국, 기네스는 매년 10파운드라는 저렴한 사용료를 내고 강물을 마음대로 사용한다는 조건으로 소송을 취하했다.

곡괭이를 번쩍 든 아더 기네스의 모습을 상상하면 속이 후련해진다. 사실 그의 인생은 온갖 법정 소송과 거짓 소문, 아일랜드 고유의 미신 따위에 가려져 있는 부분이 너무 크다. 게다가 그의 초상화는 미국인인 내가 보기에 아둔해 보인다. 아마 토마스 제퍼슨Thomas Jefferson, 미국 독립선언문 기초자이자 미국 3대 대통령-옮긴이이 그를 길에서 만났다면 모자를 벗고 정중히 인사할지 몰라도 함께 식사를 하자고 적극적으로 초대하지는 않았을 것이다. 그렇지만, 아더 기네스는 사람들에게 알려진 내용이나 이미지보다 훨씬 훌륭한 사람이었다. 그러므로 우리는 최선을 다해서 그의 진가를 발견하고자 노력해야 한다. 특히 동시대 사람들에게 그가 어떤 평가를 받았으며 수백 년 동안 우월한 평판을 유지한 가문의 토대를 어떻게 마련했는지 주목해야 한다.

1800년대 초반에 더블린 항구에 가면 아더 기네스의 아버지에 대한 이야기를 심심찮게 들을 수 있었다. 그는 제니Genny라는 영국 군인과 아일랜드 아가씨 사이에 태어난 사생아였다. 그의 이름은 리처드였는데 커서 리드Read 가家에서 일했다. 소문에 의하면 어느 날 밤 리처드가 주인집 딸이었던 어여쁜 엘리자베스와 눈이 맞아서 달아나버렸다고 한다. 그래서 어떤 역사가는 기네스 가의 역사가 '알 수 없는 안개' 속에서 시작되었다고 표현했다.

혈기왕성한 남녀의 사랑 이야기는 그럴 듯하지만, 이것은 어디까지나 소문일 가능성이 크다. 영국 군인과 아일랜드 아가씨에 대해서도 알려진 바가 없으며 엘리자베스 리드라는 아가씨가 집에서 일하던 하인과 도주했다는 기록도 없기 때문이다.

아더 기네스 본인은 그의 아버지가 카운디 다운County Down, 아일랜드 북동쪽에 있는 여섯 개의 카운티 중의 하나—옮긴이 출신으로, 이비Iveagh의 브라이언 메게니스Bryan Magennis 자작子爵이라고 믿었다. 메게니스 자작은 가톨릭 교인이자 안타깝게 패배한 보인Boyne 전투에서 제임스 2세James II를 지지했던 귀족이었다. 후에 그는 프랑스로 피신했고, 아일랜드에 남겨진 가족들은 신변보호를 위해 앞글자인 '메Ma, '가문'을 뜻하는 말'를 떼어버리고 개신교로 개종했다. 그래서 아더는 제니스Gennis라는 성을 가진 개신교 집안 출신이 되었다. 훗날 그의 가족은 s를 하나 덧붙여 지금의 이름이 되었다.

수백 년 후 이 가문에 대한 사실이 밝혀졌는데, 아더가 믿었던 이야기와는 크게 다르다. 사실 2007년에 트리니티 대학Trinity University에서 DNA를 분석한 결과에 의하면 기네스 가문은 카운티 다운의 '기니스Ginnies' 라는 마을에 살았던 맥카르탄McCartan 집안의 후손이다. 물론 이 점에 대해서 역사학자들의 의견은 분분하다. 지금 구할 수 있는 관련 자료는 매우 적지만 그로부터 알 수 있는 사실은 아더의 아버지인 리처드 기네스가 엘리자베스 리드와 결혼했으며 카운티 킬데어County Kildare의 부유한 개신교 목사인 아더 프라이스의 집사로 일했다는 것이다. 얼마 지나지 않아서 프라이스 목사는 카셀의 대주교가 되었으며 리처드 기네스는 그를 그림자처럼 수행했다고 한다.

관련 자료에도 자세한 점이 나오지 않기 때문에 소문을 토대로 약간의 상상력을 발휘해야 한다. 프라이스 목사의 사유지 관리자였던 리처드는 막중한 책임을 지고 있었을 것이다. 가축을 돌보고 농작물도 재배해야 했을 것이고 세입자들로부터 집세를 거두는 일과 주택, 건물 관리에도 신경을 썼을 것이다. 맥주를 양조하는 것도 분명히 그의 일거리였을 것이다. 아더 기네스는 어린 시절에 대주교의 사유지에서 아버지가 일하는 모습을 보면서 훗날 세계적으로 유명한 기업을 창립하고 운영할 재량을 키웠을 것이다.

  이 시점에서 한 가지 짚고 넘어갈 점이 있다. 당시 아일랜드에서 맥주 양조업은 일종의 가내 공업이었다. 양조업체들은 대부분 더블린 시의 구불구불한 하천을 따라 자리 잡고 있었다. 하지만, 술집 주인은 물론이고 가정주부나 일반 사업자들도 직접 맥주를 만들었다. 그 시절에 맥주는 매일 마시는 물처럼 흔한 음료였다. 아더의 할아버지인 윌리엄 리드 역시 맥주를 직접 양조했다. 그는 에일 맥주를 판매하려고 1690년에 주류 판매 허가를 신청했다. 그것만으로도 맥주와 아더 기네스 집안의 오랜 인연을 충분히 입증할 수 있다. 분명히 윌리엄 리드는 집에서 맥주를 양조한 다음에 근처에 있는 더블린-코크 거리의 모퉁이에 자리를 잡고 팔았을 것이다. 패트릭 기네스의 유명한 저서인 ≪맥주 장인 아더 기네스가 살았던 시절과 그의 생애Arthur's Round : The Life and Times of Brewing Legend Arthur Guinness≫는 이 점을 생생하게 묘사한다.

  '더블린 남쪽 작은 언덕을 여러 시간 행군하여 기진맥진한 병사들을 머릿속에 그려보라. 그들은 구불구불하고 먼지가 날리는 험한 언덕길을 낑낑거리며 올라오다가 에일 맥주를 파는 가판대를 발견하고 뛸 듯이 기뻤다. 시원한 맥주를 들이켜는 순간 모든 피로가 사라지는 느낌은 어떤 말로도 설명할 수 없

었을 것이다.'

그렇게 길가에서 맥주를 파는 것으로 미미하게 시작했지만, 성장 가능성이 무한했다.

아더 기네스의 조부인 리드는 아일랜드 전통 방식으로 맥주를 양조했을 것이다. 1세기 그리스 식물학자이자 의사였던 디오스코리데스에 의하면 고대 아일랜드 사람들은 보리를 증류시켜 만든 음료수인 퀴림을 마셨다. 실제로 아일랜드 신화를 비롯하여 고대 사회에 대한 자료를 보면 퀴림에 대한 이야기가 나온다. 700년대의 법적 문서인 〈크리스 가블라치Crith Gablach〉에서도 왕세자는 '일요일마다 에일 맥주를 마셨는데 휴일에 에일 맥주를 마시지 않는 자는 왕세자 자격이 없다'는 말이 나올 정도였다.

이처럼 아일랜드 사람들에게 맥주의 중요성이 커지자 이교도 왕들은 메드브Medb라는 여신과 상징적으로 결혼하여 그녀를 여왕으로 칭했다. 메드브라는 이름은 '술 취한 여자' 또는 '취하게 만드는 여자'라는 뜻이었다. 그들이 통치권을 얻는 방법은 타라Tara, 아일랜드의 왕들이 앉던 자리를 칭하는 말에 앉아서 맥주에 거하게 취하는 것이었다. 상황이 이렇다 보니 성 패트릭이 잘못된 관습을 고쳐주려고 이교도들을 찾아다닐 때 맥주 양조전문가인 메스칸을 데리고 다닌 것은 무리가 아니었다.

이처럼 아일랜드 사람들의 생활은 맥주와 뗄레야 뗄 수 없는 관계였으며 리처드 기네스가 살던 시절에도 달라진 것은 없었다. 물론 아일랜드 사람들이 위스키를 '생명수'라고 부르며 즐겨 마시긴 했지만 1700년대 초반에 와서는 맛도 좋고 건강에도 도움이 되며 거하게 취하지 않아서 편하게 즐길 수 있는 맥주에 열광하기 시작했다.

따라서 아더 기네스가 태어났던 시절은-그는 1724년에 프라이스 목사의 사유지인 셀브리지Celbridge의 오클리 파크Oakley Park에서 출생했을 것이다- 맥주에 대한 사람들의 호기심이 대단했다는 점을 기억해야 한다. 거의 모든 가정집, 대저택, 선술집에서 맥주를 양조했기에 각자의 비법을 숨기기에 바빴다. 사람들은 온통 맥주 양조방식에 대한 이야기만 늘어놓았고 끊임없이 새로운 양조방법을 시도했다. 맥주를 훌륭하게 양조하는 기술을 가진 귀족들은 사람들의 존경을 한 몸에 받았으며 모두 한 번만이라도 그 집에 초대받아 맥주를 마셔보기를 간절히 기대했다.

분명히 프라이스 목사 아래에 있었던 리처드 역시 맥주 양조기술로 유명세를 누렸을 것이다. 프라이스 목사의 저택은 품질이 뛰어난 흑맥주를 직접 양조하는 것으로 정평이 나 있었기에 찾아오는 손님마다 어떻게 하면 이렇게 맛있는 맥주를 만들 수 있는지 알고 싶어서 안달했다. 물론 맛있는 흑맥주 덕분에 온갖 찬사를 들었지만 리처드는 절대 자신의 비법을 공개하지 않았다.

리처드가 양조비법에 대해 한 마디도 공개하지 않았기 때문에 온갖 소문이 파다했다. 어떤 사람들은 리처드 기네스가 우연히 보리를 너무 오래 볶다가 맛이 우수하고 색깔이 진한 흑맥주를 만들게 된 것이라고 주장했다. 그런가 하면 어떤 수도승의 맥주 만드는 비법을 리처드 기네스가 훔쳤다는 소문도 있었다. 물론 그런 이야기들은 어디까지나 소문에 불과하다.

사실 아더 기네스가 태어나기 전에 이미 흑맥주를 양조하는 사람들이 있었다. 기네스가 자신의 이름을 내걸고 맥주를 판매하기 훨씬 전에 런던에서는 흑맥주가 상당한 인기를 누리고 있었으며 특히 도시에서 일하는 짐꾼들이

1902년 셀브리지 오클리 파크

흑맥주를 즐겨 마시면서 흑맥주 이름을 아예 '기네스'라고 붙여버렸다.

리처드 기네스가 최고의 흑맥주를 어떻게 양조했는지는 정확히 모르지만 프라이스 주교의 자존심과 대주교를 찾아온 손님들의 질투가 큰 몫을 했다는 것은 확실하다. 또한, 리처드가 아더에게 양조 기술을 전수함으로써 자녀에게 비법을 전수하는 기네스 가의 전통이 만들어진 것이라 확신할 수 있다.

리처드가 처음으로 아더에게 양조기술을 전수한 이후로 여러 대에 걸쳐 기네스 가에 태어난 아들들은 아버지의 옆에서 최고의 맥주를 양조하는 기술은 물론이고 세계적으로 가장 성공적인 회사를 꾸려가는 요령을 배웠을 것이다. 하지만, 후대에게 기술을 전수하는 것 외에도 중요한 요소가 있었다.

사실 기네스 맥주의 성공을 곧 자신의 성공으로 여기며 훌륭한 맥주를 양조하는 데 아낌없이 협조한 농부, 선원, 마차꾼, 통 제조업자들도 일등공신이었다. 그들은 대여섯 세대를 거치면서 변함없이 기네스 가를 후원했다. 가족 중에서 남자들은 모두 어깨를 나란히 하여 맥주를 만들고 저녁식사를 하면서 맥주 양조 기술에 대해 의견을 나누곤 했다. 이런 모습을 지켜보던 자녀들은 자연스레 얼른 커서 가업을 이어받아야겠다고 생각했을 것이다. 그 기술은 수십 년을 거쳐 완성된 것으로 사람의 입을 통해 전수했으므로 책에서는 결코 배울 수 없었다. 새로운 세대에 속하는 남자들은 아버지 등 웃어른들이 일하는 모습을 직접 보고 오랫동안 훈련을 받았으며 직접 맥주를 만들어보는 실습을 거치면서 양조기술을 익혔다.

요즘처럼 기계가 판을 치는 세상에서는 이렇게 장인의 경지에 오른 집안 어른들이 핵심 기술과 경험을 전수하는 것을 거의 찾아볼 수 없다. 하지만, 기네스 가에서는 수백 년 동안 대대로 기술을 전수해온 것에 남다른 자부심이 있었다.

기네스 가의 역사를 정리하던 학자는 이렇게 기술했다.

'아더는 아장아장 걸음마를 떼기 전부터 맥아 냄새를 맡으며 자랐을 것이다.'

이 말은 과장이 아니라 사실이었다. 아더는 그야말로 맥주 양조 전문가들의 손에 자랐다. 할아버지인 리드는 말할 것도 없고 그의 어머니도 직접 가족들이 마실 맥주를 만들었을 것이다. 아버지인 리처드는 맥주를 양조하는 일을 하면서 프라이스 부동산의 수지를 맞추었다. 그러므로 아더는 힘쓰는 일을 할 만한 나이가 되자마자 삽으로 보리를 퍼 넣거나 양조에서 가장 중요한 요소인 물을 나르고 보리를 볶거나 맥아즙을 끓이는 불을 지켜보았을 것이다. 그리고 프라이스에서 일하는 인부들이나 프라이스 주교가 좋아하는 친구들에게 맥주를 나르는 것도 아더의 몫이었을 것이다. 이렇게 어린 시절부터 맥주를 양조하는 것이 하나의 특별한 기술이라는 점과 수많은 사람이 맥주를 만병통치약으로 여겼기에 맥주를 풍성하게 공급해주기만 한다면 선뜻 지갑을 연다는 사실을 배웠을 것이다.

물론 아더가 직원들을 다루는 실질적인 요령이나 맥주를 양조하는 특별한 기술만 배운 것은 아니다. 비록 증거 자료가 그리 충분하지는 않지만 십대 후반이 되었을 때 아더는 프라이스 주교의 비서 역할을 한 것으로 기록되어 있나. 그래서 아더는 읽기, 산수, 서법 등 당시에 사업을 하는 사람에게 꼭 필요한 지식을 두루 갖출 수 있었다.

현재 세계 전역에 공통적으로 쓰이는 기네스 광고에는 그 유명한 그의 사인이 들어 있다. 이는 성 제임스 게이트 계약서에서 따온 것으로 대담하고 자신감 넘치면서도 특별한 스타일이 있으며 기술적으로 볼 때 굉장히 수준 높은 필체라 할 수 있다. 분명히 아더는 필체가 형성되는 유년 시절에 이런 서체를 발전시켰을 것이다.

또한, 집에서 800미터 정도 떨어진 자선 학교에 다니면서 서법과 더불어 여러 방면의 주요 지식을 습득한 것으로 보인다. 무엇보다 프라이스 주교는 분명 개인용 도서실을 가지고 있었으므로 어린 아더에게 언제든지 개방했을 가능성이 크다. 그는 기꺼이 아더의 대부代父를 자청했으므로 항상 친절히 대해주고 아더의 교육과 훈련을 아낌없이 지원했을 것이다. 이렇게 아더는 프라이스 주교의 도서관에서 마음껏 독서를 즐기고 종종 대주교의 가르침을 들으며 자랐을 것이다. 20대에 접어들 무렵 그는 총명하고 능력 있는 젊은이로 인정받았다. 사업을 운영하는 방법, 계약 공증을 하는 방법, 문서를 처리하고 복사하는 방법 등 맥주 양조업을 꾸려나가는 데 필요한 모든 것을 철저히 교육받았다.

그는 1752년에 대주교가 세상을 떠날 때까지 프라이스 주교 곁에서 일했다. 18세부터 28세까지 십여 년 동안 아주 기본적인 허드렛일까지 마다하지 않고 실력을 쌓았기에 사업가의 고통과 어려움을 누구보다 잘 이해하게 되었다.

특히 1739년부터 1741년 사이에 아일랜드에는 악천후가 계속되어 매우 어려운 시기였다. 당시의 맹추위는 상상을 초월할 정도였다. 패트릭 기네스에 의하면, "새들이 하늘을 날다가 그대로 동사해서 땅으로 떨어지고 농작물은 모두 얼어붙었으며 곳곳에 기근과 전염병이 퍼졌다"라고 한다. 당시 십 대 청소년이었던 아더는 이러한 역경을 직접 보고 겪었으며 프라이스 주교와 함께 어려운 이웃을 도와주면서 역경이 무엇인지 뼈저리게 느꼈을 것이다.

이듬해인 1742년에는 그의 어머니인 엘리자베스가 44세의 젊은 나이로 세상을 떠났다. 남편과 여섯 자녀는 그녀의 사랑과 보살핌을 몹시 그리워했고 집안의 기둥 하나가 무너진 듯 커다란 타격을 입었다. 18세에 불과했던 아더의 삶은 어머니를 잃은 후로 몹시 어려워졌다.

그는 여러 가지 프로젝트와 계획을 실행하느라 바쁜 20대를 보냈다. 프라이스 주교는 농작물에 대한 새로운 아이디어를 내놓거나 가축들의 수를 늘릴 실험적인 방법을 제안하는 등 늘 새로운 일을 구상했다. 캐셜Cashel이라는 곳의 어느 언덕 꼭대기에 오래된 성당이 있었는데 그곳의 지붕을 뜯어내는 웃지 못할 일을 벌이기도 했다. 결국, 그 성당은 아일랜드에서 가장 흉측한 건물 중 하나가 되고 말았다. 근처에 조그만 성당을 새로 짓긴 했지만, 지붕을 뜯어낸 성당을 복구하는 데에는 실패했다. 이 성당은 지금도 그대로 보존되어 있으므로 이곳을 찾는 방문객들은 돈키호테처럼 엉뚱한 일을 벌인 프라이스 주교를 생각하며 웃음을 터트리게 된다.

이처럼 프라이스 주교도 불완전한 인산이었지만 그의 너그러운 기질 덕분에 기네스 가문이 오늘날의 모습을 갖춘 것이다. 그는 1752년에 세상을 떠날 때 그동안 충실히 자신을 보좌해준 리처드에게 100파운드를 남겼다. 이는 당시 4년 치의 월급에 해당하는 거금이었다. 흥미롭게도 그는 대부답게 아더에게도 같은 금액의 유산을 물려주었다. 이는 아더에 대한 무한한 사랑과 애정의 증거였다.

프라이스 주교의 비서이자 부경영자로 충실히 일한 아더는 28세가 되던 해에 드디어 꿈을 이룰 토대를 마련하게 되었다. 그때부터 아더 기네스의 인생은 급속히 달라졌다.

대주교가 죽은 지 석 달 후에 아버지는 엘리자베스 클레어라는 여성과 재혼했다. 엘리자베스는 기네스 가문의 오랜 친구였던 벤자민 클레어의 미망인이었다. 리처드는 셀브리지에서 그녀가 운영하던 화이트 하트White Hart라는 여관 겸 술집을 본격적으로 관리하기 시작했고 아더도 아버지를 돕기로 했다. 1752년부터 1755년까지 그곳에서 팔 맥주를 양조하면서 아더의 기술은 한층 더 발전했다. 하지만, 곧 서른을 바라보던 아더는 자신의 뜻을 펼칠 기회가 필요했다. 아버지와 새어머니를 돕는 동안에도 자기 이름을 내걸고 맥주 양조공장을 열겠다는 꿈을 한시도 잊지 않았을 것이다.

1755년에 드디어 아더는 셀브리지에서 더블린으로 가는 길목에 자리 잡은 레익슬립Leixlip이라는 곳에서 조그마한 양조 공장을 매입했다. 그는 몇 년만 이 공장을 운영하다가 형에게 공장을 넘겨주고 더블린으로 가서 큰돈을 벌 생각이었다. 하지만, 레익슬립에서 보낸 시간은 그의 인생에서 매우 중요한 시기였다. 그 시절의 노력과 훈련이 없었더라면 아마 기네스는 오늘날의 세계적인 명성을 누리지 못했을 것이다. 이 시기에 아더는 기본적인 맥주 제조기술을 익힌 것은 물론이고 주요 비법을 완벽하게 익히는 경지에 올랐다.

당시에는 아직 맥주 제조 공정에 대해 과학적인 이론이 거의 밝혀지지 않았다. 온도계를 사용한 지 얼마 되지 않은 데다 맥주를 만드는 사람들은 이스트의 존재나 개념을 거의 모르는 상태였다. 주로 냄새를 맡아보거나 맛을 보고, 각자의 느낌이나 생각에 따라 결정하는 경우가 허다했다. 물론 전체 공정을 글로 정리한 자료가 있었지만 차트나 이론 설명에 따르는 것으로는 훌륭한 맛을 낼 수 없었다. 쉽게 말해서 맥주를 만드는 기술은 여러모로 발전시켜야 할 요소가 많았다. 따라서 아더와 같이 젊은 양조업자는 오랜 시간을 바쳐 후각과 미각 등을 훈련하고 경험이 많은 장인들을 따라다니며 배우거나 직접 시행착오를 겪으며 기술을 익히는 수밖에 없었다.

아더에게 화이트 하트와 레익슬립에서 맥주를 양조한 시절은 특별한 훈련의 시기였다. 그러나 아더는 아직 더 배울 것이 많다고 판단하여 1759년에 더블린으로 이사했다. 이 결정은 아더의 인생에 큰 변화를 가져왔다.

그가 더블린에 온 것을 보면 일단 맥주 양조업을 자신의 평생 직업으로 선택했다는 사실에는 의문의 여지가 없다. 어쩌면 단지 생계를 유지하는 것이 아니라 맥주 양조 기술을 발전시켜야 한다는 도덕적 사명감을 느꼈을 가능성이 크다. 한창 유행하던 진Gin, 보통 토닉 워터나 과일 주스를 섞어 마시는 독한 술—옮긴이 열풍

이 가라앉고 있었던 차에 아더는 맥주 양조업의 새로운 지평을 열었다.

1689년에 의회가 주류 수입을 금지하자 술을 마시지 않고는 견딜 수 없었던 아일랜드 사람들과 영국 사람들은 직접 양조업에 뛰어들었다. 1700년대 초반이 되자 런던은 여섯 가구 중 한 가구가 진 가게로 탈바꿈했다. 그 중 몇몇 가게에는 '1페니만 내면 기나하게 취할 때까지 마실 수 있습니다. 2펜스를 내시면 한없이 마실 수 있습니다. 물론 한 푼도 못 내면 한 모금도 못 마십니다' 라는 간판이 붙어 있었다.

하층민들에게 진은 모든 문제의 해결책이었다. 심지어 우는 아기에게도 진을 먹였고 이이들을 새울 때에도 진을 사용했다. 어른들은 대부분 얼큰하게 취할 때까지 진을 마셨다. 지나친 음주로 사람들의 정신은 피폐해졌고 게으르고 이기적이며 난폭한 성향이 강해졌다. 이점에 대해 어느 주교는 이렇게 탄식했다.

"진을 마신 이후로 영국 사람들은 상상할 수 없이 타락했다. 이처럼 잔인하고 인간미 없는 모습은 처음 봅니다."

아일랜드 사람들도 그에 못지않게 심각한 상태였다.

윌리엄 호가트William Hogarth는 〈맥주 거리Beer Street〉와 진에 중독되어 타락한 당시 사회를 표현한 〈진 골목Gin Lane〉이라는 작품을 발표했다. 〈진 골목〉에 묘사된 사회는 곳곳이 살인, 자살, 기아, 부패와 타락으로 물들었고 전당포 외에는 제대로 풀리는 사업이 하나도 없었다. 호가트는 진 때문에 망가진 사람들의 모습을 빗대어 진을 만드는 공장은 킬먼Mr. Kilman, '살인자' 라는 뜻—옮긴이이 운영하는 곳이라고 말했다. 하지만 〈맥주 거리〉는 전혀 상반된 모습을 그리고 있었다. 전당포만 폐업 일보 직전이었고 다른 곳은 깔끔하고 질서정연

했다. 맥주를 마시는 사람들이 보이는가 하면 어부의 아내들은 옆에 책을 쌓아놓고 열심히 발라드이야기를 담은 시나 노래-옮긴이를 익히고 있었다.

두 작품이 주는 교훈은 아주 명확했다. 진은 사람들을 망치지만 맥주는 건강하고 안전하며 사회를 망치는 것이 아니라 오히려 사회에 기여하는 음료라는 뜻이었다. 아더 기네스는 호가트, 프라이스 대주교, 주변 세상에 대한 본인의 판단을 통해 이 점을 분명히 깨닫고 맥주 양조를 통해 동시대인들을 섬기는 것이 자신의 사명이라고 생각했다.

1759년에 아더는 더블린으로 이주했다. 그 해는 아더의 인생이나 역사적으로나 매우 중요한 시기였다. 그 해에 조지 워싱턴은 마사 커스티스Martha Custis와 결혼했고 대영 박물관이 개관했으며 미국에서는 최초의 생명 보험회사가 등장했다. 또한, 제임스 울프라는 영국 제독이 퀘벡을 점령했다가 아브라함 평원에서 유명을 달리했다. 그 해에는 작곡가 게오르크 프리드리히 헨델이 세상을 떠났으며 로버트 번이라는 아일랜드 시인과 노예제도폐지를 주장한 윌리엄 윌버포스William Wilberforce가 태어나기도 했다.

당시 토마스 제퍼슨은 조숙한 16세 소년이었고 파리에서는 볼테르Voltaire의 〈캉디드Candide, 부제목 '낙천주의'가 암시하는 바와 같이 라이프니츠 등의 낙천적 세계관을 조소하고 사회적 부정·불합리를 고발하는 철학적 콩트의 대표작-옮긴이〉라는 소설이 선풍적인 인기를 끌고 있었다. 한편, 유럽 전역의 신문사들은 차를 마실 때 예전에는 손잡이가 없는 찻잔을 사용했으나 이제 손잡이가 달린 찻잔이 많이 쓰인다는 소식을 앞다투어 보도했다.

많은 작가가 프라이스 주교가 물려준 100파운드 덕분에 아더가 더블린의 성 제임스 게이트 옆에 맥주 공장을 매입한 것이라고 단정 짓지만, 이는 큰 오해이다. 지금까지 살펴본 것처럼 아더의 독립은 별개의 문제였다.

그는 34세에 더블린으로 이주하기 전에 8년간 프라이스 주교의 비서이자 조수로 일했으며 양어머니의 가게에서 3년간 맥주를 만들었다. 그후에는 거의 5년간 레익슬립에서 직접 맥주 양조공장을 운영했다. 따라서 유산으로 받은 100파운드는 공장을 매입하는 데 쓴 것이 아니라 그 돈으로 다른 곳에 투자하거나 자신의 공장을 운영한 돈을 보태서 더 큰 자금을 마련했다고 봐야한다. 1759년에 그는 같은 조건에 있는 다른 사람들보다 훨씬 더 대단한 업적을 세울 만반의 준비를 하고 있었다.

중세의 더블린은 성무이 있는 큰 도시였다. 그래서 사람들은 아일랜드의 남쪽이나 서쪽으로 가려면 오래된 성문을 통과해야 했다. 성문을 빠져나가는 사람 중에는 유럽의 성지를 찾아 떠나는 순례자들도 있었다. 성문 옆에는 성 제임스 교회와 교구가 있었기 때문에 사람들은 성문을 가리켜 성 제임스 게이트라고 불렀다. 그 문은 무려 500년 동안 사용되다가 마침내 노후되어 부서졌지만, 그 장소는 아직도 성 제임스 게이트라고 불리고 있다. 바로 옆에 매년 열리는 여름 축제의 중심지인 성수가 나오는 우물이 있었기 때문이었다.

바르나비 리치Barnaby Rich가 1610년에 내놓은 《아일랜드에 대한 새로운 묘사New Description of Ireland》라는 책에 이곳에 대한 묘사가 나오는데 다소 의아한 내용이 있다.

> '더블린 서쪽에는 성 제임스 게이트가 있고 그 앞에 우물이 있다. 7월 25일에는 성 제임스를 기리는 축제가 벌어지는데 우물 바로 옆에 큰 시장이 생겼다. 그곳에서 파는 상품은 단 한 가지, 맥주뿐이었다.'

리피 강 건너편으로 보이는 기네스 양조장의 현재 모습

1759년에는 그곳에 문 닫기 일보 직전의 맥주 양조장이 있었다 사실 1670년에 생긴 양조장이었다. 아더 기네스가 그곳을 돌아보러 갔을 때, 1200여 평의 공장에는 양조장, 방앗간, 맥아 제조소 두 곳, 십여 마리의 말을 키우는 마구간이 있었다. 그 외에도 한 가지 더 눈여겨볼 만한 점이 있었다. 아마 아더 기네스가 아니었다면 눈치 채지 못하고 지나칠 것이 분명했다.

도시 계획에는 독특한 가능성이 숨겨져 있었다. 2년 전만 하더라도 아일랜드의 그랜드 운하를 건설하는 공사가 진척되었다. 샤넌Shannon 강을 통해 더블린 시와 리머릭Limerick, 샤넌 강의 최하류 도하지점(渡河地點)에 위치한 수륙교통의 중심지—옮긴이을 연결하려는 것이었다. 그렇게만 된다면 아더 기네스 공장의 정문과 멀지 않은 더블린 시의 제임스 게(衢)는 운하의 종점이 될 수도 있었다. 맥주 공장에 있어서 그보다 더 좋은 교통수단은 생각하기 어려운 것이었다. 성 제임스 게이트의 공장을 손에 넣기만 하면 맥주 사업에 성공하는 것은 시간문제였다. 야심이 크고 투자 안목이 높았던 아더 기네스가 그 점을 놓칠 리 없었다.

1759년 12월 31일에 아더 기네스는 양조장 주인인 레인즈포드 가족과 대여 계약을 맺었다. 계약금 100파운드를 걸고 매년 45파운드를 지급하는 것 외에는 아무 조선노 날시 않았다. 그런데 놀랍게도 아더 기네스는 공장 소유주를 어떻게 설득했는지 공장을 무려 9천 년간 대여한다는 조건을 추가했다. 분명 이런 대여 계약은 역사상 가장 독특한 계약으로서 지금까지도 아더의 남다른 비즈니스 기술을 증명해주는 대표적인 사례로 손꼽히고 있다. 현재 기네스 광고에 나오는 아더의 화려한 사인이 계약서를 마무리했을 것이다. 아더 기네스가 아니면 그런 조건으로 계약서를 체결하는 것은 꿈꿀 수 없는 일이었다.

계약을 하고 나서 기분이 좋아진 아더는 양팔을 걷어붙였다. 직원들을 구하고 공장에 쓸 말을 사고 공장 직원들에게 건물과 공장 지대를 손보도록 지시했으며 양조공장을 본격적으로 가동했다.

처음에는 공장이 느리게 돌아가는 것 같았지만 새로 시작하는 벤처 기업에는 당연한 일이었다. 그렇게 시간이 흘러 1779년이 되자 기네스는 아일랜드에서 영국 정부의 본부가 위치한 더블린 성의 공식 맥주 공급업체가 되었다. 이는 기네스 맥주가 세계적인 브랜드로 성장했으며 고급 맥주로 인정받았다는 확실한 증거였다. 하지만, 그렇게 되기까지 아더 기네스는 무려 이십 년 동안 경영난에 허덕이면서 과연 이 사업이 성공할 수 있을까라는 걱정 반 기대 반으로 살아야 했다. 마침내 품질과 인지도라는 두 마리 토끼를 모두 잡았고, 그렇게 되기까지 경영주는 오랫동안 인내하면서 묵묵히 견뎌야 했다.

돈이 많이 들고 위험이 큰 사업을 하는 사람들은 흔히 이런 과정을 거치기 마련이다.

이렇게 새로 대여한 공장을 그가 꿈꾸던 대로 개조하는 한편, 그는 더블린 사회에서 자신의 지위를 한 단계 높이는 결정을 내렸다. 1761년 6월 17일에 그는 올리비아 화이트모어와 결혼했다. 사랑이나 로맨스 감정은 별도로 하고 이제 막 양조업을 시작한 사업가로서 그 결혼은 아주 현명한 결정이었다.

우선 그녀는 아더 기네스보다 훨씬 젊고 아름다운 여성이었다. 또한, 상류사회 출신으로 지참금만 무려 1,000파운드를 가져온 부유한 여자였다. 무엇보다도 그녀와의 결혼을 통해 아더 기네스는 더블린 사회에서 넓은 인맥을 얻게 되었다. 이는 그가 혼자 힘으로는 평생을 노력해도 얻어낼 수 없는 자산이었다. 게다가 올리비아는 금융계의 거물인 달리스Darleys 가와 대주교와 시장을 배출한 집안인 스미스Smyths 가를 비롯하여 더블린에서도 명망 높은 가문의 친족이었다. 이는 타 지역 출신의 젊은 사업가에게 날개를 달아주는 것과 같았다.

아더 역시 결혼 상대자로 높은 점수를 얻었다. 그는 분명 앞으로 큰일을 해낼 사업가로서 촉망받았을 것이다. 그렇지 않고서는 올리비아의 가족들이 그 결혼을 허락할 이유가 전혀 없었다. 또한, 그는 결혼 시기에 맞춰서 자신이 메게니스Magennis라는 가문 출신이라고 주장했다. 하지만, 이 점에 대해서 역사가들은 쓸데없이 출신 가문을 허위로 과장해서 오히려 자신의 이미지를 실추시켰다고 평가한다.

아무튼, 아더 기네스 본인뿐만 아니라 처가 식구들도 이러한 배경을 어찌나 마음에 들어 했는지 결혼식 날 신랑은 부부의 이름이 새겨진 은잔과 마제

더블린 성의 모습

니스의 문장紋章, 오랜 역사를 지닌 가문·조직 등을 상징하는 것-옮긴이을 들고 입장했다. 마제니스의 문장이란 그 가문이 뿌리를 내린 얼스터Ulster 지방을 상징하는 붉은 손 모양이 금으로 만든 야생 수퇘지 위에 놓인 것이었다.

결혼 후 2년 만에 올리비아는 첫 아이인 엘리자베스를 출산했고 다시 두 살 터울로 장남인 호세아를 낳았다. 두 사람은 슬하에 모두 딸 넷, 아들 여섯을 두었다. 열 자녀의 이름은 엘리자베스, 호세아, 아더, 에드워드, 올리비아, 벤자민, 루이자, 존 그라탄, 윌리엄 루넬, 메리 앤이었다. 열 자녀만 생각하면 다복하고 행복한 가족처럼 보이지만 이면에는 무려 11번이나 반복된 유산의 아픔이 있었다. 21번이나 임신한 것을 보면 올리비아는 몸도 마음도 강한 여성이었을 것이다. 그렇게 많은 자녀를 잃었지만, 올리비아는 40대 후반인 1781년까지 계속 임신을 시도했다. 그렇게 해서 첫 아이를 출가시킨 후에도 늦둥이를 얻게 되었다.

기네스 왕조는 이렇게 출범했다. 아더는 더블린 사회에서 주요 인물로 부상하여 각종 모임과 클럽에서 활동했으며 특히 사업을 위해 정치적인 영향력도 쌓기 시작했다. 얼마 후에 조지 왕조 풍의 맨션을 구입하여 죽기 직전까지 그곳에서 살았다. 그 집은 뷰몬트 하우스Beaumont House라고 불렸다. 아더 기네스는 더블린 양조업자 협회의 감사로 활동하는 등 하는 일마다 성공가도를 달렸다. 그는 1803년에 세상을 떠났지만, 그전에 곧 무너질 것 같았던 작은 공장은 이미 아일랜드 최고 규모의 사업체로 우뚝 서 있었다.

하지만, 아더 기네스가 고급 맥주를 양조하여 높은 판매고를 기록했기 때문에 유명 인사가 된 것은 아니었다. 그의 성공기에서 가장 주목할 점으로, 아더 기네스 본인은 자신의 성공을 신이 주신 임무를 완수한 것으로 생각했다. 그는 자신과 가족만 챙기는 것이 아니라 이 세상 모든 사람의 복지를 증진시키는 것이 자신의 사명이라고 굳게 믿었다. 아더 기네스의 인생에 종교가 어떤 영향을 주었는지 살펴보면 이 점을 쉽게 이해할 수 있다.

성 패트릭을 통해서 아일랜드에 기독교가 들어오기 전에 게일 사람들아일랜드의 켈트 사람은 수천 년 동안 아일랜드에서 이교도의 삶을 마음껏 펼쳤다. 그들은 5세기에서 12세기까지 정치적으로 아일랜드를 장악했다. 물론 그동안 바이킹의 침략을 받은 적도 여러 번 있었다.

1172년 영국의 헨리 2세가 아일랜드를 침공했으며 그 후로 700년 동안 아일랜드 전역에 대한 통제권을 자랑했지만 실제로는 해변에 있던 도시 몇 개와 페일Pale이라 불렸던 더블린 지역을 제외하고는 영향을 미치지 못했다.

16세기에 들어와서야 영국의 통치권이 확장되어 게일 사람들의 사회적, 정치적 흔적은 모두 사라졌다. 또한 1534년에 헨리 8세에 의해 영국 교회가 로마에서 분리되면서 새로운 지배 계급인 신교도 우위Protestant Ascendancy의 시대가 펼쳐졌다. 그 결과 아일랜드는 극소수의 영국계 개신교인들이 장악하게 되었다. 가톨릭교인들은 인구의 90% 이상을 차지했지만, 아일랜드 의회에는 아예 들어가지도 못했을 뿐더러 그들이 살던 지역은 영토의 10%를 넘지 못했다. 이런 사정을 생각해볼 때 아더 기네스가 로마 가톨릭 교인이었으면 절대로 양조장을 매입하지 못했을 것이다.

이러한 사회적 변화에서 비롯된 적대감과 긴장감은 좀처럼 사그라지지 않았다. 아더 기네스보다 2년 먼저 더블린에 입성한 조지 화이트필드George Whitefield라는 복음 전도사의 일기에는 생생한 증언이 들어 있다. 그는 더블린 막사 근처의 잔디밭에서 설교해도 좋다는 허가를 받았다. 그는 설교를 하는 동안 자기 말에 힘이 실리는 것을 느꼈다. 그렇지만 돌이나 진흙 덩어리를 던지며 반대하는 사람들도 있었다. 물론 조지 화이트필드에게 처음 겪는 일은 아니었다. 그는 옆에서 사람들이 드럼을 두드리고 청중들 사이로 소떼를 몰고 가는 와중에도 설교를 계속할 정도로 대담해졌다. 한번은 설교 중에 나무 위에 올라간 남자에게 소변세례를 받은 적도 있었다.

하지만, 더블린에서는 그가 한 번도 겪어보지 못한 엄청난 반대 물결을 견뎌야 했다. 그가 강단에서 내려오면 사방에서 돌덩어리가 날아들어 계단을 한 칸 내려올 때마다 한 대씩 맞았다. 돌을 피하려면 계단을 몇 번이고 오르내려야 했다. 수백 명이 넘는 가톨릭 교인들이 그에게 돌을 던지며 모여들기도 했다. 그 당시 온몸은 피범벅이 되고 숨도 제대로 쉴 수 없었다. 돌을 얼마나 많이 맞았는지 몸이 성한 곳이 전혀 없었다. 특히 관자놀이 아랫부분은 크게 찢어져서 누가봐도 걱정스러울 정도였다. 그는 외마디 비명도 제대로 지르지 못한 채 숨을 헐떡거렸다. 차라리 숨을 쉬지 않고 죽는 것이 덜 고통스러울 것 같았다.

다행히 화이트필드는 감리교 전도사의 도움으로 목숨을 구해서 현지 외과의사에게 치료를 받았다. 그는 영국 국교회 출신의 교직자로서 전 세계적으로 유명한 사람이었다. 그런데도 영국 군대가 뻔히 보이는 곳에서 개신교를 반대하는 세력의 손에 거의 목숨을 잃을 뻔했다.

더블린으로 이주할 무렵, 아더 기네스는 아일랜드 교회에 소속된 신실한 개신교인의 자녀로서 영향력 있는 대주교의 소유지에 살면서 종교적으로 철저히 교육을 받았다. 더블린 사회에 입성한 후로 그는 신실한 기독교이자 영국 국교도에 절대 굽히지 않는 절개를 보였다. 가톨릭교를 반대하는 법에 적극적으로 대항하고 도리를 지키기 위해서라면 지배계층의 전통에 도전장을 내미는 것을 조금도 주저하지 않았다. 한번은 시의회의원이 새로 부임할 때마다 잔치를 열어주는 전통을 공식적으로 반대한 적이 있었다. 잔치를 열면 어김없이 고주망태가 되어 흥청거린다는 것이 반대이유였다. 그들이 도덕적으로 훌륭한 모범을 보이지 못하면 진정한 사회 지도층이 될 수 없다는 것이 기네스의 논리였다.

그의 성장기에 정립된 가치관에 더하여 존 웨슬리John Wesley라는 유명한 종교 혁신가 또한 아더 기네스에게 남다른 영향을 끼쳤다. 아더는 교회에서 그의 설교를 자주 접했다. 존 웨슬리는 경험을 별로 중시하지 않는 편이었다. 한번은 성 패트릭 성당에서 설교를 한 후에 낮은 목소리로 이렇게 읊조렸다.

"이 사람들은 부와 명성을 쥐고 있지만 죄인들이로군. 이들의 위선을 폭로할 정도로 용감한 사람이 과연 있을까?"

화려하게 장식된 성당 건물 안에는 대부분 부유하지만 마음이 무딘 사람들로 가득했다. 하지만, 그들 중 몇몇 사람들은 존 웨슬리의 설교를 듣고 깊이 감동했으며 그의 감리교 정신을 본받으려 했다. 디블린의 부잣집 아들이지 디블린 대주교의 조카인 윌리엄 스미스William Smyth도 마찬가지였다. 올리비아 기네스가 윌리엄의 처와 사촌지간이었으므로 그는 아더 기네스의 먼 친척뻘이었다. 윌리엄 스미스는 '아일랜드 복음주의의 가장 큰 중심지'라 불리는 베세다Bethesda 교회당을 짓는 데 크게 일조했으며 종종 웨슬리와 함께 다니면서 더블린에 사는 영향력 있는 부자들에게 그를 소개했다. 분명 아더 기네스도 두 사람을 따라다녔을 것이므로 존 웨슬리와 안면을 익힌 정도가 아니라 그와 많은 대화를 나누었을 것이다. 실제로 웨슬리의 일기를 보면 아더와 함께 여러 사람을 만났다는 이야기가 자주 나온다.

하지만, 이상하게도 존 웨슬리는 당시 상황에 그다지 큰 흥미를 느끼지 못했다. 스미스가 주관하는 교회 모임에 대해서도 거의 칭찬을 하지 않았다.

웨슬리는 역사가 매우 짧은 아일랜드 교회를 탐탁지 않게 여겼지만 아더는 그로부터 많은 점을 배웠다. 웨슬리의 가르침 속에 그려진 이상적인 사회는 아더가 평소에 생각하던 것과 정확히 들어맞았다.

실제로 감리교는 사회봉사를 강조하는 복음주의였다. 감리교의 모체가 된 옥스퍼드 대학의 신성 클럽Holy Club은 존 웨슬리와 그의 동생인 찰스 웨슬리, 조지 화이트필드 등이 참여했다. 이들은 교도소를 방문하고 가난한 사람들을 위해 모금활동을 벌이는 한편 부자들에게는 사회에 대한 기독교인의 의무를 다하도록 종용했다. 화이트필드는 혼자 힘으로 고아원을 세우고 무료 급식센터를 열었으며 미국에 건너갔을 때에는 이미 오랜 관습으로 자리 잡은 노예제도에 거센 반감을 표출하기도 했다. 웨슬리 또한 화이트필드에 못지않게 적극적으로 사회 봉사활동에 참여하면서 사회 복지를 증진시키고자 노력을 아끼지 않았다. 그는 특히 부의 가치와 그에 따른 의무를 강조했다.

"우리는 모두 돈을 벌거나 저축하는 것에 온 힘을 다해야 합니다. 다시 말해서 부를 축적하는 데 노력할 필요가 있습니다."

그러나 부를 얻은 후에는 반드시 '궁핍한 사람들에게 아낌없이 베풀어야 한다'는 조건이 뒤따랐다.

그가 존 웨슬리와 개인적으로 얼마나 친분이 두터웠는지 모르지만, 평생 웨슬리의 가치관을 몸소 실천하고자 노력한 것은 분명하다. 앞에서 살펴본 것처럼 그는 아일랜드에서 로마 가톨릭 교회의 권리를 적극적으로 옹호했으며 그러한 신념은 가톨릭 신자인 직원들을 대하는 태도에 고스란히 반영되었다. 당시에는 그런 태도를 보이면 고객들로부터 외면당하고 사회적 지위도 위협받을 우려가 있었다.

아더 기네스는 또한 오랫동안 미스 병원Meath Hospital의 이사회에서 활동했으며 결국 이사장이 되어 '미스 백작의 정신을 받들어 가난한 사람들을 구제한다'라는 이념을 온전히 실천하는 데 앞장서게 되었다. 또 성 패트릭 수도원 모임Friendly Brothers of St. Patrick에도 가입하여 당시 사회 문제로 지목되고 있던 사람들간 결투를 금지시키는 데 온 힘을 기울였다. 그 밖에도 각종 자선 단체를 후원하였으며 게일 문화와 예술을 육성하여 동족들에게 유산을 소중히 여겨야 한다는 인식을 심어주었다.

어떤 역사가들은 단지 중산층 상인으로서 상류 인사들에게 점수를 따려고 선행을 보인 것에 불과하다고 생각한다. 물론 그 말도 완전히 틀린 것은 아니다. 아더는 야심이 큰 사람이었기에 더블린을 주름잡는 상인치고는 후히 베푸는 면에서 부족하다는 평을 듣고 싶지 않았을 것이다. 그렇지만, 그의 순수한 믿음과 사회 복지에 대한 진심 어린 마음을 엿볼 수 있는 사례는 많다. 아일랜드 최초의 주일학교를 창립한 것이 한 가지 예라 할 수 있다.

그는 유명한 교육 개혁가인 로버트 레이크스Robert Raikes의 영향을 많이 받은 것 같다. 로버트 레이크스는 1736년에 조지 화이트필드의 고향인 글로우세스터Gloucester에서 태어났다. 그의 아버지는 〈글로우세스터 저널〉을 발간하는 신문사를 운영했다. 로버트는 1757년에 아버지의 사업을 물려받은 후로 영국 슬럼가에 사는 어린이들의 복지에 남다른 관심을 보이기 시작했다. 그래서 자신의 신문을 통해 영국 전역에 퍼져 있는 가난과 끔찍한 범죄가 초래하는 고난을 집중적으로 보도했다.

특히 교도소 내부 사정에 대해 알게 되면서 사회악은 '치료보다 예방이 우선'이라는 결론을 내렸다. 그래서 교육만이 해결책이라 생각하고 일요일마다 빈곤층 자녀들에게 성경 읽기 교육 및 기타 기본 과목을 가르치는 시스템을 고안했다. 신실한 영국 국교도였던 레이크스는 기본 교육을 충실히 받으면서 교회 설교를 열심히 듣고 성서를 배우면 분명히 삶의 질을 개선할 수 있으리라 확신했다. 보수주의 세력들은 레이크스가 쓸데없는 참견을 한다며 반대했고 안식일 엄수주의자들은 일요일에 학교를 여는 것 자체가 죄악이라며 강한 불만을 드러냈지만, 주일학교 운동은 신속히 확산되었다.

레이크스의 말을 빌리자면 주일학교 교육과정은 오전 10시에 학교에 와서

12시까지 공부를 하다가 집에 가서 점심을 먹고 1시에 다시 등교하는 식이었다. 오후에는 읽기 공부를 한 후에 교회로 이동했다. 설교가 끝나면 5시까지 교리 문답 수업이 이어졌다. 수업이 끝나면 조용히 하교했다. 비평가들은 레이크스의 주일학교를 가리켜 '보잘것없는 학교'라고 비난했지만 1831년이 되자 대영제국 전역의 주일학교에 다니는 학생 수는 125만 명까지 늘어났다. 이는 당시 영국 내의 빈곤층 자녀 중 사분의 일에 해당하는 숫자였다. 그러자 레이크스의 방식을 모방하는 사람들이 생겨났다. 서머셋Somerset에 사는 하나 무어Hannah Moore는 그러한 면에서 대표적인 사람이었다. 지금까지도 레이크스는 전 세계적으로 주일학교 운동의 아버지로 깊이 존경받고 있다.

아더 기네스 또한 주일학교 운동에 크게 기여했다. 1786년에 그는 더블린에 최초의 주일학교를 개설함으로써 아일랜드에 레이크스의 교육 철학을 도입했다. 자세한 기록은 남아 있지 않지만, 초반에는 거의 아더 기네스의 사비를 털어 학교를 운영하면서 혼자 힘으로 관리했다. 그는 사업을 하는 친구들에게도 적극적으로 도움을 구했다. 로마 가톨릭 세력과 보수파 및 안식일 엄수주의자들의 반대가 있었지만, 그는 최선을 다해 주일학교 운동을 보급했다. 이것만 보더라도 아더 기네스는 하늘이 주신 사명이라는 확신이 드는 일에 모든 것을 다 바치는 용기 있는 사람이었음을 알 수 있다.

하지만, 그가 맥주를 양조하는 기술이 뛰어나지 않았다면 이런 자선 사업이 빛을 발하기는커녕 처음부터 엄두조차 내지 못했을 것이다. 당시에 그는 여러 가지 사회 활동으로 매우 바쁘게 지냈을 것이며 특히 경쟁이 치열한 맥주 양조 업계에서 최고라는 인정을 받기 위해 구슬땀을 흘렸을 것이다. 아더 기네스에게 맥주 재료의 맛을 보고 냄새를 맡아 보며 직접 재료를 선별하는 것은 아주 중요한 작업이었다. 또한, 그는 공장 직원들을 포함하여 많은 사람의 의견에 귀를 기울였으며 누구를 만나더라도 언제나 맥주 이야기를 꽃피웠다.

맥주 양조업을 물려준 할아버지와 부모님에게 배운 지혜는 아더 기네스에게 큰 자산이자 자랑거리였다. 그의 아버지는 1766년에 세상을 떠났지만, 아버지에 대한 기억을 떠올리면 오랫동안 맥주를 양조한 경험을 토대로 스스로에 대한 믿음이 강해졌다.

하지만, 이때 아더 기네스는 전 세계적인 명성을 누리기 전이었다. 당시에 그는 에일ale 맥주와 흑맥주를 모두 만들어냈는데, 흑맥주가 꽤나 큰 인기를 누렸다. 아직 맥주 양조업계에서 대표적인 인물로 알려지기 전이었지만 그는 한 가지 중요한 사실을 알고 있었다. 발 빠른 사람이 경주에서 항상 이기는 것도 아니요, 힘센 자가 전쟁에서 항상 승리하는 것도 아니라는 점이었다.

아더 기네스는 그 시절에 흑맥주를 최초로 만든 사람도 아니었고 유일하게 흑맥주를 만들거나 최고의 맛을 내는 장인도 아니었다. 하지만, 그는 시대의 흐름에 부응하고자 최선의 노력을 기울였으며 초지일관하는 자세를 보였다. 여기에 적절한 타이밍이 더해져서 아더 기네스는 행운아가 될 수 있었다. 역사를 돌이켜보면 항상 실력이 뛰어난 사람보다 용감한 사람이 행운을 거머쥔다. 아더 기네스 역시 최고의 실력자는 아니지만, 용기만큼은 그 누구에게도 뒤지지 않는다는 사실은 우리에게 희망을 준다.

이미 살펴본 것처럼 아더 기네스는 최초의 포터porter, 영국의 대표적인 맥주로서 맥아즙 농도, 발효도, 호프 사용량이 높아서 맛이 강하고 진한 흑맥주-옮긴이 맥주 양조업자가 아니었다. 사실 런던에는 랄프 하우드 쇼레디치Ralph Harwood Shoreditch라는 사람이 아더가 태어나기 2년 전부터 흑맥주를 양조했다. 그의 맥주는 '엔타이어 버트Entire Butt'라고 알려졌는데 버트는 맥주를 담는 커다란 원통을 가리키는 말이었고 엔타이어는 독특한 맛을 내기 위해 세 가지 맥주를 한데 섞었다는 뜻이었다. 이름 자체는 별로 멋지지 않지만, 이 맥주는 시판되자마자 큰 인기를 끌었다. 아더 기네스가 세 살이었던 1727년에 영국을 방문한 어느 스위스 여행자는 이렇게 기록했다.

'영국 노동자들은 이 맥주를 물처럼 마신다. 아주 맛이 진하고 강한 술인 것 같다. 이 맥주를 과음하면 와인을 마신 착각에 빠진다.'

가격은 한 통에 3펜스였다. 런던에는 이 맥주만 판매하는 술집이 매우 많았다. 그 흑맥주가 왜 그렇게 대단한 인기를 끌었는지 설명하는 것은 어렵지 않다. 당시 맥주 양조업자들은 평생 더 나은 맥주 맛을 내기 위해 밤낮으로 실험에 매달렸다. 그 결과 새까맣게 탄 맥아와 보리를 조금 더 넣으면 맥주의 양도 늘어나고 맛도 훨씬 풍부해지는 것을 알게 되었다. 또한, 평소보다 홉을 더 넣으면 향도 풍성해지고 저장 기간도 늘어났다. 이러한 비결의 핵심은 결국 재료를 으깨고 익히고 발효시키는 시간을 늘리는 데 있었다. 그렇게 하면 맥주의 맛이 훨씬 좋아지는 데다 오래 저장할 수 있어 수출 과정에서 맥주가 상할 확률이 현저히 줄어들었다.

몇몇 양조업자들은 이렇게 한층 나아진 포터 흑맥주에 만족했지만 아더 기네스는 그럴 수 없었다. 영국의 가격 통제 정책 때문에 아일랜드 양조업자들은 국내 양조업자들보다 불리한 처지였다. 포터 맥주 양조업자들의 경우에는 이 문제가 더 심각했다. 그래서 성 제임스 게이트를 연 지 얼마 되지 않았을 때 아더는 아일랜드식 에일 맥주만 생산하다시피 했다.

1783년이 가까울 무렵에 흑맥주에 대한 사람들의 관심이 높아지자 기네스는 생산 품목을 조정했다. 실제로 1783년에 발행된 〈아일랜드 하원의원 저널Journal of the Irish House of Commons〉에 의하면 아더 기네스는 하원의원들 앞에서 "포터 맥주를 만드는 사람은 최고의 재료만 매입합니다. 최고가 아니면 거들떠보지도 않습니다"라고 말하면서 흑맥주에 대한 남다른 자부심을 드러냈다고 한다. 1799년에 그는 중대한 결정을 내렸다. 4월 22일에 에일 맥주를 생산한 것을 끝으로 성 제임스 게이트 공장은 '포터 맥주 생산'에만 주력하게 되었다.

고국에서 다른 양조업자들과 열띤 경쟁을 벌였던 것처럼 이제는 법적으로 유리한 위치에 있는 영국 양조업자들과 경합을 벌이게 되었다. 하지만, 선의의 경쟁은 상품의 질은 물론이고 시장 점유율을 높이기 위해 서비스를 질적으로 개선시키는 효과를 가져왔다. 조나단 기네스가 저술한 ≪가업에 대한 회고록Requiem for a Family Business≫에서는 그 점을 이렇게 설명했다.

> 당시에는(아더 기네스가 살던 시기에는) 맥주를 양조하는 것이 과학이라기보다는 일종의 기술이었다. 보리나 홉의 샘플을 분석해주는 실험실이 없었고 양조업자의 눈이 유일한 측정도구였기 때문이다. 이스트는 살아있는 유기체인데다 번식력이 강하기 때문에 과학적으로 철저하게 통제하더라도 어느 순간에 제멋대로 유전변형을 일으켜서 맥주 한 통을 다 못 쓰게 하는 경우가 허다했다. 아더는 이런 문제를 다루는 데 있어서 다른 양조업자들보다 경험과 지혜가 풍부했다. 특히 그는 블랙 포터 맥주를 생산하는 데 있어서 타의 추종을 불허하는 최초

의 아일랜드 양조업자였다.

아더 기네스를 비롯하여 아일랜드 출신의 양조업자들-아더 기네스의 경쟁자들-이 기술적인 문제를 해결하고 런던에서 파는 포터 맥주에 못지않은 상품을 선보이게 되었다. 이들의 맥주는 곧 런던 포터 맥주의 명성을 따라잡았으며 금세 더 많은 인기를 누리게 되었다. 이렇게 해서 아일랜드 포터 맥주는 더블린 시장을 점령한 것은 물론이고 영국에서도 수요가 급격히 늘어났다.

여기에서 한 가지 주목할 점이 있다. 유명 인사가 되려면 반드시 타이밍이 좋아야 한다는 것이다. 성 제임스 게이트 공장은 서서히 본래의 컨디션을 되찾고 있었으며, 미국 독립 혁명과 헨리 그라탄Henry Grattan, 올리비아 기네스의 사촌이라는 유명한 아일랜드 정치가의 노력에 힘입어 아일랜드는 영국으로부터 독립을 얻어냈다.

마침내 1782년에 새로운 헌법이 공포되면서 아일랜드는 중세 시대 이후로 계속된 정치적, 경제적 속박에서 완전히 벗어났다. 아일랜드는 그로부터 17년 간 전례 없이 완벽한 법적 자유를 누렸으며, 그라탄 의회Grattan's Parliament는 후세에 잘 알려지게 되었다.

아더를 비롯하여 대부분의 신흥 상공인들은 시대의 변화로 말미암아 큰 이익을 얻었다. 특히 헨리 그라탄은 아일랜드 맥주 양조업을 아낌없이 후원해 주었다. 한 번은 아더 기네스에게 편지를 보내어 "맥주는 자연이 아일랜드 국민에게 선물한 것이므로 맥주 양조업을 최대한 장려하고 각종 혜택과 감면 정책을 받을 자격이 있다"며 힘을 북돋워 주었다. 이처럼 당시의 정치적 상황은 아더 기네스에게 더할 나위 없이 호의적이었다. 그밖에 다른 상황도 아더에게 유리하게 변하고 있었다. 결혼 후로 정계에서는 그를 특별히 대접해 주었고 사회적으로도 특별인사라는 이미지가 강했다. 또한, 맥주 양조업계에서는 장인이나 다름없는 위치에 서 있었다.

물론 정치상황이 언제나 순조롭게 흐른 것은 아니었다. 아일랜드는 오랜만에 찾은 자유를 그리 오래 누리지 못했다. 영국이 1801년에 합동법Act of Union, 대영제국 및 아일랜드 연합왕국(United Kingdom of Great Britain and Ireland)이라는 이름으로 대영제국(Great Britain)과 아일랜드를 통합한 의회 협정-옮긴이을 들고 나와서 아일랜드 독립을 무효화하고 다시 두 나라를 합병해 버렸다. 미국 내 식민지를 잃은 후 아일랜드에 분풀이를 하는 것 같았다. 또다시 아일랜드는 자유를 되찾기 위해 백 년 이상 피 흘리는 사투를 벌이면서 고통의 세월을 보내게 되었다.

그러나 그 와중에도 아더 기네스의 가업은 크게 번창했다. 성 제임스 게이트에 있던 공장은 최고의 전성기를 누렸다. 아더 기네스는 가장 솜씨 좋은 장인들을 불러 모았으며 기술 혁신에 박차를 가했다. 그는 맥주 양조업으로 더 큰 영광을 누릴 꿈에 젖어 있었다. 사실 그는 업계 내에서 존경받는 사업가였으며 더블린 사회에서도 지도층 인사로 대우받고 있었다. 아더 기네스는 사회의 발전과 복지 증진에 계속 관심을 보였으며 자신의 봉사 활동이 사회 전반에 장기적인 이익을 가져온다고 굳게 믿었다. 주일학교는 아일랜드 전역에 보급되었으며 미스 병원도 발전을 거듭하면서 빈곤층 의료 봉사 단체로 명성을 얻었다. 그 밖에도 아더 기네스가 손을 대는 사업은 예외 없이 모두 큰 성공을 거두었다.

노년이 되어서도 아더 기네스는 맥주 양조업자들의 고질병을 이겨내지 못했다. 그것은 바로 더 나은 맥주 맛을 내기 위해 밤낮으로 실험을 되풀이하는 것이었다. 포터 맥주만 생산하기로 결심한 이래로 그의 주된 관심사는 다양한 종류의 흑맥주를 개발하는 것이었다. 일례로 '타운 포터town porter'는 더블린과 근교 지대를 공략한 상품이었고 '컨트리 포터country porter'는 멀리 떨어져 있는 타 도시에 주로 공급했다. 그밖에도 다른 맥주와 섞어 마시는 '키핑 포터keeping porter'와 모든 시장에 공급하는 상품으로서 강한 맛을 선보인 '수피리어 포터superior porter'라는 제품도 있었다.

세상을 떠나기 1년 전이었던 1801년 12월에는 맥주 관련 아이디어를 기록하던 노트에 '웨스트 인디아 포터west india porter'를 개발할 계획을 세우기도 했다. 국외로 수출하는 기간에 맥주가 상하는 것을 방지하기 위해 홉과 알코올 비중을 높인 맥주로서 상품명에서 알 수 있듯이 캐리비언에 공급할 생각이었다.

이렇듯 아더 기네스는 사업가로서 안목이 남달랐다. 그 노트에 쓰인 대로만 하면 누구나 흑맥주를 만들 수 있을 정도로 그 과정을 자세하게 기록했다. 예를 들어 웨스트 인디아 포터는 블랙 몰트black malt 75, 페일 몰트pale malt 55, 브라운 몰트brown malt 20의 비율로 섞어 만든다. 이는 굉장히 획기적인 양조방식으로서 기네스를 연구하는 학자들 사이에서는 포린 엑스트라 스타우트Foreign Extra Stout의 시초로 알려져 있다. 역사상 가장 오랫동안 양조된 맥주는 이렇게 시작되었다.

아더 기네스는 1803년 1월 23일에 생을 마감했으나 그의 자녀들은 아더의 땀으로 세워진 가업을 계속 이어갔다. 불쌍한 사람들을 돌보는 일을 비롯 여러 봉사활동도 잊지 않았다. 아더 기네스는 자신이 1759년에 임대한 보잘

것없는 공장이 전 세계적인 기업으로 성장하리라는 것은 상상도 못했을 것이다. 어쨌든 그가 자손들이 대대손손 가업을 잇는 모습을 보면 흐뭇해할 것이다.

무엇보다도 맥주 양조업계의 거장으로서 그가 특별히 자랑스러워 할 점이 한 가시 더 있다. 아마 다른 사람들은 쉽게 이해하기 어려울지 모른다. 그렇지만, 아더 기네스 집안사람이나 맥주 양조업에 종사하는 사람으로서 갓 수확한 보리를 볼 때의 흐뭇함과 몰트의 향을 느끼며 맛만 보고 맥아즙의 품질을 가늠할 수 있는 사람이라면 십분 공감할 것이다. 그것은 다름 아닌 이스트이다.

맥주 양조에 사용되는 이스트는 매우 독특해서 제빵용 이스트와 달리 고온에서 죽지 않으며 다시 사용할 수도 있다. 맥주의 경우에는 이스트가 양조 과정에서 계속 성장하며 한 번 거른 후에 몇 번이고 다시 사용할 수 있다. 이러한 이스트의 특성을 알게 된 초기 양조업자들은 기적이 아니고서야 어떻게 이런 일이 가능할까 하고 생각하기도 했다.

맥주 양조에 있어서 이스트에 관한 이야기만큼 흥미롭고 감동적인 부분도 없을 것이다. 하지만, 기네스의 경우에는 더 주목할 만한 이야기가 숨겨져 있다. 아더 기네스는 더블린에 킬데어Kildare식 변종 이스트를 가지고 와서 성 제임스 게이트에 공장을 차렸다. 아마 화이트 하트에서 맥주를 만들 때 사용했던 이스트일 것이다. 어쩌면 프라이스 주교 밑에서 일할 때 그의 아버지가 개발했거나 사용한 이스트일지도 모른다. 아더 기네스는 레익슬립을 거쳐 더블린에 정착할 때까지 아버지가 사용하던 이스트를 그대로 가지고 다녔다. 엄밀히 말하자면 아버지가 사용하던 이스트를 계속 발효시킨 것이었다.

성 제임스 게이트 양조장에서 찍은 사진

결국, 그것으로 만든 기네스 맥주가 전 세계로 퍼져 나갔으며 지금은 말레이시아, 나이지리아, 미국에 이르기까지 외국 공장에서 사용되고 있다. 그로부터 250년이 흐른 지금 기네스 맥주 공장에서는 스테인리스 강철로 된 설비에 컴퓨터 자동화 시스템을 적용하고 있으며 실험용 가운을 입은 박사 출신 연구원들이 분주히 돌아다닌다. 그들이 생산하는 맥주는 결국 '1760년 이전으로 거슬러 올라가서 옛날식 양조통에서 맥주를 발효시키던 이스트'에서 출발한 것이라 할 수 있다.

아더 기네스의 업적은 맥주 공장과 후손들의 믿음과 관대함뿐만 아니라 그가 평생을 바친 맥주 맛에도 그대로 반영되어 있다. 나무통에서 키워내 고이고이 간직했던 이스트 덕분에 매일 거의 1천 파인트 분량의 흑맥주를 생산하여 수많은 나라에 판매하고 있다는 사실을 알게 된다면 그는 굉장히 기뻐

할 것이다. 더군다나 자신이 이스트와 씨름하던 시기에는 존재하지도 않았던 나라들이 지금 기네스 맥주의 맛에 열광하리라고는 꿈에도 상상하지 못했을 것이다.

제3장
조상들의 발자취를 따라 걷다

아더 기네스 2세는 35세가 되던 해에 성 제임스 게이트에 있는 공장의 경영권을 물려받았다. 이미 그는 십 년간 아버지 밑에서 공장 운영에 대해 배운 상태였다. 기네스 가에서는 그런 식으로 자녀에게 가업을 이어받을 준비를 시켰다. 그가 아버지 밑에서 일하던 십 년 동안 기네스 공장은 더블린에서 가장 규모가 큰 맥주 양조업체로 성장했다.

주변 사람들을 매번 놀라게 하는 사람들에게는 공통적인 특징이 있다. 성 제임스 게이트에 있는 기네스 공장에 앉아 19세기에 활동한 아더의 후손들에 대해 조사하는 과정에서 또 한 번 그 사실을 확인하게 되었다.

　그런데 한 가지 의구심이 드는 문제가 있었다. 어떤 사람이 유명해지려면 성격이 특이하거나 재주가 남달라야 한다. 아니면 셰익스피어가 말했듯이 그 사람의 진면목이 드러나기 전에 유명세가 먼저 찾아올 수도 있다. 이를테면 그가 한 행동이 사람들에게 크게 칭송받거나 그가 남긴 말이 많은 사람들에게 회자되면서 오랫동안 기억될지 모른다. 그러다가 그의 임종이 가까워서 생명의 불꽃이 희미해지면 사람들은 이제 그 사람의 자녀들에게 눈을 돌린다. 자녀들도 그에 못지않게 출중한 재능이 있을까? 부모의 명성에 부응할 수 있을까?

　그렇지만, 훌륭하고 유명한 부모를 둔 사람 중에 타고난 재능을 온전히 펼치는 사람은 거의 없다. 그들은 이 세상에 태어나는 순간부터 모든 기대를 한 몸에 받지만, 종종 그런 기대에 부응하지 못한 채 살아간다. 몇몇은 생활 방식을 통해 부모의 명성과 평판에 영광을 돌리지만, 대부분은 부모의 명성을 큰 부담이나 저주로 여기며 살아간다. 그런 모습을 지켜보면 여간 딱한 것이 아니다. 자기밖에 모르고 무신경한 부모 밑에서 자란 자녀들은 부모에 대해 감사하는 마음이 없다. 부모의 유명세로 고생하는 자녀들 역시 부모에 대한 깊은 애정과 존경심을 갖기 어렵다.

이처럼 세대 간의 갈등에 대한 이야기는 책으로 쓰자면 끝도 없다. 하지만, 몇몇 사례는 한 번쯤 주의를 기울일 만한 가치가 있다. 미국이라는 국가의 초석을 마련한 장본인으로 널리 추앙받고 있는 존 애덤스John Adams의 경우를 생각해보자. 물론 그의 후손 중에는 뛰어난 정치가였던 존 퀸시 애덤스John Quincy Adams가 있긴 하지만, 그 후로는 계속 하락세가 두드러졌다. 그에 대한 자세한 이야기는 ≪영광에서 몰락으로Descent from Glory≫라는 책에서 확인할 수 있다.

윈스턴 처칠Winston Churchill도 그런 면에서 불운아였다. 그의 아버지는 매일 조금씩 정신 이상 증세를 보이더니 결국에는 자기 아들에 대한 강한 거부감을 드러내면서 "공립학교를 낭비하는 녀석"이라고 욕을 퍼부었다. 윈스턴은 평생 아버지에게 받은 상처 때문에 괴로워했고 자신의 아들인 랜돌프Randolph에게는 절대로 상처를 주지 않겠다고 굳게 결심했다. 아들이 어렸을 때는 항상 자상하게 대해 주었으며 모든 희망과 기대를 걸었다.

하지만, 나이가 들면서 두 사람의 사이는 나빠졌고 랜돌프는 날마다 술을 마시며 난폭한 성향을 드러냈다. 급기야 2차 세계 대전이 벌어지던 시기에 그는 부모의 신변 보호를 이유로 아버지 윈스턴의 집에 아예 얼씬도 못하게 되었다. 결국, 랜돌프는 그렇게 세상을 떠났다. 어느 역사가는 랜돌프를 가리켜 '아무런 희망도 약속도 없이 살았으며 주변 사람들의 관심은 조금도 받지 못했던 사람'이라고 말했다.

더 심각한 경우로, 자녀들이 가문을 드높이는 일을 해도 아버지들은 종종 그 사실을 깨닫지 못한 채 지나가 버린다. 에이브러햄 링컨Abraham Lincoln은 장남인 로버트를 탐탁지 않게 여기며 모든 애정을 윌리와 태드에게 쏟았다. 사실 그는 로버트에게 한 번도 따스한 애정을 보이지 않았으며 친구들 앞에서 "로버트는 결코 나를 따라오지 못할 거야"라는 말도 서슴지 않았다.

하지만, 로버트 링컨은 아버지도 미처 몰라보았던 재능이 있었다. 그는 하버드를 졸업한 후에 대통령의 전쟁 고문과 성 제임스 법원의 대사를 지냈으며 당대에 가장 성공적인 대기업의 대표이사직을 맡았다. 이처럼 로버트는 매우 성공적인 인생을 살았지만 그의 아버지는 아들에게 아무런 기대도 걸지 않았고 그가 성공하는 모습을 보지 못한 채 세상을 떠나고 말았다.

물론 가문의 명성을 이어받아 훌륭한 모범을 보이고 가문을 더욱 빛내는 자녀들도 있다. 그렇지만, 이들은 인생에 정해진 공식이 없으며 한 사람이 존경받는 인생을 살 것인지 손가락질 당하는 인생을 살 것인지 알 수 없다는 진리에 대한 예외적인 상황일 뿐이다. 유명한 사람이 되지 못해도 사람들에게 사랑을 나누어주고 높은 가치관을 고수하며 경건한 마음으로 살아가면 최선을 다한 것이라고 봐야 한다. 이 점이 바로 모두가 기억해야 할 교훈이다. 후세를 위해 사람들이 할 수 있는 일에는 한계가 있으며 결국 각 세대는 자기 힘으로 성공을 일구어 내야 한다.

기네스 가를 조사하여 아더의 후손들에 대해 알게 될수록 이러한 확신이 강해졌다. 아더 기네스는 열 자녀를 위해 최선을 다했지만, 자녀들의 미래를 제어할 수 없었다. 또한, 아이들 각자가 성공하는 데 꼭 필요한 자질을 심어주고자 했으나 한계에 부딪혔다. 그렇지만, 이 세상 어느 부모에 비하더라도 아더 기네스는 존경받을 만한 부모였다고 할 수 있다. 왜냐하면, 그는 자녀들에게 관대한 아버지였으며 훌륭한 신앙심을 물려주었기 때문이다.

그의 후손 중 몇 명은 분명히 아더 기네스의 기대에 부응하는 훌륭한 인물이 될 것이다. 물론 집안의 이름에 먹칠을 하거나 그가 물려준 정신적, 물질적 자산을 헛되이 써버리는 자손들도 있을 것이다. 결국, 기네스 가는 당대 최고의 명성과 부를 쌓은 덕분에 동서고금을 막론하고 가장 전설적인 집안으로 알려져 있으나 이러한 면에서는 지극히 평범한 가문이라 할 수 있다.

아더 기네스의 장례식은 1803년 1월의 어느 추운 날에 거행되었다. 장례 행렬은 더블린 베이의 북쪽에 자리 잡은 뷰몬트 하우스에서 시작하여 더블린 시가를 가로질렀다. 뷰몬트 하우스는 아더 기네스가 생전에 특별한 애착을 둔 곳이었다. 그는 카운티 킬데어의 아우터라드Oughtrard에 자리 잡은 어머니의 묘 옆에 안장되었으며 묘비에는 '제임스 게이트의 상징이며 더블린 에스콰이어 카운티의 뷰몬트에 살던 아더 기네스가 서기 1803년 1월 23일에 이곳에 잠들다'라고 쓰여 있다. 〈더블린 이브닝 포스트Dublin Evening Post〉에서 '아더 기네스는 유능하고 덕망있으며 후히 베풀 줄 아는 따뜻한 사람이었다. 훌륭한 가치관과 고귀한 뜻을 펼쳤던 그의 죽음을 크게 애도한다'라고 보도한 것에 비하면 묘비의 문구는 아주 간단하고 소박했다.

그날 아버지의 죽음을 애도하기 위해 모인 자녀들도 화려한 인생을 살았다. 장남인 호세아는 아일랜드 교회에서 존경받는 목사였기에 장례식의 사회를 맡았다. 장남으로서 당시 성공가도를 달리던 맥주 공장을 이어받을 권리가 있었지만, 그는 공장 경영권이 아닌 교회를 선택했다. 아더 역시 장남이 독실한 신앙생활을 하는 것을 자랑스럽게 여겼겠지만, 목회자가 재정적으로 그리 부유하게 살 수 없다는 점을 안타까워했을 것이다. 그래서 아더는 유언장을 통해 '평생 재산을 늘릴 가능성이 없을 것' 이라는 이유로 장남에게 뷰몬트 저택을 물려주었다.

호세아는 1765년에 태어났다. 그때 아더 기네스는 이미 더블린 사회에서 덕망있는 유명 인사였다. 호세아는 어릴 때부터 목회자가 되겠다는 목표를 세웠기에 더블린에 있는 트리니티 대학에서 문학 학사와 법학 박사 학위를 받았다. 트리니티 대학은 성 제임스 게이트에서 멀지 않은 곳에 있었다. 호세아는 계속해서 윈체스터 대학과 옥스퍼드 대학에 수학했으며 성 워부르그St. Wurburgh의 교구 목사가 되어 그 도시에 계속 살다가 1841년에 세상을 떠났다.

얼핏 보기에는 호세아가 아주 품위있게 살았던 것처럼 생각된다. 기네스 가문의 자손으로서 아버지의 피를 물려받아 사회 문제에 적극적으로 나섰던 것은 확실하다. 가톨릭교회의 평등을 옹호하는 데 앞장서고 때로는 하층민의 권익을 위해 싸우기도 했다. 아들의 이름을 비체시무스Vicesimus라고 지을 정도로 고전주의에 심취한 학자다운 면모도 있었다.

그는 기네스 가문의 뿌리를 찾기 위해 수년 동안 조사에 매달리는 열성을 보였다. 특히 메게니스 가문 출신이라는 주장에 대한 확실한 증거를 얻고자 노력했던 것 같다. 물론 성직자로서 이런 일에 매달리는 것을 이해할 수 없다고 말하는 사람들도 있지만 적어도 호세아가 아버지의 업적 및 역사적으로 유명해진 자기 가문에 대해 남다른 자부심이 있었다는 증거가 된다.

호세아가 축복받은 인생을 살았던 것처럼 보이지만 그 이면에는 고통의 순간들도 있었다. 그의 아내는 자녀를 무려 20명이나 낳았지만 6명 외에는 모두 성인이 되기 전에 죽고 말았다. 그래서 어느 역사가는 '집안에 어린 아이들의 관을 들이는 일이 잦았기에 목사관의 분위기는 상당히 암울했을 것'이라고 기술했다.

그뿐만 아니라 재정적인 어려움도 상당히 심각했다. 아일랜드 교회 목회자였기 때문에 호세아는 십일조를 통해 월급을 받았다. 1801년에는 연합법 때문에 아일랜드 국회가 해산되고 기존의 교회가 모두 통합되어서 모든 시민이 십일조를 내야 했다. 이 때문에 로마 가톨릭 교인들은 자기들이 그토록 경멸하는 교회에도 억지로 십일조를 바쳐야 했지만 강한 반발심 때문에 십일조를 아예 내지 않는 경우가 허다하여 호세아와 같은 목회자들은 매일같이 경제적인 어려움에 시달렸다.

호세아뿐만 아니라 기네스 가의 후손 중 상당수가 목회자의 길을 걸었기 때문에 그들도 비슷한 어려움을 안고 살았다. 어린 시절을 유복하게 보낸 것에 비해 월급이 터무니없이 적었기 때문에 맥주 양조업을 물려받은 친지나 형제자매들에게 도움을 구하는 일이 다반사였다.

결국, 성 제임스 게이트에 있는 양조장을 물려받은 자녀들이 성직자의 길을 걷는 자녀들의 짐을 떠안는 꼴이 되었다. 성직자의 길을 걷지 않고 전도유망했던 자녀들마저도 회사에 손을 벌리는 일이 잦았다. 장녀였던 엘리자베스는 그런 면에서 대표적인 예가 되었다. 그녀는 건축업자이자 채석장 주인이었던 프레더릭 달리Frederick Darley와 결혼했다. 1809년에 남편이 더블린 시장에 취임하여 엘리자베스는 시장 부인이라는 새로운 지위에 올랐다. 엘리자베스는 시장 부인으로 잘 어울리는 사람이었다. 전쟁 덕분에 달리의 사업이 더욱 번창하여 재정적으로도 부러울 것이 없었다. 그러나 곧 전쟁이 끝나고 아일랜드 경제가 인플레이션으로 휘청거리면서 달리와 엘리자베스도 기네스 맥주 공장에 기댈 수밖에 없었다. 이런 식으로 기네스 가의 자녀들은 누가 먼저라고 할 것도 없이 늘 맥주 공장에 지원을 요청했다.

엘리자베스 외에 다른 딸들도 마찬가지였다. 1775년에 태어난 올리비아는 어린 나이에 죽었고 루이자와 메리 앤은 아버지가 죽은 뒤에 유산으로 각각 2천 파운드를 받았다. 둘 다 성직자와 결혼하여 호세아처럼 심한 경제적 어려움을 겪었기에 수시로 맥주 공장에 도움을 요청했다.

하지만, 가장 문제가 많았던 자녀는 바로 장례식장에서 아버지의 죽음을 크게 애도하던 에드워드 리Edward Lee였다. 그는 외모와 성격이 모두 출중했으나 지나치게 자신감이 넘치는 것이 문제였다. 가족들은 그 아이가 법조계에서 두드러진 인물이 되리라 기대하면서 가장 좋은 학교에 보내는 등 뒷바라지를 아끼지 않았으나 정작 에드워드는 30세가 되도록 이렇다 할 직업조차 찾지 못했다.

미셸 기네스Michelle Guinness는 《기네스 가의 천재들The Genius of Guinness》이라는 저서에서 에드워드가 '허약하고 우유부단한 성격인데다 호사스러운 생활에 금세 젖어들지만 그런 생활수준을 유지할 만큼 돈을 벌지 못했다. ……31세가 되었지만, 에드워드는 성인다운 모습을 갖추지 못했다. 그의 인생은 커다란 문제덩어리였다. 에드워드는 늘 생활에 대한 불만을 토로했다.

집집마다 골칫덩어리가 한 명씩 있기 마련인데 우리 집안에서는 에드워드가 바로 그런 존재였다'라고 회상했다.

이러한 평가는 당시 신문에서 에드워드를 보도한 내용과 비교할 때 굉장히 파격적이었다. 더블린의 어느 신문에서는 에드워드가 '수백 명의 생계를 도와주었으며 더분에 그들이 훨씬 더 질 높은 삶을 누리고 있다.⋯⋯그는 꾸밈이 없고 모든 면에서 존경할 만한 사람이다. 비즈니스맨으로서 훌륭한 자질을 갖추고 있을 뿐만 아니라 직접 만나보면 더 괜찮은 사람이라는 생각이 든다'고 평가했다. 이처럼 에드워드는 가족과 언론으로부터 대조적인 평가를 받았다.

한 가지 확실한 점은, 그가 전쟁으로 말미암은 수요를 고려하여 철강 사업이 크게 성공할 거라는 확신을 가지고 대담하게 사업을 벌였다는 것이다. 그는 법조인으로서 성공할 가능성이 없다는 사실을 깨닫고 거액을 대출하여 파머스톤Palmerston과 루칸Lucan에 철강사업을 크게 벌였다. 하지만, 사업 수완이 부족하여 도저히 갚을 엄두가 나지 않을 정도로 어마어마한 빚을 떠안은 채 파산하고 말았다. 맥주 양조업을 하던 가족들이 그를 도와주려 했지만, 빚이 워낙 많아서 그들도 어찌할 도리가 없었다. 가족들마저도 에드워드를 구해줄 수 없었기에 맨섬Isle of Man으로 달아나는 것 외에는 방도가 없었다. 당시 맨섬에 가면 법의 보호를 받아서 기소당하지 않기 때문에 빚이 많은 사람은 모두 그곳으로 피신했다.

에드워드의 사업 실패는 가문의 명예를 크게 실추시켰다. 아더 기네스의 아들이자 워부르가 교구 목사의 남동생이 채권자들을 배반하여 산더미 같은 빚을 남기고 사라졌다는 소문이 삽시간에 퍼졌다. 가엾게도 에드워드는 여생을 맨섬에 갇혀 살았다. 그곳에서 지내는 동안 아일랜드에 있는 가족들에게 자금을 보내달라고 요청한 것도 한두 번이 아니었다. 기네스 가의 역사를 돌이켜볼 때 결코 자랑스러운 이야기는 아니지만 이런 아픔이 있기에 그들의 역사가 더욱 의미깊다고 할 수 있다.

상황이 이렇다 보니 아더 기네스 2세가 가족 부양과 공장 운영이라는 두 가지 책임을 떠안게 되었다. 사람들은 그를 세컨드 아더Second Arthur라고 부르기도 했다. 여동생들은 일찍 세상을 떠나거나 항상 경제적 지원이 필요한 목사들과 결혼했고, 또는 남편이 사업에 실패하여 생활이 곤궁했다. 형들이나 남동생들도 목사가 되거나 사업에 실패하여 경제적으로 자립하지 못했다. 그렇지만, 아더 기네스 2세는 동생들인 벤자민Benjamin과 윌리엄 루넬William Lunell의 도움을 받아서 공장을 계속 운영했을 뿐만 아니라 사업을 확장하여 수십 년 후에 세계무대에 우뚝 설 만반의 준비를 갖추었다.

그는 35세가 되던 해에 성 제임스 게이트에 있는 공장의 경영권을 물려받았다. 이미 그는 십 년간 아버지 밑에서 공장 운영에 대해 배운 상태였다. 기네스 가에서는 그런 식으로 자녀에게 가업을 이어받을 준비를 시켰다. 그가 아버지 밑에서 일하던 십 년 동안 기네스 공장은 더블린에서 가장 규모가 큰 맥주 양조업체로 성장하였으므로 사업을 파악하고 전수받기에는 더할 나위 없이 완벽한 기회였다.

1800년에 기네스 공장의 판매량은 36갤런136리터-옮긴이짜리 맥주통 10,026개였으나 1803년에 두 배로 늘어났다. 그뿐만 아니라 그는 아버지와 함께 공장 확장 공사를 주도했으며 에일 맥주 생산을 중단하고 포터 맥주 생산에 주력한다는 새로운 전략을 세웠다.

그는 기네스 기업의 새로운 이름에 아들에 대한 무한한 신뢰를 담아냈다. 원래 회사의 정식 명칭은 '아더 기네스, 맥주 양조 및 밀가루 유통업'이었다. 실제로 아더는 킬마인햄Kilmainham 근처에 제분소를 하나 매입하여 운영하고 있었다. 분명 제분소 사업이 맥주 양조업의 명성에 못지않게 성장할 것이라고 기대했을 것이다. 하지만, 더블린 전화번호부에 그 명칭이 등록된 지 얼마 지나지 않아서 아더는 '기네스, 아더 앤 선Guinness, Arthur and Son, 맥주양조업체'로 명칭을 변경했다. 1794년에 아들이 본격적으로 기네스 운영에 참여하자마자 바꾼 것이라 의미가 새로웠다.

그의 아들이 공장을 맡은 뒤로 기네스는 승승가도를 달렸다. 그전까지는 기네스 맥주가 더블린에서 하루 정도 떨어진 지역 내에서 주로 판매되었으나 그는 판매 시장을 확장하려던 아버지의 꿈을 이루어 기네스를 세계적인 맥주 브랜드로 승격시켰다. 그는 주로 주변의 조언을 얻은 다음 계획을 세우고 실천하는 편이었다.

1816년이 될 무렵에는 기네스 포터 맥주가 '영국의 주요 대도시에서도 런던 맥주와 경쟁하여 밀리지 않았다'고 자랑스럽게 기록할 수 있었다. 그러나 아더는 거기에서 만족하지 않았다. 그는 예전에 웨스트 인디아 포터 맥주를 개발할 때 아이디어를 제공한 경험이 있었으며 이 신제품을 통해 기네스 맥주 회사를 널리 알리고픈 마음이 있었다. 얼마 지나지 않아서 그는 기네스 맥주를 바르바도스Barbados, 트리니다드Trinidad는 물론이고 서아프리카의 시에라리온Sierra Leone까지 수출하게 되었다.

이렇게 기네스의 시장을 넓히려는 그의 노력은 많은 성과를 거두었다. 회사의 수익이 엄청나게 늘어난 것은 물론이고 영어를 사용하는 세계 여러 나라에 기네스라는 브랜드가 알려지기 시작했다. 그야말로 '영국군이 주둔하는 곳, 영국에서 추방된 사람들이 사는 곳'이라면 기네스 맥주통이 등장했다. 특히 고향에서 멀리 떨어진 전장에 나와 있던 군인들에게는 고향에서 마시던 맥주를 맛볼 수 있는 것이 큰 기쁨이었다. ≪오랫동안 잊힌 나날들Long Forgotten Days≫의 저자인 에델 M. 리처드슨Ethel M. Richardson은 워털루에서 부상당한 영국 기병대 장교의 일기를 다음과 같이 인용했다.

> 음식을 먹어도 좋을 만큼 몸이 회복되자 나는 기네스 한 잔을 들이켜고 싶은 생각이 간절했다. 비록 고향에서 멀리 떨어진 곳이지만 기네스 맥주를 쉽게 구할 수 있다는 것을 알고 있었다. 의사에게 맥주를 마시고 싶다고 말하자 그는 작은 컵으로 한 잔 마시는 것은 괜찮다고 했다.······부탁한 지 얼마 되지 않아서 맥주를 건네받았다. 그때의 맥주 맛은 결코 잊을 수 없을 것 같다. 지금까지 살면서 그런 맛은 처음이었다. 기네스 맥주는 내가 원기를 회복하는 데 가장 큰 힘이 되었다.

그로부터 수십 년이 흐르는 동안 기네스 맥주는 찰스 디킨스Charles Dickens 의 ≪픽크위크 페이퍼스Pickwick Papers≫에 등장하고 ≪모닝 포스트Morning Post≫의 편집자들에게 인정받는 등 유명세를 누렸다. 그 잡지에서는 '기네스의 더블린 스타우트Dublin Stout는 가정용이나 수출용으로 손색이 없으며 전통, 순도 및 건실함을 볼 때 일반 대중의 찬사와 지지를 얻을 만한 충분한 이유가 있다'는 말로 크게 칭찬했다. 당시 영국 수상이었던 벤자민 디즈라엘리Benjamin Disraeli도 기네스를 높이 평가했다. 그는 1837년 11월 21일에 여동생에게 보내는 편지에서 이렇게 기술했다.

> '빅토리아 여왕의 첫 번째 의회에서 509대 20으로 의견이 나뉘었어. 그리고 나서 난 10시에 의회당을 나섰단다.……그때까지 누구도 저녁을 먹지 못했어. 우리는 칼튼에서 열린 성대한 파티에서 푸짐한 식사를 했단다. 나는 굴과 기네스 맥주를 마셨지. 12시 30분쯤에 잠자리에 든 것 같아. 그때까지 내 인생에서 가장 특별했던 하루를 완벽하게 마무리했지.'

기네스의 명성은 높아져 갔지만 불안정한 경제 상황 때문에 아더 2세의 경영권은 많은 어려움에 부딪혔다. 우선 나폴레옹 전쟁이 끝나면서 30만 명의 군인들이 갑자기 제대하여 일터로 돌아왔고 각종 군수품 수요가 대거 줄어들었다. 대규모 전쟁이 끝나면 늘 그랬듯이 실업률이 크게 올라가고 경기가 불안해지면서 인플레이션 현상이 나타났다. 그렇게 영국은 경제 침체를 겪기 시작했고 늘 그랬듯이 아일랜드가 가장 큰 피해를 입었다. 여기에 더하여 1817년부터 1819년까지 감자 농사가 흉작으로 끝나면서 더욱 어려운 시기가 닥칠 징조를 보였다.

맥주 시장도 점점 기울기 시작했다. 기네스의 최고 기록은 1815년으로 66,672배럴을 생산했다. 그러나 불과 8년 후인 1823년에 생산량은 27,185배럴으로 급감했다. 이는 1804년 이후로 최악의 수준이었다. 하지만, 포기하지 않고 지혜롭게 회사를 경영한 덕분에 예전 상태를 회복할 수 있었다. 이는 일반적인 관점에서 볼 때 여러 해 동안 노력해도 쉽게 극복할 수 없는 수치였다.

보통 사람이었으면 주저앉고 말았을 정도의 어려움을 겪으면서도 아더 2

세는 개인적으로 약해지지 않았다. 그는 1793년에 앤 리Anne Lee와 결혼하여 메리언Merrion 출신의 벤자민 리Benjamin Lee의 사위가 되었다. 아더와 앤은 1795년에 윌리엄, 1979년에 아더 리, 1798년에 벤자민 리를 낳았다. 그동안 아더는 비즈니스 수완을 발휘하여 금융 분야에서 크게 인정받았으며 1818년에는 아일랜드 뱅크의 부지사로 임명되었고 2년 후에는 지사로 승격했다. 자신의 적성에 잘 맞는 일이었기에 아더는 괄목할 만한 성과를 내놓았다. 결국, 이것 때문에 맥주 공장에서 멀어지긴 했지만 몇 가지 힘들었던 가족 문제를 해결하기 전까지는 공장 경영에서 물러나지 않았다.

아더 기네스 2세는 믿음이 남다른 사람이었다. 그의 아버지가 보여준 한결같은 신앙심은 아들의 영혼 깊숙이 자리 잡았다. 아더는 가족들과 함께 일요일 아침에 베데스다 성당Bethesda Chapel에서 예배를 드리며 신앙을 키웠다. 아더 2세가 활동하던 당시에 신앙부흥운동Great Awakening의 열기가 아일랜드 전국을 휩쓸고 있었다. 물론 아더 2세는 이러한 움직임을 열렬히 지지하는 신도였다. 아더가 다니던 성당의 목사였던 벤자민 마티아스Benjamin Matthias는 목소리를 높여 부흥과 개혁을 부르짖으며 ≪인류의 파멸과 회복에 관한 영국과 아일랜드의 연합 교회 및 종교개혁의 교리 연구An Inquiry into the Doctrines of the Reformation and of the United Church of England and Ireland, respecting the Ruin and Recovery of Mankind≫라는 책을 내기도 했다. 분명히 아더는 이 목사의 확고하고 열렬한 태도를 존경했으며 그로부터 큰 영향을 받은 것 같다.

하지만, 복음주의적 신앙 때문에 아일랜드 교회에 익숙해 있던 가족 성원들과 마찰을 빚기도 했다. 아일랜드 교회는 원래 영국 성공회 교도에서 비롯된 것이라서 고루하고 정해진 예배 의식을 중시했으므로 베데스다 성당에서 벌어지는 떠들썩하고 정신없는 복음주의 부흥운동을 좀처럼 용납하지 못했다. 그러니 기네스 가처럼 대가족인 경우에는 이러한 차이를 놓고 의견 차이를 보이는 것도 당연한 일이었다.

아더의 믿음은 단순한 감정적 동요나 종교적 감상주의가 아니었다. 그가 가족의 필요를 세심하게 돌본 것만 생각해 보더라도 이 점은 충분히 이해할 수 있었다. 맥주 공장을 경영하는 동안 교직자가 된 후로 생활고에 시달리는 친척들, 투자에 실패하여 도움을 청하는 친지들, 자기들의 앞가림은 알아서 하지만 자녀들을 도와달라고 부탁하는 친척들로부터 계속 시달려야 했다. 하루도 조용한 날이 없었다.

사실 그는 친척들이 손을 벌릴 때마다 회사 자금만이 아니라 개인 자금도 아낌없이 사용했다. 특히 동생인 에드워드는 책임감이 부족하여 수시로 도움을 청했다. 분명히 그는 자기보다 형편이 어려운 형제들을 돕는 것이 당연한 의무라고 여겼지만 가끔은 그들이 돈을 관리하는 요령을 배워야 한다고 느꼈으며 여동생에게 이런 편지를 보내기도 했다.

'사랑하는 나의 누이 올리비아에게 한 가지 제안을 할까 한다. 네가 모든 비용을 체계적으로 관리하면 지금보다 더 편하게 살림을 꾸릴 수 있을 게다.'

사업에 크게 성공한 본인과 달리 가족들은 돈을 제대로 관리하지 못해서 하루가 멀다 하고 주머니가 바닥났기에 그는 오빠로서 부드러운 충고도 서슴지 않았다.

이렇게 아낌없이 베풀면서도 아더는 색안경을 끼고 바라보는 친척들의 따가운 눈초리를 견뎌야 했다. 그것만큼 고통스러운 일은 없었다. 한번은 형인 호세아가 그에게 에드워드를 잘 챙겨주지 않는다고 비난하자 편지로 자신의 처지를 밝히며 마음속의 분노와 실망감을 이렇게 토로했다.

> 사랑하는 형 호세아에게,
>
> 형에게 이런 편지를 쓰게 되어 몹시 괴롭고 조심스럽습니다. 물론 나는 에드워드를 깊이 사랑하며 그 아이가 겪고 있는 재정적인 어려움에 대해 깊이 염려하고 있습니다. 어쩔 수 없이 가족들에게 은행원 노릇을 해야 하는 처지이므로 솔직히 말씀드리겠습니다.……에드워드가 회사 자금을 청구할 정당한 이유가 있습니까? 그 아이가 연금을 받을 만큼 회사에 기여한 것이 있습니까? 지난 여러 해 동안 단 한 번도 그런 적이 없습니다. 무엇을 근거로 에드워드가 회사의 향후 이익으로부터 일정 부분을 받으리라 기대할 수 있단 말입니까? 단연코 그렇게 말할 수 있는 근거는 없습니다.

다행히도 아더는 마음을 잘 다스리는 편이었기에 부당한 비판을 받아도 마음에 오래 담아두지 않았다. 아들인 벤자민에게 보내는 편지에서 그는 이렇게 썼다.

> '세속 의무를 이행하고자 근면한 태도를 보이는 것이 우리의 당연한 의무이지만 이보다 더 큰 의무가 있다는 것을 기억해야 한다. 우리는 천명을 받았으니 그 뜻을 행하는 데 가장 근면해야 한단다.'

여기서 말하는 '세속 의무'란 분명히 맥주 공장을 경영하는 일과 깊은 관련이 있었다. 이러한 마음가짐 덕분에 아더는 기네스 맥주 브랜드를 한 단계 도약시킬 수 있었다. 경제가 아직 온전히 회복되지 않았던 1821년에 기네스의 포터 맥주 판매량은 30,519배럴을 기록했으며 1828년에는 이 수치가 42,384배럴로 늘어났다. 불과 몇 년 사이에 기네스 회사는 연간 68,357배럴의 생산량을 자랑하는 아일랜드 최대 규모의 맥주 제조업체로 자리매김했다. 1833년에 이 기록을 세운 후로 어느 경쟁사도 기네스의 생산량을 따라잡지 못했다.

1820년에 아더 기네스 2세는 맥주 공장을 경영하는 일에서 완전히 물러나서 금융업에 온전히 종사하기로 했다. 이렇게 진로를 전환한 이유는 정확히 알려지지 않았다. 기네스 맥주 브랜드가 상승세를 타고 있었기 때문에 이제는 다른 사람의 손에 맡겨도 되겠다고 판단했을지 모른다. 아니면 돈 때문에 가족들에게 시달리거나 쓴소리를 듣는 데 질려서 발을 빼고 싶었을 가능성도 있다. 그의 가족은 물론이고 아일랜드 전체를 숨 막히게 했던 종교적 갈등이 그를 지치게 했을지도 모른다.

기네스 가는 가톨릭 시민권을 확고히 옹호하는 편이었으나 결국 자기들이 도와주려 했던 사람들로부터의 악랄한 공격을 피하지 못했다. 1812년에 발생한 문서 위조 사건의 여파로 말미암은 현상이었다. 그때 가톨릭 신도들을 반대하는 급진파 세력이 그들이 누리는 각종 혜택을 취소하라는 청원서를 영국 정부에 제출했는데 기네스 가문의 몇몇 사람들이 서명한 것처럼 꾸며져 있었다. 이 사실을 알고 몹시 분개한 아더 2세는 500파운드의 사례금을 걸고 청원서를 위조한 사람을 찾아달라는 공고를 냈다. 그러나 위조 문서 사건의

아더 기네스 2세

여파를 온전히 피할 수는 없었다. 지방 언론사에서는 지금까지 기네스 가문의 행적을 보건대 그런 청원서에 서명하는 것은 도저히 생각조차 할 수 없는 일이라고 연이어 보도했지만, 가톨릭 교회는 여전히 의심을 풀지 않았다. 이런 반응에 당황한 가톨릭 교육청Catholic Board은 '아일랜드 가톨릭 교회의 자랑이자 감사의 대상'이라는 표현으로 기네스 가를 두둔하는 성명을 채택했다.

그런데도 급진적인 성향이 있는 가톨릭 교인들의 마음은 누그러지지 않았다. 1813년 10월, 어느 유명한 가톨릭 교회의 풍자식 저널에서는 다음과 같이 기네스 가를 공격하는 시를 버젓이 출간했다.

> 혹시 이단자의 맥주에 대해 들어보셨나요?
> 교황을 독살하려고 만든 맥주라는 말이 있습니다.
> 그런 자를 숨겨주는 것은 큰 죄가 아닐 수 없습니다.
> 그의 이름은 아더 기네스입니다.
> 그에게 구원의 희망은 조금도 남아 있지 않습니다.

이런 식으로 기네스 가에 대한 비난과 공격은 더욱 어처구니없는 방향으로 흘러갔다. 브레넌Dr. Brennan 박사라는 사람은 기네스 맥주가 '천주교를 반대하는 포터 맥주'이므로 신실한 가톨릭 교인이라면 결코 그 맥주를 사먹지 말아야 한다고 강조했다. 이는 개신교에 대한 확고한 반대라기보다는 기네스 맥주 사업을 방해하려는 시도에 불과했기에 결국 근거 없는 주장으로 일축되고 말았다.

하지만, 아더는 개신교와 가톨릭 교회 사이의 갈등 때문에 스트레스를 많이 받았으며 결국 맥주공장에서 손을 떼고 금융업에만 몰두하게 되었다. 그가 사주 공상을 비우자 둘째 아들과 셋째 아들인 아더 리와 벤자민 리가 조금씩 회사 경영에 참여하기 시작했다. 장남인 윌리엄은 교직자의 길을 걷기로 했다. 이는 기네스 가업을 이어받을 장자 중에서 사업을 버리고 종교를 택한 두 번째 전례가 되었다.

이제 70대 노인이 되어버린 아더 2세는 대부분의 시간을 뷰몬트 하우스에서 보냈다. 그 집은 형인 호세아에게서 정식으로 구매한 것이었다. 흥미롭게도 당시에 아더에게는 출가하지 않은 딸이 다섯 명이나 있었다. 그는 자녀들과 시간을 보내거나 친구들을 집으로 초대하여 여가를 함께 즐겼다. 평생 바쁘게 살아왔지만, 이제는 손자들과 놀아주거나 맥주 공장을 경영하는 아들들에게 조언이나 해주면서 여유롭고 조용한 나날들을 보내게 되었다.

한때는 아일랜드 은행 주지사로서 조지 4세 왕을 대접했지만, 정치에 대한 관심도 많이 줄어들었고 대중 앞에 나서는 것도 되도록 피하려 했다. 아들이 의회에 출마해보라고 권하자 그는 다음과 같이 항상 조심해야 할 필요성을 강조했다.

너도 알겠지만, 예전에도 비슷한 제안을 두 번 정도 받았단다. 두 번 다 직접 의회에 출마하려던 후보들이 내가 나서면 기꺼이 자신들이 포기하겠다면서 강권했었지. 그때도 지금도 내 마음은 변하지 않았어. 대도시의 의회에서 일하는 것, 특히 더블린처럼 정당과 종파간 분열이 심한 데다 우리 집안의 가업이 크게 두드러지는 도시에서 출마한다는 것은 굉장한 위험이 도사리고 있는 일이란다. 엄청난 도전에 직면하게 될 거야.

아더 2세는 평화롭게 퇴직하는 것을 간절히 원했지만, 그의 발목을 잡는 장애물이 두 가지 있었다. 첫째, 아들인 아더 리가 동업자 노릇을 그만두겠다고 선언했다. 생각지도 못한 아들의 결정에 그는 적잖은 충격을 받았다. 아더 리는 어떤 문제가 있어서 큰 빚을 지고 있었다. 게다가 경영자로서 큰 인물이 될 생각이 없었으며 예술이나 철학 쪽에 관심이 많았다. 아더 리 역시 아버지에게 큰 실망을 안겨 드려야 한다는 사실에 몹시 괴로워했다. 그가 남긴 편지를 보면 당시의 심정을 충분히 헤아릴 수 있다.

사랑하는 아버지께,

아버지 앞에서 제 행동을 정당화할 수 없다는 점을 저도 잘 압니다. 아버지께서 용서해 주시기를 바라는 것은 너무 큰 욕심이겠지요. 하지만, 이미 아버지께서 용서하셨다는 것을 느낍니다. 그 점에 대해 진심으로 감사드려요.……무슨 말씀을 드려야 할지 모르겠습니다. 하지만 아버지, 부디 제 심정을 헤아려 주세요.……지금까지 아버지께서 제게 베풀어 주신 과분하고 넘치는 사랑을 어찌 갚아야 할지 모르겠습니다.

무엇보다도 '절대로' 아버지께 상처를 드릴 의도는 없었습니다. 할 수만 있다면 목숨을 내놓더라도 아버지를 실망시키는 일은 피하고 싶습니다. 그 정도로 아버지는 제게 소중한 분입니다. 하지만, 지금까지 버티느라 저는 오랫동안 극심한 고통을 견뎌야 했습니다. 하느님을 생각하더라도 아버지께서 바라시는 대로 제가 순종해야 하는데 말입니다.

그는 아들의 고충을 알게 되어 몹시 가슴이 아팠다. 그래서 아들의 빚을 대신 청산해주고 동업자의 족쇄도 풀어주었을 뿐만 아니라 더블린 시의 외곽에 집도 한 채 마련해 주었다. 그렇지만, 그 후로 아들이 사는 모습은 결코 달갑게 여기지 않았다.

아더 리는 고대의 신비주의에 푹 빠져서 그림을 수집하고 범신론을 논하는 시를 썼다. 급기야 본인이 그리스 신이라고 자칭하면서 이상한 복장을 하고 다녔다. 한마디로 그는 사내답지 못하고 정신이 나간 사람 같았다. 연로한 아버지와 가족들은 이렇게 변한 아더 리 때문에 당황한 기색을 감추지 못했다. 물론 아버지가 가장 걱정하는 것은 아들의 정신 상태였다. 그는 아들이 하루빨리 정신을 차리길 간절히 바라고 기다렸다. 그러나 아더 리는 좀처럼 나아지는 기색이 없었다.

한편으로 아더는 아일랜드를 강타한 엄청난 마름병식물에 나타나는 병으로서 이 병에 걸리면 잎·꽃·열매·줄기나 식물 전체가 갑자기 심하게 노란색 또는 갈색으로 변하며 반점이 생기고 시들거나 죽게 된다-옮긴이 때문에 실망스런 행동을 일삼는 아들에게만 신경을 쓸 수 없었다. 당시에는 아일랜드 사람의 삼분의 일이 감자를 주식으로 삼았는데, 1845년에 감자를 하나도 수확하지 못하자 전국적으로 기근이 들었다. 먹지 못하는 고통에 시달리던 사람들은 내년에는 감자를 수확할 수 있으리라는 기대에 부풀었다. 그렇지만, 또다시 마름병을 예고하는 검은 반점이 눈에 띄자 몇몇 눈치 빠른 사람들은 이미 기근이 시작되었다는 것을 감지했다. 정부에서 마름병 대책을 마련하는 동안 수천 명이 아사했고 동네 어귀마다 시체가 쌓여서 악취가 도시 전체를 뒤덮었다. 배고픔에 울부짖는 자녀의 고통을 덜어주려고 어머니가 직접 자녀를 죽였다는 흉흉한 소문도 돌았다. 아더는 퇴직하자마자 벤자민 리에게 그 문제를 전했다.

'아일랜드에 이런 비극이 계속 벌어지고 있단다. 정부가 더욱 노력해서 배고픔에 허덕이는 국민 한 사람 한 사람에게 도움을 베풀어야 한다.'

천성이 고운 아더는 순진하기 짝이 없었다. 당시 사람들처럼 아더 역시 정부가 무엇인가 하고 있을 거라고 굳게 믿었던 것이다. 하지만, 정부는 전혀 손을 쓰지 않았다. 그러다가 1848년에 마름병이 재발했고 국민의 고통은 극에 달했다. 수천 명의 군중이 피난길에 올랐으나 사람들이 너무 많아서 발 디딜 곳이 없는 배 안에서 그대로 굶어 죽기 일쑤였다. 어디를 둘러봐도 기아와 질병으로 죽어가는 사람들뿐이었다. 이제는 배고픔을 견디다가 미쳐버린 여자들이 자기 자식을 잡아먹었다는 괴소문까지 돌았다. 그야말로 아일랜드는 지옥 그 자체였다. 아더는 아들에게 경각심을 일깨워주려고 다음과 같은 서한을 보냈다.

어젯밤 코네마라Connemara와 골웨이Galway의 몇몇 지역을 다녀온 기자가 나에게 편지를 한 통 보내주었단다. 그 편지에 동봉된 사진을 보니 코네마라에 엄청난 기근이 들어서 나로서는 난생처음 보는 끔찍한 고통과 절망이 가득하더구나. 정부와 부유한 사람들의 마음이 움직여 그곳의 불쌍한 사람들을 도울 수 있기를 진심으로 바란다. 나 역시 어떤 식으로든 도움을 주고 싶은 마음이 간절하구나. 아들아, 나는 이런 일을 위해서라면 언제든지 지갑을 열 용의가 있다는 것을 너도 잘 알고 있을 것이다.

벤자민 리는 더블린에 있는 기네스 공장의 경영을 도맡을 때부터 문제의 심각성을 제대로 파악하지 못했지만, 아버지의 편지를 받고 도움을 베풀기로 결정했다.

결국, 기네스 가 사람들과 기네스 회사의 관대한 도움 덕분에 수많은 사람이 아사를 면할 수 있었다. 의외로 평소에 멋 내기를 좋아하던 아더 리가 그 일에 앞장섰다. 더블린 외곽에 살고 있던 그는 시골 사람들의 딱한 처지를 누구보다 잘 알고 있었기에 아무리 먼 길도 마다하지 않고 다니면서 소작농들에게 도움을 베풀고 자기 영토 안에서 일하던 사람들에게도 식량을 나누어 주었다. 그 덕분에 꼼짝없이 굶어 죽었을 수많은 가족이 생명을 건졌다. 이러한 도움에 깊은 감명을 받은 몇몇 일꾼들은 코네마라 대리석으로 조그마한 기념비를 만들고 아더 리의 행적을 기념하는 문구를 새겼다.

1847년

스틸로건 공원Stillorgan Park에서

아더 리 기네스께 드리는 글

극한 곤경에 처해 있을 때 고용인들에게 아낌없이 도움을 베푼 것에 대해 깊은 존경을 표합니다.

약소하지만, 이곳의 자재로 만든 기념비를 아더 리 기네스 님께 바칩니다.

기념비의 색깔은 그분의 친절에 대한 기억이 아일랜드 사람들의 마음에 언제까지나 푸른빛으로 남을 것이라는 약속과 같습니다.

아더 기네스 2세가 국가의 재난을 극복하는 데 한몫했다는 것도 중요하지만, 그가 노년기에 접어든 후로 인생, 가족, 가업의 의미를 생각하면서 항상 감사의 기도를 드렸다는 사실도 우리에게 큰 위안이 된다. 그는 이렇게 기도했다.

"84세 노인답지 않게 나는 신체적으로 건강하고 정신이 또렷하다. 내가 이렇게 장수를 누리면서 하루하루 사는 것은 축복이다."

그뿐만 아니라 굴뚝 청소부들을 도와주는 단체와 아일랜드 농업연합회 및 그의 선친 시절부터 후원하던 미스 병원 사업에 이르기까지 여러 가지 자선 단체 활동도 좋은 성과를 거두었다. 그밖에도 여러 가지 방법으로 사회에 공헌한 점을 기리면서 〈프리먼 저널Freeman's Journal〉에서는 아더 기네스 2세를 '가장 훌륭한 시민'이라고 치켜세웠다. 경영권을 넘겨받은 후로 회사를 더욱 발전시킨 아들에게 공을 치하하기도 했다.

아더 2세는 1855년 6월에 87세를 일기로 세상을 떠났다. 그는 후회 없는 인생을 살았다. 오로지 후손들을 위해 가업을 확장하는 데에 헌신적으로 노력한 삶이었다. 그가 먼 장래를 내다보며 사회에 크게 공헌한 바를 잘 알던 더블린 시민들은 그의 죽음을 이렇게 애도했다.

오늘 모든 더블린 시민들은 크게 애도합니다.

우리의 큰 지도자가 오늘 세상을 떠났습니다.

그는 영원히 우리 곁을 떠난 것입니다.

이렇게 존경스러운 분을 보내게 되어 몹시 안타깝습니다.

그는 이 나라의 모든 부유한 사람과 가난한 사람에게 사랑스러운 분이었습니다.

그분이 돌아가시다니요. 그럴 리가요. 그분은 좀 더 존경을 받으며 사셔야 하는데요.

그분은 영원히 잊지 않을 겁니다.

아, 그분이 우리 곁에 살아계시지 않는다는 사실이 너무 슬픕니다.

이렇게 부친이 세상을 떠나고 형인 아더 리가 사업에서 손을 떼면서 기네스 공장의 경영권은 벤자민 리에게 돌아갔다. 그는 대담하고 힘이 넘치는 공장 운영 방식을 선보였다. 16세에 견습공으로 공장에 입문하여 6년 만에 공동 경영자의 자리에 올랐다. 누가 봐도 그는 공장 경영에 탁월한 재능이 있었다. 아더 2세가 금융 업무에 한눈을 팔 때 벤자민은 1840년 이후로 공장을 확장하는 데 지속적인 노력을 기울였다.

사실 부친이 세상을 떠나기 전에도 그는 사회적으로 이목을 끌기 시작했다. 1851년에 더블린 시장에 당선되었으며 이를 크게 자축했다. 아더 1세라면 절대 용납하지 않을 일이었다. 이렇게 벤자민은 가족들과 전혀 다른 기질을 드러냈다. 하지만, 아내 베시의 건강이 좋지 않아서 의회 출마를 거절했을 때에도 아더 2세는 여전히 아들을 이해하려고 노력했다.

벤자민은 경영 수업을 받기 시작할 때에 자신의 운명을 개척할 의지에 불

타고 있었다. 살던 집을 개조한 것만 보더라도 자기 스타일대로 회사를 끌어가겠다는 강한 의지가 엿보였다. 그는 맥주 양조장의 맞은편인 토마스 가 1번지에 있던 집을 완전히 비운 다음 건물 전체를 사무실로 개조했다. 그러고 나서 부유층이 모여 사는 성 스티븐 그린 가 80번지에서 고급 주택을 매입했다. 얼마 지나지 않아서 81번지의 주택을 사들인 다음 두 건물 사이의 벽을 허물어서 크고 호사스러운 맨션으로 완전히 개조했다. 이 집은 기네스 가 특유의 화려한 후대의 중심지로 자리 잡았다.

회사 내에서도 그의 경영 스타일은 독특하고 변화무쌍했다. 데렉 윌슨 Derek Wilson의 《빛과 명암 : 기네스 가의 이야기 Dark and Light : The Story of the Guinness Family》라는 책에서는 '벤자민 기네스의 생애 동안 벌어진 일과 그의 부친이 세상을 떠난 후로 그가 경영을 주도했던 13년 동안 공장에서 벌어진 일들은 가히 혁신적이라고 할 만했다' 라고 기술했다. 그는 기네스 브랜드의 명성을 대폭 확장하려는 계획을 세웠으며 먼저 외국 시장을 적극적으로 공략했다. 마침 그의 사촌이었던 에드워드와 존 버크 John Burke가 뛰어난 전략가였기 때문에 이들의 도움을 받아서 국제적인 공급 에이전시를 만든 다음 본격적으로 해외 마케팅에 나섰다. 그 결과 1860년부터 멀리 오스트레일리아와 남아프리카에도 기네스 맥주를 공급하게 되었다.

벤자민이 경영권을 장악하는 동안 가장 괄목한 만한 성장이 일어난 곳은 바로 고국인 아일랜드였다. 철도 수송과 아일랜드 운하의 발전을 최대한 활용하여 국내 시장 점유율을 무려 400%나 끌어올리는 쾌거를 이루었다. 아일랜드 하프를 기네스의 상징으로 삼은 것은 국내 시장에 대한 남다른 애착의 증거였다. 1862년에 아일랜드 하프를 도입한 것은 기네스 회사가 사용한 마케팅 전략 중에서 가장 기발하고 효과적이었다.

기네스의 상징으로 사용된 하프는 오랫동안 트리니티 대학에 보관되었으며 아일랜드 국민의 사랑을 듬뿍 받았다. 그것은 10세기에 덴마크 침공으로부터 아일랜드를 지켜낸 전설적인 왕과 관련 있는 악기로서 '브라이언 보헤임Brian Bohaimhe의 하프' 라고 불리곤 했다. 어느 역사가는 이를 가리켜 '생명력은 없으나 아일랜드에서 가장 존경받는 물건' 이라고 묘사했다. 그만큼 이 하프에 대한 국민들의 자부심과 애착은 말로 다 표현할 수 없을 정도로 대단했다.

브라이언 보헤임은 아일랜드 사람들이 매우 아끼는 인물이었다. 훗날 낭만주의 시인들이 묘사한 것처럼 '그는 아일랜드 사람들을 타국인의 속박과 불평등에서 구제해 준 영웅' 이었다. 기네스 맥주가 이 하프를 선택할 무렵 전 세계적으로 게일 예술품에 대한 관심이 높아지고 아일랜드는 감자 마름병과 그로 말미암은 난민 발생 등의 아픔이 거의 다 아물어가고 있었다. 이렇게 아일랜드의 유산과 용기를 상징하는 하프가 크게 사랑받기 시작하자 기네스 매출도 덩달아 크게 신장되었다. 특히 외국으로 이주한 아일랜드 사람들이 애국심의 표현으로 기네스 맥주를 많이 찾으면서 국내외 매출이 껑충 뛰어올랐다.

기네스 맥주 시장이 크게 확장되고 회사 브랜드가 국가의 자랑이자 천재성의 상징으로 인정받기 시작하자 벤자민 리의 개인 생활도 크게 달라졌다. 그는 국내에서 가장 막대한 부를 가진 기업인이 되었으며 의회에 선출되었을 뿐만 아니라 런던의 파크 레인Park Lane에 큰 주택을 사들여서 호화로운 생활을 즐기고 사람들을 자주 초대했다. 게다가 사람들을 기품있는 태도로 대해 영국 상류층 사람들에게 단번에 호감을 샀다. 이는 아일랜드와 기네스 회사는 물론이고 벤자민 리 개인에게도 유리한 점이었다. 결국, 그는 기네스 가문 최초로 기사 작위를 받았다.

≪비즈니스로 거물이 된 사람들과 성공한 사람들의 인생 역경Fortunes Made in Business or Life Struggles of Successful People≫이라는 책은 벤자민 리에 대한 사회적 평판을 자세히 묘사하고 있다. 이 책에서 저자는 당시에 출간되었던 수많은 책처럼 전례 없이 주어진 기회 속에서 개인적으로 큰 업적을 이룬 벤자민 리에 대한 내용을 다루었다. 또한 그 책에서는 카네기Carnegie, 크룹Krupp, 로스차일드Rothschild, 록펠러Rockefeller와 같이 다양한 인물들을 논하면서 그들이 어떻게 큰 성공을 거두어 이름을 알리게 되었는지 분석하고 있다. 그 책은 벤자민 리 기네스에 대해 덤덤한 어조로 다음과 같이 기술한다.

'그는 열정적으로 기업을 운영하여 기네스 창립자조차 꿈꾸지 못할 정도로 엄청난 성장을 이루었다. 이 모든 과정에서 그는 기업의 모든 활동을 완벽하게 제어했다.'

일례로 벤자민 리의 해외 진출 정책과 관련하여 그 책은 이렇게 설명한다.

'그는 기업의 경영 방식과 전통이 대대적인 변화를 일으키기 전에 관련 요소를 완벽하게 살펴보았으며, 기네스 제품을 각국 소비자들의 입맛에 맞게 바꾸는 등 수출용으로 적절히 수정하여 수출용 포터 맥주를 다양하게 개발했다.'

수출 사업이 크게 성공한 덕분에 기네스 공장은 대대적인 확장 공사를 시작했다. 이 또한-위에 소개한 책에 의하면-벤자민 리의 전문성이 빛을 발한 순간이었다.

'그는 맥아와 홉을 생산, 저장할 건물을 새로 지었으며 엿기름을 만드는 들통을 지금까지 본석도 없는 조대형 사이즈로 제작했다. 또한 그는 깨끗한 생수를 공급하는 시설을 마련했으며 가열에 필요한 초대형 보일러를 들여왔다. 그뿐만 아니라 발효에 쓰이는 들통이나 냉각기구 등 각종 기계를 모두 대형으로 마련했다. 이렇게 새로 완공된 맥주 공장은 세계 어느 곳에서도 볼 수 없었던 웅장함을 갖게 되었다.'

이 책에서는 기네스가 놀라운 성공을 거둔 이유가 벤자민 리가 경영자로 있는 동안 탁월한 사업 수완을 발휘했기 때문이라고 못 박는다. 이러한 주장은 상당히 일리가 있다. 계속 이어지는 내용을 살펴보면 벤자민 리만 부각시키는 것이 아니라 그 시대 독자들이 원했던 통찰력을 갖춘 비즈니스 천재의 모습을 정확히 묘사하고 있다.

벤자민 리는 아침 일찍부터 밤늦게까지 공장을 떠나지 않았다. 단지 여러 사람에게 일을 맡기는 것이 아니라 거의 모든 공정에 직접 또는 간접적으로 참여했다. 사실 그는 공장의 모든 공정을 하나도 빠짐없이 지켜보았다. 그렇다고 해서 벤자민 리가 다른 직원들에게 적절한 책임을 맡기지 않았다는 뜻은 아니다. 사실 그는 사람을 쓰는 데에도 비범한 재주가 있었다. 그래서 중요한 요직마다 적절한 인재를 기용했으며 사업을 확장함에 따라 어느 부문을 조절해야 할지 정확히 파악했다.

한편, 그는 일만 강조하는 비인간적인 경영주와는 거리가 멀었다. 아랫사람들을 엄격하게 대하기보다는 친절하게 대하는 편이었다. 자신의 수고를 인정해주고 진정한 관심을 받고 있다고 느낄 때 직원들이 성심성의껏 일한다는 사실을 알고 있었던 것이다. 벤자민 리는 공장에 관련된 일을 하는 사람이라면 누구든지 어떤 일을 맡았든 개인적인 관심을 보이고 따뜻하게 감싸주었다.

또한 이 책에서는 '기네스 가의 인재들'을 논하는 가운데 아일랜드 사람들의 존경을 한몸에 받았던 벤자민 리의 성품에 대해 이렇게 기술했다.

> 그는 더블린에서 매우 독특한 평판을 얻었다. 단지 자기가 태어난 고향에서 가업을 이어가는 훌륭한 사업가로만 알려진 것이 아니라 직원들에게 선행을 베푸는 것을 인생의 낙으로 아는 유명 인사였다. 어떤 이는 벤자민 리에게 선행은 인생의 열정이라고 말하기까지 했다. 그는 거대한 기업을 책임지고 있었지만 자기 사업 못지않게 시민들을 도와주는 데 헌신적인 노력을 기울였다. 무슨 일을 하든 철저하고 빈틈이 없었으며 숭고한 가치관을 지키는 것을 매우 중시했다. 이렇다 보니 그가 주변 사람들에게 사랑과 존경을 받은 것은 너무도 당연한 일이다. 사실 그는 더블린 사람들에게 받을 수 있는 최고의 영예를 받았다고 말할 수 있다.

벤자민 리는 가업을 크게 확장한 점을 인정받던 시절에 성 패트릭 성당을 복구하는 작업을 후원, 감독하기로 결정했다. 그 성당은 고국에 대한 추억을 느끼게 하는 곳이었다. 1192년에 세워진 이래로 아일랜드 내에서 기독교의 성장을 대변하는 역사적인 장소가 되었으며 모든 아일랜드 국민이 자부심을 갖고 있던 건물이었다. 그곳에서 성 패트릭이 새로운 신도들에게 침례를 베풀었고 1700년대에는 조나단 스위프트가 교구 부감독으로 일했으며 헨델의 메시아 작품이 초연한 장소였다. 또한, 그곳은 아더 기네스 1세에게 종교적인 고향과 같았다. 하지만, 1860년에는 건물이 너무도 허름해져서 수많은 사람이 이를 보고 부너지지 않을까 걱정하고 있었다.

마침내 벤자민 리 기네스는 성당을 그대로 내버려 둘 수 없다고 선언했다. 그를 아는 많은 사람은 이 말을 듣고 화들짝 놀라지 않을 수 없었다. 그는 종교심이 그리 강하지 않았고 아내인 베시가 베데스다 예배당에 열심히 다니는 것에 아랑곳하지 않고 기존의 아일랜드 국교를 더 선호했다. 사실 베시는 남편의 태도 때문에 시간이 갈수록 고심하던 중이었다. 오랫동안 병상에 누워서 자신의 죽음과 그로 말미암아 남편이 받을 고통을 생각했던 그녀는 아들에게 쓰는 편지에서 남편에 대한 염려를 다음과 같이 표현했다.

> 애야, 부디 나쁜 교제를 피하도록 주의하거라. 특히 세속적인 성향이 강한 사람들과는 가까이 지내서는 안 된다. 그렇지 않으면 여러 가지 나쁜 일이 생길 거야. 특히 사랑하는 너의 아버지께서 세상 여인들과 가까이 지내지 못하시도록 네가 주의를 기울이렴. 아버지는 그런 사람들에게 쉽게 곁을 내어 주시기 때문에 큰일을 당하실까 늘 염려되는구나. 아버지가 재혼을 하지 않으셨으면 좋겠다는 말은 아니란다. 재혼하신다면 미래를 생각하며 그분에게 도움이 되는 사람을 찾아야 해. 지금 이 순간만 생각하고 현재를 즐기려는 사람은 좋지 않을 거야.

가족들이 미처 몰랐던 깊은 종교심 때문이었는지 단지 애국심 때문인지는 모르지만 아무튼 벤자민 리는 성 패트릭 성당을 재건하는 작업을 시작했다. 그는 무려 15만 파운드 이상의 자금을 내어놓았다. 이는 현 시가로 400만 달러에 육박하는 어마어마한 자금이었다. 그뿐만 아니라 그는 보수 작업을 직접 지휘했다. 공사가 끝나기까지 5년 이상 걸렸기 때문에 개인적으로 시간을 많이 뺏기는 일이었지만 그 덕분에 사람들은 보수가 끝난 성당을 볼 때마다 아일랜드 교회와 기네스 가의 아낌없는 후원을 생각하게 되었다. ≪비즈니스로 거물이 된 사람들과 성공한 사람들의 인생 역경 Fortunes Made in Business≫의 저자는 이렇게 기술했다.

> '그는 당대 최고의 건축 기술을 활용했다. 1865년에 공사가 끝나자 성당은 과거의 웅장함을 능가하는 모습을 드러냈다. 자신의 맥주 공장을 돌보듯이 아주 부지런히 보수작업을 지휘한 사람^{벤자민}이 정말 대단한 일을 해냈다는 느낌이 와 닿았다.'

벤자민 리 기네스는 1868년 5월 19일에 런던에서 생을 마감했다. 사망 기사에서는 그를 기네스 회사에 영구적인 변화를 불러일으킨 사람이라고 묘사했다. 실제로 그가 공장 규모를 세 배로 늘인 덕분에 기네스 공장은 세계에서 가장 큰 규모를 자랑하게 되었다. 그뿐만 아니라 국내외 시장 점유율을 높여서 큰돈을 모았다. 그가 죽었을 때 개인 재산은 무려 110만 파운드였다. 하지만, 그의 진가가 확실히 드러난 것은 그로부터 몇 년 후였다. 기네스 기업 보고서에 의하면 1837년에서 1887년 사이에 기네스의 매출은 무려 30배나 늘

기네스 2차 리모델링 공사 때 만든 정원에서 바라본 성 패트릭 성당의 전경

어났다. 이는 분명히 벤자민 리 기네스가 뛰어난 사업 수완을 발휘하며 부지런히 노력한 결과였다.

그 외에도 그의 천재성을 증명한 결과가 발견되었다. 그의 유언장에는 '아들들이 모두 오랫동안 선조들이 피땀을 쏟은 가업을 그대로 유지하기 바란다'고 기록되어 있었다. 그에게는 아더 에드워드와 에드워드 세실이라는 두 아들이 있었는데, 벤자민 리 기네스가 세상을 떠날 무렵에 둘 다 공장에서 가업을 배우고 있었다. 하지만, 아버지가 죽은 뒤에 아더 에드워드는 가업을 잇기보다는 정치에 입문하기를 원했다. 그는 의회의원으로 당선되었으며 정치인으로 사는 것이 적성이 더 어울린다고 결론 내렸다. 그래서 아버지가 죽은 지 10년도 지나지 않아서 에드워드 세실에게 자신의 지분을 팔겠다고 말

성 패트릭 성당에 앉아 있는 저자

했다.

 벤자민 리는 바로 그런 상황을 염두에 둔 것 같다. 실제로 유언장에는 '맥주 공장의 운영에 관한 아들들의 의견이 엇갈리겠지만, 공장은 지금처럼 그대로 남아 있어야 한다'고 기술했던 것이다. 그는 가업을 포기할 경우 '제 삼자가 아니라 가업을 계속 이어갈 사람에게 자기 소유권을 팔아야 한다'는 조건을 미리 제시해 두었다. 그의 예상은 한 치도 빗나가지 않았다.

 1876년에 아더 에드워드는 맥주 공장에서 완전히 손을 떼기로 하고 에드워드 세실에게 경영권 절반을 넘겨주는 대가로 60만 파운드를 받았다. 벤자민 리의 뛰어난 통찰력 덕분에 가업이 다른 사람에게 넘어가거나 제 삼자와 나눠 갖는 일은 일어나지 않았다. 기네스 가문을 조사한 역사가 두 사람은 이렇게 기술했다.

> '벤자민 리 기네스는 전형적인 빅토리아 시대의 실업가였으나 그런 사람들보다 훨씬 뛰어난 안목이 있었다. 무엇보다도 막대한 재력이 후손들에게 유혹이 될 수 있다는 사실을 꿰뚫어보고 있었다.'

1868년에 벤자민 리가 세상을 떠나자 아들인 에드워드 세실이 회사의 실질적인 대표가 되었다. 8년간 아더와 공동으로 경영하다가 그가 정치계에 입문하기 위해 자기 지분을 넘기고 떠나자 실질적인 오너가 되었다. 그 후로 기네스 회사는 놀랄 만한 속도로 성장하기 시작했다. 아버지에게 공장을 물려받을 때 이미 국내에서는 최대 규모의 공장이었고 전 세계에서 6위 안에 드는 대형 공장이었다. 에드워드 세실은 기네스를 가장 성공적이고 규모가 큰 공장으로 확장함으로써 남다른 공을 세웠다. 그는 회사를 경영하기 시작할 무렵부터 주목할 만한 성과를 기록했다. 에드워드와 아더가 공동경영자로 일하던 8년을 돌이켜보면, 1868년에 350,411배럴이었던 연간 생산량은 1876년에 무려 778,597배럴로 늘어났다. 그 후로도 연간 생산량은 매년 5%의 성장을 기록하여 1886년에는 120만 배럴을 훌쩍 넘어섰다.

에드워드 세실은 아버지와 다른 점이 많았다. 두 사람 모두 부유한 생활을 좋아했으며 신사답게 스포츠와 유희를 즐길 줄 안다는 면에서 비슷하긴 했으나 그는 경영의 모든 면을 직접 처리했던 아버지보다 덜 깐깐한 편이었다.

앞서 살펴본 것처럼 에드워드의 아버지는 굉장히 활동적인 사람으로 항상 공장에 나와서 직급의 고하를 막론하고 모든 직원과 가까이 지냈다. 풍채가 좋고 말을 건네기 쉬운 데다 직원 한 사람 한 사람의 업무에 관심을 보였다. 그는 관찰, 실험, 현장 경영을 통해 얻은 지혜를 발휘하여 경영자로 일하면서 회사를 크게 변화시켰다. 하지만, 아들인 에드워드 세실은 달랐다. 그는 상상하기 어려울 정도로 부유한 환경에서 자랐기에 특권층의 생활이 몸에 배어 있었다. 에드워드 세실이 회사를 한 단계 업그레이드시킨 것은 사실이지만 그는 비범한 인재를 기용하고 경영인의 권위를 내세우는 편이었다.

성 패트릭 성당의 창문에 그려진 기네스 가문을 기리는 그림

그 당시에는 에드워드 세실의 경영 스타일이 효과적이었다. 그 시절에 변화의 속도가 얼마나 대단했는지 설명하는 것은 상당히 어려운 일이므로 한 가지 예를 들어 설명하려 한다. 미국의 경우 1861년부터 1865년까지 이어진 남북전쟁에서는 기병대 공격, 소총 및 대포 사용과 더불어 약 80년 전에 벌어진 독립전쟁과 거의 달라진 점이 없는 전략 등을 주로 사용했다. 그로부터 50년도 지나지 않아서 제1차 세계대전이 벌어졌는데 이번에는 기관총, 수류탄, 비행기, 잠수함, 레이더, 화학전에 쓰이는 독가스, 탱크 등이 등장했다. 이처럼 에드워드 세실이 기네스를 이끌던 시절을 중심으로 두 전쟁 사이에는 엄청난 기술적 변화가 있었다. 그에 발맞추어 대다수의 기업이 믿을 만한 전문가와 대표단에게 크게 의존하는 경영 방식을 채택했으며 기네스가 바로 대표적인 예시가 되었다.

에드워드는 1847년 생으로 더블린에 있는 트리니티 대학에서 문학 석사와 법학 박사 학위를 땄다. 사람들은 모든 일에 시큰둥한 그의 모습을 보고 돈을 물 쓰듯 하는 부잣집 도련님이라고만 생각했다. 하지만, 그는 겉보기보다 똑똑했으며 자기 또래의 청년들과 마찬가지로 속마음을 숨기고 매우 호탕

성 패트릭 성당의 남쪽 출입구 옆에 있는 벤자민 리 기네스의 동상

한 척 행동했다. 사실 그는 뭐든지 보면 금방 배워서 자기 것으로 만들었으며 시대의 흐름을 민감하게 파악했다. 타고난 야심도 많아서 자신의 부와 명성을 통해 이룰 수 있는 모든 가능성을 성취하려 했다.

그가 아더와 함께 공장을 경영할 때에도 사업이 번창했지만 아더가 떠난 후의 10년간 이룩한 성과에 비하면 아무것도 아니었다. 에드워드는 사무동을 신설하고 홉과 곡물을 저장할 창고도 지었다. 또한, 성 제임스 게이트에 거대한 규모의 두 번째 양조장을 세웠다. 엿기름물을 넣는 통이 4개나 있는 공장이었는데 금세 8개로 늘어났다. 아버지를 닮아서 멀리 내다보는 통찰력이 있었기에 그는 리피 강의 운송량이 크게 늘어나서 회사에도 중요한 영향을 줄 것이라 직감했고 강과 공장 사이에 있던 공터를 모두 사들였다. 그래서 공장에서 부두를 거쳐 더블린 항구까지 곧바로 연결할 수 있었다. 이렇게 새로 마련한 운송로를 확인해 보기 위해 1877년에 여러 척의 거룻배와 운송 계약을 맺었다. 그 후로 거룻배는 아일랜드의 수로를 전략적으로 활용한 기네스의 상징으로 오랫동안 기억되었다.

한마디로 기네스는 현기증이 날 정도로 빠르게 성장을 거듭했다. 훗날 기네스 공장을 물려받은 D. 오웬 윌리엄스D. Owen Williams의 글에도 그 점이 잘 나타나 있다.

1800년대에 사업이 급속도로 성장하는 바람에 한동안 공장 및 사무동은 발을 디딜 곳도 없었다. 1870년에서 1876년 사이에 양조장은 거의 새로 짓다시피 했다. 새로 건축한 빌딩은 저장통, 엘리베이터, 제분소, 저탄기 등을 갖추고 있었다. 이러한 설비는 맥아를 저장하거나 맥주를 양조할 준비를 하는 데 꼭 필요했다.

1890년 트리니티 대학

    1865년에는 키에브kieves, 대형 회전 드럼-옮긴이를 두 배로 늘려 총 8개를 구비했다. 양조와 발효에 필요한 공장 설비도 추가로 늘렸으며 큰 술통과 스키머skimmer, 위에 뜨는 부유물 등을 제거하는 기계-옮긴이를 비롯하여 대형 술통을 72개나 보관할 수 있는 창고를 다섯 채나 더 지었다. 이렇게 해서 기네스는 총 134개의 대형 술통을 보유하게 되었다. 이러한 확장 공사는 기존의 공장부지 내에서 이루어졌다.

    하지만 사실 기존의 공장도 여유 공간이 그리 많지 않은 터라 1872년에는 로버트 가街 동편의 주 공장 남쪽으로 새로운 부지를 매입하게 되었다. 이곳에는 새로운 축사와 32개의 대형 술통을 보관할 수 있는 제8호 창고가 들어섰다. 이듬해에는 제임스 가와 리피 강 사이 남쪽에 있는 넓은 부지를 매입하여 전체 공장 면적이 두 배로 늘어나게 되었다. 1874년에 새로 매입한 부지에는 거대한 맥아 제조장과 맥주통을 씻고 통에 맥주를 채우는 설비를 세우게 되었다. 이로부터 제임스 가의 남쪽에 있는 기존 공장에서 맥주를 양조, 발효한 다음 북쪽에서 큰 통에 담아 출하하는 방식이 자리를 잡았으며 그 후로 100년 이상 한결같이 지속되었다.

기네스 공장이 워낙 빠른 속도로 발전하다 보니 필요는 발명의 어머니가 되었다. 공장이 거대해지면서 각 건물을 신속하게 이어주는 교통수단이 필요하게 되었다. 에드워드 세실은 공장 전용 철도를 짓기로 결정하고-이는 에드워드의 경영 스타일을 생각할 때 지극히 당연한 일이었다-기관장이었던 샘 게이건Sam Geoghegan에게 프로젝트를 맡겼다.

결코 쉽지 않은 프로젝트였기에 당시에 가장 뛰어난 엔지니어였던 샘 게이건이야말로 이 일의 적임자였다. 사내 건물 사이를 자유롭게 다닐 수 있어야 하고 동시에 에드워드 세실이 최근에 매입한 부지의 바로 옆에 있는 킹스브릿지 역Kingsbridge Station의 철로에 바로 연결할 수 있는 크기를 결정하는 것은 상당히 까다로운 작업이었다. 샘 게이건은 22인치짜리 소형 시스템과 외부 철로와 연결할 수 있는 표준 시스템 두 가지를 동시에 운영하는 계획을 제시했다. 이는 굉장히 기발한 해결책이었기에 금세 세계 각국의 대형 기업들이 모방하기 시작했다.

그러나 샘 게이건은 또 다른 문제에 부딪혔다. 리피 강에서 기네스 공장의 가장 높은 지대까지 이어지는 50피트 높이의 경사로는 철로를 놓을 수 없었다. 엘리베이터를 설치하자는 의견도 있었으나 시간이 너무 오래 걸리기 때문에 무용지물이 될 것이 분명했다. 기네스 공장이 돌아가는 속도를 생각해보면 적재 용량에 한계가 있는 데다가 이동 속도가 느린 엘리베이터를 기다린다는 것은 상상도 할 수 없는 일이었다. 그래서 샘 게이건은 제임스 거리 지하에 두 바퀴 반짜리 나선형 터널을 만들기로 했다. 이렇게 하면 공장의 이 끝에서 저 끝까지 아무런 방해 없이 이동할 수 있었다. 비슷한 터널이 알프스 산맥 아래에 있었는데 평소 이 터널에 대해 잘 알고 있었던 샘 게이건은 이를 응용하여 맥주 공장 아래에 터널을 만들었다. 그 당시로는 굉장히 파격적인 작업이었다. 하지만, 샘 게이건의 공헌은 거기에서 끝나지 않았다. 그는 대규모 발효 과정에서 발생하는 유독한 이산화탄소를 제거할 수 있는 독특한 냉각 시스템도 개발하는 등 혁신을 거듭했다.

샘 게이건은 공장 설비에 있어서 창의적인 해결책을 내놓으며 눈부신 활약을 펼쳤다. 그에 못지않게 에드워드 세실 또한 사업 경영면에서 눈부신 업적을 세웠다. 1868년에 그는 기네스를 상장 회사로 변모시켰다. 이는 기네스 역사상 가장 놀라운 변화로서 세계 각국의 맥주 양조업체들도 금세 따라하기 시작했다.

에드워드 세실이 경영권을 잡은 지 10년이 지나자 기업의 규모는 56% 이상 성장했다. 매년 백만 배럴 이상의 맥주를 수출하는 등 외국 시장을 확장한 것이 기업에 크게 기여했다. 그가 지휘하던 18년 동안 기네스의 전체 생산량은 무려 4배나 증가했다. 에드워드 세실은 장기적인 안목과 적절한 시기를 파악하는 재능과 더불어 남다른 야망을 품고 있었다. 그는 상장 회사로 변모시키기에 가장 완벽한 순간을 놓치지 않았다.

개인적으로 심사숙고한 끝에 이러한 결정을 내렸을 가능성도 있다. 그는 뛰어난 외모로 소문이 자자한 아들레이드와 결혼하여 행복하게 살고 있었다. 처가 식구들은 아들레이드에게 '도도'라는 애칭을 붙여 주었다. 정확한 이유는 모르지만, 결코 나쁜 의미는 아니었다. 두 사람은 세간의 질투를 살 정도로 금실이 좋았으며 슬하에 아들 셋을 두었다.

아이들의 이름은 루퍼트 에드워드 세실 리 기네스, 아더 어니스트 기네스, 월터 에드워드 기네스였다. 그 중에서 어니스트만 가업을 이으려 했기 때문에 아버지로서 자손들이 어떤 선택을 하느냐에 따라 회사의 운명이 크게 달라진다는 점에 유의하지 않을 수 없었다. 에드워드 세실 역시 공장 운영 외에 다른 일에도 관심을 가지고 있었다.

그는 더블린 보안관다양한 행정·사법 기능을 행하는 고위 행정관—옮긴이으로 임명되었으며 후에 웨일스 왕자가 아일랜드에 방문했을 때에는 주장관州長官으로 승격되었으며 더블린 카운티의 캐슬녹castleknock에서 준남작 작위를 받았다. 6년 후에는 카운티 다운의 초대 아이바 남작Baron Iveagh이 되었다가 자작을 거쳐 백작으로 승급되었다. 당시 카운티 다운은 영국에 속한 지역이었으므로 그는 영국 계급 체계에서 아이바 경Lord Iveagh이라고 불리게 되었다. 이는 기네스 가문에 대단한 영광이었다. 그의 아버지도 눈을 감을 무렵에는 더블린에서 중산층에 속하는 사람이었으나 아들이 이렇게 높은 지위에 오를 거라고는 상상도 하지 못했을 것이다.

이러한 정황을 모두 고려한 결과 대대로 이어온 가업을 공공재산으로 돌리게 된 것일지 모른다. 진짜 이유가 무엇이었든 간에 기네스의 본격적인 행동의 시작은 영국 역사상 최대 규모의 주식공모였다.

1886년 10월 21일, 베어링Baring에서 발표한 주식 공모 설명서에 의하면 '보통 주 25주와 6%짜리 누적식 우선 주 25만 주를 각각 10파운드에 내놓았으며 20년 후에 상환 가능한 5%짜리 무기명 주식을 15만 주나 내놓았다. 보통 주의 삼분의 일은 에드워드 세실이 가지고 있었다. 그는 회사의 이름을 아더 기네스, 선 앤 주식회사Arthur Guinness, Son & Company로 바꾸고 초대 회장으로 취임했다.

아이바 트러스트 빌딩

〈데일리 뉴스〉지에서는 '그 누구도 보지 못했던 진풍경이 벌어졌다.……토요일 아침 베어링 회사 앞은 그야말로 인산인해를 이루었다. 사무원, 증권 에이전트, 심부름꾼, 일반 시민을 포함하여 수많은 군중이 밀고 들어오자 특수 경찰이 나서서 이들을 제지해야 했다. 게다가 회사 건물의 출입문 하나가 고장이 나서 회전문을 약간 열어둬야 했는데 이 틈으로 사람들이 밀고 들어와 이를 막느라고 적잖이 애를 먹었다' 고 당시 상황을 자세히 보도했다. 평소에 쓴소리를 잘하기로 유명했던 〈런던 타임스Times of London〉마저도 '열기가 대단했다' 고 공식적으로 보도했다.

10월 25일, 월요일 아침, 모든 주식이 한 시간 만에 팔려나갔다. 영국과 아일랜드의 여러 신문사는 이 현상의 의미를 파악하려고 안간힘을 기울였다. 직원들에게 후하기로 유명했던 기네스 회사는 이번에도 성 제임스 게이트 공장 직원들에게 에드워드 세실의 주식을 나누어 주었고 몇몇 직원들은 현금 보너스를 받았다. 이렇게 해서 에드워드 세실 기네스는 아일랜드 최고의 갑

부이자 영국에서도 몇 손가락 안에 드는 부자가 되었다. 이에 맞추어 그는 런던의 그로브노Grosvenor에 웅장한 저택을 매입하여 화려한 가구로 집안 곳곳을 가득 채웠다. 영국의 중심부에 자리 잡은 이 저택은 아일랜드 문화와 후대의 중심지가 되었다.

비록 에드워드 세실이 선대 경영자들과 비교할 수 없을 정도로 가업을 크게 확장시켰으나 오늘날까지 그의 이름이 기억되는 이유는 다른 곳에 있었다. 대기업 총수로서 유명해진 사람들은 하나같이 막대한 부를 쌓은 것 때문이 아니라 이를 자선 활동에 적극적으로 내놓으며 후손들에게 바람직한 모범을 보이는데, 에드워드 세실도 그러한 절차를 밟았다.

1889년에 그는 세 명의 신탁 관리자에게 25만 파운드를 맡겨서 기네스 트러스트Guinness Trust 기금을 만들도록 했다. 이 기금의 목적은 더블린과 런던에 사는 가난한 노동자를 위한 거주지를 마련해주는 것이었다. 이는 당시에 가장 큰 규모의 자선 단체였으며, 이것으로부터 현재 아일랜드의 하층민을 도와주는 아이바 트러스트Iveagh Trust가 탄생했다. 〈타임스Times〉에서는 '이 시대에 시민이 개인적으로 계획, 실행할 수 있는 최대의 선행'이라고 극찬했다.

실제로 그의 결정은 자선 활동의 대표적인 사례가 되었으며 더블린과 런던의 수많은 하층민에게 이루 다 말할 수 없는 도움을 주었다. 이는 특권층이 사회의 어려운 사람들을 도울 의무가 있다는 기네스 집안의 오랜 가훈을 그대로 반영한 것이었다. 또 지금까지 기네스 집안 사람들이 보여준 신의와 후대에 어울리는 행동이자 앞으로도 각종 사회 문제를 개선하기 위해 이전과 동일한 수준으로 투자할 것이라는 약속이 되었다. 이 점에 대해서는 앞으로 자세히 살펴볼 것이다.

제4장
부를 나누어 선행을 실천하다

기네스 기업 문화는 지난 200여 년 동안 직원들의 생활을 크게 개선해주고 더블린의 빈곤층을 지속적으로 도와주었으며 다른 기업들에 직원들을 돌보는 것이 가장 중요한 업무라는 사실을 일깨워주는 등 많은 업적을 이루었다. 신의와 친절, 관대함을 특징으로 하는 기네스 기업 문화는 직원들에게 큰 감동을 주었다.

친구를 보면 그 사람의 됨됨이를 알 수 있다는 옛말이 있다. 그 사람의 주변에 있는 것, 그 사람이 가까이 두고 지내면서 아끼는 것을 보면 내면이 보인다는 뜻이다. 물론 어떤 사람을 친구로 삼느냐도 여기에 포함된다. 그 사람이 좋아하는 유형의 사람들, 즐겨 입는 브랜드의 특징을 살펴보는 것은 그가 어떤 사람인지 알 수 있는 좋은 방법이다.

만약 이것이 사실이라면 기업 역시 기업 문화를 통해 평가해야 할 것이다. 기업 문화는 '그 기업이 육성하고 장려하는 것 또는 기업을 통해 배우게 되는 행동이나 사고방식'을 뜻한다. 마스코트나 슬로건, 광고에서 뭐라고 하든 간에 특정 기업이 정말 훌륭한지 가늠하는 중요한 척도는 직원들의 생활에 어떤 동기를 주느냐에 달렸다.

이 점을 논하자면 다시 기네스 맥주 회사를 생각해 봐야 한다. 세상 사람들은 기네스가 맥주 회사이며 그것 외에는 더 논할 점이 없다고 생각할지 모른다. 하지만, 이것은 정말 기네스를 전혀 모르는 사람들이 하는 말이다. 기네스가 맥주 회사로 유명한 것은 사실이지만 그보다 더 중요한 것으로, 기네스 기업 문화는 지난 200여 년 동안 직원들의 생활을 크게 개선해주고 더블린의 빈곤층을 지속적으로 도와주었으며 다른 기업들에 직원들을 돌보는 것이 가장 중요한 업무라는 사실을 일깨워주는 등 많은 업적을 이루었다. 신의와 친절, 관대함을 특징으로 하는 기네스 기업 문화는 직원들에게 큰 감동을 주어 서로 더욱 열심히 일하고자 독려하게 하며 인생의 역경이 남긴 상처를 매만져 주었다.

1900년 당시 더블린은 인구 과잉, 기아, 질병 등으로 고통 받는 수천 명의 시민 때문에 분위기가 뒤숭숭했다. 이때 기네스 회사가 기울인 지속적인 노력은 그 기업의 문화를 이해할 수 있는 가장 좋은 자료가 되었다. 혈기왕성한 젊은 의사와 지혜롭고 후덕한 임원들로 이루어진 이사회가 손을 잡고 100년의 전통을 자랑하는 기업의 자선 문화를 더욱 빛내 주었다. 때마침 아일랜드 역사상 가장 어려운 위기가 닥쳐서 기네스의 행보가 더욱 주목받게 되었다. 그 결과로 기네스의 자선 활동은 큰 성과를 거두었으며 많은 사람이 자녀들에게 그 일화를 알려주었고 세계 각국의 대기업 이사회에서도 수차례 거론되었다. 마치 숭고한 기네스 기업 문화가 공장의 담을 넘어 다 죽어가는 더블린 도시의 거리로 쏟아져 나온 것 같았다. 기네스는 정의를 아는 재벌 기업이 사회를 위해 할 수 있는 선행이 무엇인지 제대로 보여주었다.

오늘날 더블린 시를 방문하는 사람이라면 유럽 특유의 부산한 분위기와 미국식 마케팅, 아일랜드의 우아함이 공존한다는 느낌을 받을 것이다. 성 패트릭 성당, 크라이스트 처치Christ Church, 더블린 궁전Dublin Castle과 같이 하늘을 찌를 듯 높은 중세 건축 양식의 건물들도 많이 있다. 현대식 정부 청사는 노먼 타워Norman tower 아래에 자리 잡고 있다. 도시의 핏줄인 리피 강이 구불거리며 흘러가는 소리는 지난 시절을 이야기하는 것 같이 들린다. 이 강을 따라 형성된 골목골목마다 퀵실버Quicksilver, 도나 카란Donna Karan, 더 갭The Gap과 같은 유명 브랜드의 상점이 자리 잡고 있다. 그 중에서도 가장 눈에 띄는 것은 도시 곳곳에 북적거리는 인파이다. 아일랜드 사람은 물론이고 동유럽에서 온 이민자들, 미국에서 추방된 사람들, 일자리를 찾으러 온 아프리카 사람들, 트리니티 대학에 유학 온 유럽 각국 출신의 학생들, 미래의 꿈을 위해 영어를 배우러 온 젊은이들이 뒤섞여 있다.

어디를 보나 생동감이 넘치고 즐겁고 행복해 보인다. 따라서 불과 얼마 전까지만 해도 더블린이 캘커타Calcutta를 연상시킬 정도로 지저분하고 전염병이 많이 돌아서 세계 어디를 가나 아일랜드 사람들이 손가락질을 당했다는 사실은 좀처럼 믿기 어려울 정도이다.

하지만, 그것은 엄연한 사실이었다. 1800년대 후반에 더블린은 차마 눈을 뜨고 볼 수 없을 정도로 더럽고 불결한 데다 온갖 전염병과 범죄의 온상이었다. 유럽 전역을 통틀어서 더블린은 전염병 감염율과 그로 말미암은 사망자 수가 가장 높았다. 시민들은 모두 천연두, 홍역, 성홍열, 티푸스, 백일해, 설사, 장티푸스, 적리赤痢, 유행성 또는 급성으로 발병하는 소화기 계통의 전염성 질환으로 혈액이 섞인 설사를 일으킨다-옮긴이, 결핵으로 죽어가고 있었기에 당시 사망률은 하늘을 찌를 듯 높았다. 상류층 인사들은 영국에 있는 안전한 곳으로 몸을 피했지만, 극빈층과 노동자들은 더블린에 남아서 살 길을 찾아야 했다. 그야말로 오늘날 3세계 국가 중 가장 가난한 나라에 비할 만큼 상황이 심각했다.

이러한 문제의 근원은 인구 과잉이었다. 1840년대에 기근이 발생한 이후로 수많은 사람이 더 나은 삶을 찾아서 더블린으로 모여들었다. 그들은 배에 몸을 실으면서 멀리 아일랜드에 가면 행복한 미래가 보장될 것이라 믿었다. 하지만, 더블린에 도착해보니 비싼 뱃삯에 비해 현실은 너무 암담했다. 실제로 더블린으로 가는 배는 많지 않은 데다 좌석을 얻기란 하늘의 별 따기였으나 정작 전염병 등의 이유로 외국에서 온 배를 아예 항구에 대지도 못하게 하는 경우도 있었다. 더블린은 그야말로 가난하고 병들고 불쌍한 사람들만 모여 사는 곳이 되어버렸다.

실제 상황은 아일랜드 외부 사람들이 알던 것보다 훨씬 더 심각했다. 한 가지 설문조사에 따르면 더블린에 사는 가구 중 33.3%가 방이 하나밖에 없는 집에 살고 있었다. 주거환경이 더 열악한 경우도 많았다. 어느 의무관은 1900년에 남쪽 얼 스트리트Earl Street 5번지에 있던 1인용 주택마다 무려 11명의 가족이 살고 있었다고 보고했다. 다시 말해서 30명 내지 40명의 사람이 화장실 하나를 같이 사용하는 반면 수도꼭지는 뒷마당에 딱 하나밖에 없었다. 그러니 감염률이나 치사율은 의무관들이 처음에 예상했던 것보다 훨씬 더 높았다. 이런 상황은 여자들과 아이들에게 치명적이었다. 당시 상황을 잘 알려주는 자료를 살펴보면 다음과 같은 사실을 알 수 있다.

> 도시 전체는 사람들로 북적거렸다. 특히 남자들이 일자리를 찾아 영국으로 떠나버려서 과부가 된 가난한 여자들이나 고아가 된 아이들이 많았다. 더블린에는 수많은 군인이 진을 치고 있었다. 영국 육군의 대다수를 차지한 아일랜드

군인들은 나름대로 어려움을 겪고 있었다. 군대가 한 번 빠져나가고 나면 결혼 여부를 가릴 것 없이 수많은 여성과 아이들이 뒤에 남겨졌다. 이들은 혼자 힘으로 살아가야 했다. 군인이었던 남편이 죽거나 그들에게 버림받아서 홀몸으로 더블린에 돌아오는 여자들도 많았다.

아이러니하게도 하층민들의 고충과 질병의 근원은 다름 아닌 내부에 있었다. 사람들은 오물과 하수를 리피 강에 버리는 동시에 그곳에서 식수를 떠먹었다. 이렇다 보니 전염병 환자가 기하급수적으로 늘어났다. 잠자리에도 문제가 많았다. 아일랜드 사람들은 대부분 짚을 깔고 잤는데 이를 자주 갈아주지 않았으며 짚을 덮은 더러운 천마저 온갖 위험한 박테리아의 온상이었다.

아일랜드 사람들은 죽은 사람이 깨어날지 모른다는 생각에 시신을 집에 보관하는 전통을 매우 중시했으나 이 점 또한 전염병을 퍼뜨리는 주요 원인이었다. 대개 사랑하는 가족이 죽으면 시신을 무려 4일 가까이 집에 보관했다. 그동안 유족들은 조문객들에게 먹을 것과 음료, 담배 등을 대접하느라 정신이 없었다. 조문객들은 죽음의 원인이 된 바이러스에 감염될 위험에 노출되었다. 설상가상으로 이러한 전통은 전염병을 퍼뜨리는 데 더하여 가난의 악순환을 만들어내는 치명적인 부작용이 있었다. ≪기네스 가의 선행 Goodness of Guinness≫라는 책의 저자인 토니 코르코란 Tony Corcoran은 이렇게 기술했다.

'아무리 가난한 집이라도 말 네 필이 끄는 장의용 마차를 마련하는 것이 마을 사람들에 대한 기본적인 예의였다. 그렇게 하려면 유족들은 대금업자들에게 엄청난 빚을 져야 했지만 달리 방도가 없었다.'

유족들은 종종 장례식 비용을 갚지 못해서 생계가 더욱 어려워졌고 결국 각종 질병과 전염병이 퍼질 가능성이 큰 환경에 노출되었다. 어느 역사가의 표현처럼 당시 더블린은 말 그대로 '저주받은 도시'였다. 아일랜드의 바깥에는 이런 사정을 아는 사람이 거의 없었고 설령 내부 사정을 아는 사람이 있어도 도와줄 힘이나 영향력이 없었다.

이런 문제가 극으로 치닫는 와중에 기네스 공장에 아주 뛰어난 인재가 의료 담당자로 기용되었다. 그의 이름은 존 럼스덴John Lumsden이었다. 이 의사의 열정과 동정심, 과학적 조사에 힘입어 기네스는 수천 명의 더블린 시민이 생활패턴을 바꾸도록 도와주고 기업의 사회적 의무라는 분야가 발전할 수 있는 토대를 마련했다.

존 럼스덴은 모든 면에서 참으로 특별한 사람이었다. 그는 1869년 11월 14일 생으로 카운티 라우스County Louth에 있는 드로이다Drogheda 출신이자 딸만 다섯인 집안의 외동아들이었다. 그는 더블린 의과대학트리니티 대학에서 공부한 다음 여러 해 동안 개인 병원을 운영하다가 31세에 기네스에 합류했다. 그는 공중 보건에 대한 혁신적인 아이디어를 가지고 있었으며 기업이 가난한 사람들의 건강을 돌보는 데 앞장서야 한다고 믿었다. 그런 의사를 기네스가 채용한 것만 보더라도 기네스는 과거의 의사 결정 기준과 약간 어긋나는 아이디어라도 기꺼이 수용하는 등 끊임없이 변화와 혁신을 추구하는 기업임을 알 수 있다.

럼스덴은 의료 수석 담당관의 조수로서 1894년에 입사했으며 1899년에 의료 수석 담당관으로 승진했다. 더블린에서 가난을 몰아내기 위해 20년간 투쟁을 벌여온 기네스를 깊이 존경했으며 '사회가 하층민을 위해 무엇을 할

당시 더블린 하층민들의 삶을 쉽게 찾아볼 수 있었던 시장의 뒤편

수 있는가' 라는 그의 비전에 감동을 받은 나머지 기네스에 입사하는 것을 간절히 바라던 차였다.

찰스 알렉산더 카메론Charles Alexander Cameron 박사는 더블린 시의 공중 보건 담당자였다. 럼스덴처럼 이 박사도 괴짜였다. 1830년생이었던 카메론 박사는 미국·영국 전쟁에 참전했던 육군 장교의 아들이었다. 그의 공식적인 전기문에서는 '1812년에 미국으로 탐험을 떠났다'고 기록되어 있다. 그의 아버지는 이 전투에서 8번이나 부상을 당했지만, 유달리 군대 생활을 좋아하여 아들도 군인이 되기를 희망했다. 그러나 아들은 일찍이 의학 및 공중 보건 분야로 진로를 정하여 더블린 의대에 진학했다.

그는 공중 보건을 향상시키는 데 힘쓸 뿐만 아니라 의학적 주제에 대한 파격적인 논문을 발표하면서 남다른 커리어를 쌓을 수 있었다. 1862년에는 더블린 시의 공식 분석가로 임명되었으며 당시에 잘 알려지지 않았던 변조 식품 방지법을 통과시키고 변조 식품을 유통시킨 혐의로 50명 이상을 고소하여 매우 유명해졌다. 기존의 보건 당국은 단지 권위만 내세우려 했지만, 그는 아일랜드 국민의 건강을 보호하기 위해 실제로 할 수 있는 일이 무엇인지 보여 주고 있다.

1874년에 더블린 시의 공중 보건 공동 담당자로 임명되었으나 동료가 퇴직하면서 곧 그 임무를 단독으로 수행하게 되었다. 그는 폭풍 혁신을 주도했다. 이를테면 거의 2,000채 이상의 주택을 사람이 거주하기에 적합하지 않다고 판단하여 폐쇄시켰고 그밖에 수천 채 이상의 가옥을 몰라보게 개선하는 공을 세웠다. 그는 또한 글 쓰는 재주가 뛰어나서 당시 사회 문제들에 사설을 계속 발표했으며 특히 빈곤층을 위한 적절한 주택 정책이 시급함을 강조했다. 이러한 공적과 더불어 여러 가지 면으로 사회 발전에 공헌한 바를 인정받아서 1885년에는 공중 보건 분야의 활동을 치하하여 기사 작위를 수여받았다.

그러나 럼스덴과 같은 젊은 행동주의자들을 감동시킨 것은 먼저 문제가 무엇인지 이해한 다음에 그에 대한 의견을 내놓는 카메론의 일처리 방식이었다. 그는 의사이며 보건 분야의 작위까지 수여받은 사람이었지만 직접 하층민의 가정을 방문했으며 그들이 사는 마을을 둘러보곤 했다. 이를 통해 카메론은 다른 공중 보건의들이 파악하지 못했던 문제점을 알아내고 가난한 사람들의 곤경에 대해 깊은 동정심을 가지고 설명할 수 있었다. 그는 다음과 같이 말했다.

'저는 더블린 공중보건의로서 32년 동안 근무하면서 하층민과 최하층민의 생활을 생생하게 목격했습니다. 그들의 집에 찾아가면 차마 눈 뜨고 볼 수 없는 고통스러운 상황까지 봤으며 아직도 생생하게 기억합니다.'

빅토리아 시대의 정부 관료로서 하층민을 이렇게 챙기는 것은 극히 드문 일이었다. 그의 동료들은 가난에 찌든 사람들을 냉정하게 대하고 관용을 베풀지 않았으나 카메론은 이렇게 설명하여 그들을 크게 감동시켰다.

'가난한 사람들은 자기보다 더 딱한 처지에 있으며 자립할 능력이 없는 이들에게 우리가 감히 상상할 수 없을 정도로 친절을 베푸는 것을 제가 똑똑히 보았습니다.'

이를 통해 가난한 사람들은 게으르고 생각이 없다는 고정관념이 깨졌고 카메론의 동료들은 그가 하층민들에게서 발견한 훌륭한 특성을 크게 극찬했다. 아마 찰스 디킨스도 자신의 소설을 통해 이러한 효과를 노렸을지 모른다. 그러나 카메론과 같은 사회적 지위를 가진 사람이 이런 일을 해낸 것은 아무도 생각하지 못한 일이었다.

럼스덴은 카메론의 글을 하나도 빠짐없이 읽으면서 더블린의 경제에 대한 심도 있는 분석을 접하게 되었다. 이를테면 카메론은 더블린 시에는 직업군이 한정되어 있다는 점을 지적하면서 이렇게 기술했다.

'더블린은 사실 제조업이 발달된 도시가 아닙니다. 더블린 시의 특징은 아일랜드 현지 정부, 대법원, 의사 협회 본부와 주요 대학 두 곳이 있다는 점과 금융 및 보험 산업의 중심지이며 항구를 중심으로 경제 활동이 활발하게 이루어진다는 것입니다. 따라서 더블린은 영국에 있는 다른 도시들에 비해 여성들을 위한 일자리가 부족합니다.'

공중 보건의로서 도시의 경제, 잠재 취업률, 인구 등을 전략적으로 연결하여 공중 보건 모형을 만들어낸 사람은 극히 드물었다. 그래서 럼스덴은 그의 이야기를 새겨들으며 많은 것을 배웠다. 그뿐만 아니라 럼스덴은 카메론이 부드러운 말로 하층민의 삶을 표현하고 특히 빈곤의 가장 큰 피해자가 어린이라는 사실을 부각시킨 것에 큰 감명을 받았다.

한겨울에 수천 명의 아이가 맨발로 다닙니다. 그저 겨울에 따스한 옷만 입을 수 있어도 이들의 미래는 훨씬 나아질 것이며 각종 질병의 공격을 이겨낼 겁니다. 양질의 음식과 따스한 의복이 부족하기 때문에 홍역에 걸리며 그로 말미암은 심각한 후유증에 시달립니다. 부유한 집안 아이들은 이 병에 걸리는 경우가 드뭅니다. 하지만, 하층민 자녀 중 대다수는 홍역에 희생됩니다. 홍역으로 끝나는 것이 아니라 제대로 보살핌을 받지 못하거나 따스한 의복과 영양 부족으로 말미암은 기관지 등의 감염을 겪기도 합니다. 경찰의 도움을 받아서 가난한 어린이들에게 의복을 제공하는 단체가 있어서 더블린의 어린이들이 한결 나아졌습니다. 일반 대중들도 이 단체를 적극적으로 도와주어야 합니다.

이처럼 과학적인 분석 자료에 글쓴이의 따스한 마음이 섞인 글은 럼스덴에게 매우 신선한 충격이었다. 하지만, 무엇보다도 젊은 선동가였던 럼스덴의 마음에 불을 붙인 것은 가난에 대한 카메론의 결론이었다.

> 현재 하층민이 겪고 있는 온갖 어려움 중 대다수는 보건 당국의 힘으로도 어쩔 수 없는 경우가 많습니다. 그들 중 몇몇을 데려다가 시청 각 부서에 일하도록 해줄 수는 있겠지만, 턱없이 부족한 그들의 수입을 늘려줄 수는 없습니다. 그러나 저소득층 특히 극빈층이 겪고 있는 심각한 상황을 조금이나마 개선할 수 있습니다. 어떻게 가능하냐고요? 집세를 올려 받지 않고 그들이 현재 살고 있는 곳보다 조금 더 나은 주거 환경을 마련해주면 됩니다. 노동자들과 최극빈층 주민들에게 가장 절실히 필요한 것은 바로 깨끗한 주거 공간입니다. 이 점은 대대적인 규모로 개선되어야 합니다.

시대의 현주소를 과감하게 드러낸 분석 속에는 럼스덴과 같은 사람들이 요구한 행동 강령이 들어 있었다. 그는 공익을 증진시키는 일을 원했으며 자신의 의료 기술을 사용하여 이웃의 아픔을 덜어주기를 희망했다. 주변 사람들은 감상에 젖은 비효율적인 방법 또는 너무 급진적이라서 현실적으로 불가능한 해결책을 들고 나왔다. 하지만, 럼스덴은 허망한 꿈을 좇고 싶지 않았다. 그는 이 사회를 바꿔놓기로 결심한 상태였는데 마침 카메론이 그에게 한 가지 방법을 보여준 것이었다.

더블린 시의 빈민가를 돌아본 결과 공중 보건을 개선하려면 주거 환경을 바꿔야 했다. 일자리나 급료 문제에 관해서는 할 일이 너무 많았다. 그렇지만, 주거 환경이나 위생에 관해서는 아무도 나서지 않았다. 그래서 젊고 똑똑한 의사였던 럼스덴은 그 일을 자기가 처리하기로 마음먹었다.

그는 1899년에 기네스의 의료 수석 담당관으로 승진하자마자 자신의 결심을 행동으로 옮겼다. 카메론이 더블린 시의 하층민 대다수를 돌보았던 것처럼 자신도 1년 안에 기네스 공장의 직원들과 공장 근처에 사는 이웃들을 모두 방문하여 그들의 주거 실태를 파악하기로 했다. 그가 이처럼 빠른 속도로 엄청난 작업을 계획하자 기네스 이사회는 깜짝 놀라고 말았다. 럼스덴은 이사회의 결재를 구하면서 이렇게 언급했다.

"저는 이 일에 깊은 책임감을 느낍니다. 이사회가 승인해 주신다면 우리 회사 직원 및 가족을 대상으로 결핵 감염 상태와 예방 및 치료 대책에 대해 연구하고자 합니다."

그는 최대한 빠른 시일 내에 기네스 전 직원의 가정을 방문할 계획이라고 밝혔다. 또한, 공장 근처의 이웃들을 가능한 한 많이 돌아보겠다는 계획도 있었다. 당시 기네스 직원은 거의 3,000명에 가까웠으므로 가족들까지 합친다면 수천 명의 사람을 만나보겠다는 엄청난 계획이었다. 이렇게 하려면 수백 아니 수천 가구를 일일이 방문해야 했다. 게다가 기네스 공장 근처에 있는 직원이 아닌 이웃들을 방문하는 것도 만만치 않은 작업이었다.

기네스 이사회는 이 문제를 쉽게 승인할 수 없었을 것이다. 비즈니스 경험이 많으며 전략과 향후 계획을 항상 염두에 두었던 임원들은 럼스덴의 계획이 어떤 결과를 가져올지 예측할 수 있었다. 럼스덴은 단지 자료를 수집하려고 이런 계획을 세운 것이 아니었다. 분명히 그는 어떤 변화가 필요한지, 기네스 회사가 하층민의 고통을 덜어주기 위해 어떤 방식으로 돈을 투자해야 할지 방법을 찾아낼 것이 분명했다. 그들은 럼스덴의 계획을 실행하려면 엄청난 비용이 든다는 사실을 직감했다.

그런데도 럼스덴의 계획은 이사회의 승인을 얻어냈다. 어쩌면 대규모 개혁이 필요한 시기가 되었다고 판단했기 때문일지도 모른다. 아니면 그들도 동시대 사람들의 고통을 덜어주고 싶었지만, 그동안 방법을 몰랐기 때문에 가만히 있었던 것일 수 있다. 물론 럼스덴이 이사회를 효과적으로 잘 설득했기 때문일 수도 있다. 그는 5년 이상 기네스에 근무하면서 이사회는 물론이고 모든 직원으로부터 신임을 얻었다. 럼스덴이 맡고 있던 의료실은 공동주택가의 중심지였던 토마스 법원 내에 있었으므로 직원들은 그를 잘 알고 있었으며 믿고 따랐다. 럼스덴에 대한 좋은 평판은 분명히 이사회 임원들의 귀에 들어갔을 것이다. 이 모든 사실이 어우러져서 결국 그의 계획을 전폭적으로 지지한다는 결론을 얻어냈다.

럼스덴은 의사답게 모든 일을 세심하게 계획했다. 그가 나중에 제출한 보고서에 따르면, 본격적인 방문을 시작하기 전에 여러 부서를 다니면서 직원들의 주소를 정확히 파악하는 등 필요한 정보를 꼼꼼하게 수집했다. 덕분에 직원들도 그가 무슨 일을 하려는지 알게 되었으며 모두 준비된 상태에서 계획을 실행할 수 있었다.

그는 1900년 11월 17일에 가정방문을 시작하여 1901년 1월 17일에 마무리했다. 약 60일 동안 방문을 계속했으며 그 중에서 48가구는 토요일에 찾아갔다. 전기가 들어오지 않는 집이 많았기 때문에 낮에만 집안을 둘러볼 수 있었다. 그는 하루 평균 36.5가구를 방문했다. 총 방문가구 수는 1,752였으며 이는 총 2,287명의 직원에 해당하는 수치였다. 가족들까지 모두 합하면 7,343명의 주민을 만나본 셈이었다.

흥미롭게도 단 한 사람의 직원만 럼스덴에게 집안을 보여주지 않았다. 그

만하면 대단히 성공적이었는데도 약간 화가 났는지 럼스덴은 최종 보고서에서 당시 상황을 이렇게 설명했다.

'집안으로 들어가지 못한 경우가 딱 한 번 있었습니다. 정문에서 근무하는 짐순이었는데 그는 사회주의적인 성향이 매우 강했습니다. 막 살아서 거설하더군요. 저에게 개인적인 감정이 있어서 그런 것이 아니라 직원이 어디에서 어떻게 살든지 고용인이 관여할 문제가 아니라는 식이었습니다. 저는 구태여 그를 설득하려고 노력하지 않고 그냥 다음 집으로 갔습니다.'

하지만, 이렇게 방문한 자료를 분석해보니 걱정스러운 결과가 나왔다. 그가 돌아본 가구 중 약 35%가 거주지로 적합하지 않았다. 사실 그가 제출한 보고서에는 무시무시한 표현들이 많이 등장했다.

'그곳은 집이 아니라 질병 소굴이었다.……너무 지저분하고 여기저기 썩고 있어서 도저히 사람이 살 수 없는 환경이었다.'

또한 배설물 덩어리가 계단 위에 그대로 굳어 있으며 곳곳에서 악취가 심해서 금방이라도 토할 것 같았다. 상수 공급이 원활하지 않았으며 곳곳에 술병이 뒹굴고 방은 너무 지저분해서 발을 디딜 틈이 없었다고 보고했다. 럼스덴의 보고서는 매우 사실적이었으며 그가 느낀 분노를 고스란히 담아냈다. '극히 불결하고 처참하며 건강에 해로운 것이 한 두 가지가 아니었다', '개인 위생 습관이 엉망이었다', '집안 관리가 전혀 되지 않았다', '도저히 사람이 살 만한 곳이 아니었다', '질병의 온상이었다'라는 표현이 계속 등장했다.

그는 실상을 제대로 전달하기 위해서 기네스 이사회가 평소에 사용하지 않는 표현들도 서슴지 않고 사용했다. '공중 화장실'에 관해 논할 때는 특히 45가구가 6개의 변기를 사용해야 하는 얼 스트리트 지역을 부각시키면서 다음과 같이 기술했다.

'여자들은 변기를 사용하지 않고 양동이에 일을 본 다음에 쓰레기장에 비운다고 한다. 정말 충격적이다.……화장실 상태도 어이가 없을 정도로 불결했다.……변좌는 대패질도 안 된 1cm 두께의 널빤지로 되어 있으며 정말 아무렇게나 놓여 있었다. 대부분 오물이 변좌보다 6~8cm 높게 쌓인 채로 굳어 있었다!'

이처럼 럼스덴은 불결한 위생 상태에 대해 극도로 분개했지만 다른 보건의들처럼 그런 환경에 사는 사람들은 전혀 깔보지 않았다. 자신의 멘토였던 카메론 박사의 태도를 그대로 본받았기에 술을 남용하는 문제를 다루면서 다음과 같이 솔직한 의견을 내놓았다.

'저는 개인적으로 노동일을 하는 사람들에게 늘 동정심을 느낍니다. 클럽이나 술집 외에는 이 사람들이 기분을 내거나 사람들과 어울릴 기회가 거의 없습니다.'

술을 많이 마시는 것을 심각하게 비난하던 당대 사회 분위기를 고려해볼 때 럼스덴이 이런 의견을 내기까지 대단한 용기가 필요했을 것이다. 하지만, 그는 주저하지 않고 그들에 대한 동정심을 표현하여 많은 노동자의 마음을 사로잡았다.

보고서의 내용은 전반적으로 부정적이었으나 몇 가지 좋은 정보도 들어 있었다. 그는 기네스 식원들의 가정이 다른 가정보다 훨씬 더 나았다고 말했다.

'직원들의 주택은 아주 깨끗하고 정갈했으며 아늑하게 꾸며져 있었습니다. 먼지 하나 없이 깔끔하게 청소된 집들도 많았습니다. 모든 면에서 집주인들을 칭찬할 만합니다.'

끔찍한 현실을 다루던 가운데 이러한 정보는 그나마 위안이 되었다. 마지막으로 럼스덴은 이렇게 결론을 내렸다.

'현재 직원들이 생활하고 활동하는 곳의 상태는 절대 만족스럽지 못하며 그 누구도 이런 환경에 살고픈 마음을 품지 않을 겁니다.'

그는 동일한 어조로 변화의 필요성을 강력히 주장했다.

회사 측에서 공동 주택을 더 많이 지을 방법을 마련했으면 좋겠습니다.……그러면 모두 앞다투어 기존에 살던 허름한 곳을 버리고 새로 지은 주택에 입주하려 할 겁니다.……사망자 통계수치도 많이 줄어들 것이고 모두 만족하며 행복하게 생활할 수 있습니다. 아픈 사람도 많이 줄어들 것이 분명합니다.……

이번 조사는 도덕적으로 의의가 크며 여러 가지 면에서 생산적이었다고 할 수 있습니다.……이번 일로 직원들은 회사가 그들의 복지에 깊은 관심을 가지고 있음을 알게 되었습니다.

위의 내용은 럼스덴이 주장한 내용을 요약한 것이다. 그는 이밖에도 단기간 내에 효과를 볼 수 있는 여섯 가지 대처 방안을 추가로 제시했다.

첫째, 그는 회사가 공동 주택 관리인을 임명해야 한다고 주장했다. 이번 조사를 통해 여러 가지 사실을 파악했을 뿐만 아니라 직원들의 마음도 얻었지만, 그는 여기에서 멈추면 안 된다고 느꼈다.

둘째, 놀랍게도 그는 회사 측에서 주거 환경으로 적합하지 않다고 판명한 곳에 계속 사는 직원들에게는 병원비 등의 지원을 중단할 것을 제안했다. 다시 말해서 건강을 해치는 행동을 하는 사람들은 회사가 돌볼 필요가 없다는 뜻이었다.

셋째, 회사는 주거 환경으로 쾌적한 장소를 계속 관리하여 직원들에게 더 나은 장소를 제공해야 한다고 주장했다.

넷째, 회사가 본격적으로 나서서 노동자들이 지저분한 공동 주택에 계속 살지 못하도록 조처를 취할 것을 제안했다.

다섯째, 그는 여성들을 위한 요리 교실을 개설해 달라고 제안했다. 물론 이는 럼스덴이 제안한 수많은 교육 프로그램 중에서 시작에 불과했다.

마지막으로 그는 집을 잘 관리한 사람들에게 '연간 우수상'을 수여하자고 제안했다. 사실 럼스덴은 이밖에도 다양한 수상 행사를 계획했다. 이렇게 하면 사람들이 개인위생 관리와 주거 공간을 청결하게 유지하는 데 더 많은 노력을 기울일 것이 분명했다.

보고서의 내용이나 다양한 제안도 인상적이었지만 무엇보다도 이번 프로젝트에 대한 럼스덴의 열의는 이사회 임원들에게 전염될 정도로 강했으며 그가 제시한 여러 가지 제안들은 당장 실천할 가능성이 보였다. 그가 최악의 상황을 적나라하게 묘사한 것은 사실이었다. 하지만, 이는 변화가 절실히 필요하다는 것을 증명하려는 노력의 일환이었으며 도저히 손을 댈 수 없을 정도로 상황이 심각하거나 불가능하다는 것은 아님을 보여주었다. 럼스덴은 기네스 직원들을 대하면서 이번 프로젝트에 대한 자신감을 얻은 것 같다. 직원들은 대부분 천성적으로 순한 데다 어떻게 하면 그들의 생활을 개선할 수 있는지 알려주기만 하면 기꺼이 따를 태세가 되어 있었다. 후에 그는 다른 보고서에서 이렇게 기술했다.

> 개인적으로 우리 회사 직원들 대다수와 그들의 배우자들은 합리적이고 똑똑하며 새로운 것을 배우려는 열망이 대단하다고 느꼈습니다. 우리는 이 사람들을 친절하게 대해야 합니다. 그들은 항상 예의 바르고 감사를 표하는 것을 잊지 않으며 개선할 필요가 있는 것은 즉시 수긍합니다. 물론 직원들 특성상 시간을 들여서 따로 교육하지 않으면 쉽게 극복할 수 없는 약점도 많습니다. 하지만, 저는 좋은 결과를 거두리라 확신합니다. 우리 회사 직원들은 모두 더 나아질 가능성이 충분하며 그들을 돕기 위해 기울인 노력은 결코 헛되지 않을 것입니다.

1901년 4월 4일에 이사회는 최종 보고서를 받았다. 그들은 모두 럼스덴의 긍정적인 태도에 깊은 감명을 받았다. 오늘날 남아 있는 이사회의 결정에 대한 일부 자료로 판단해 보건대 이사회는 그의 제안을 매우 주의 깊게 검토한 것 같다.

> 브라이드 스트리트Bride Street 지역에 건축 중인 사택과 빌 앨리Bill Alley 지역에 건축 중인 로드 아이바Lord Iveagh 주택이 완공될 때까지 기다리는 동안 버즈비 등기 부서 소속 직원 씨는 주택 임대 에이전시에 연락을 취해 보는 것이 좋을 듯합니다.
>
> 공용 화장실 하나로 살아가는 평균 가구 수의 데이터를 토대로 럼스덴 박사는 공중 보건 당국에 연락하여 이 문제에 대해 조처를 하도록 촉구하기 바랍니다.
>
> 침실을 공동으로 사용하는 남녀에 대한 문제는 별도의 사항으로 다룹니다. 럼스덴 박사는 지금도 이 문제가 계속되고 있는지 확인해 보고 이 점을 교구 사제와 논하기 바랍니다.

마지막 사항은 부부가 아닌 남녀가 같은 집에 살거나 심지어 같은 침대를 사용한다는 럼스덴의 보고서 내용을 다루는 것 같다. 럼스덴은 이런 상황이 '유감스럽게도 더블린 시의 슬럼가에서는 흔히 벌어지는 일'이라고 설명하면서 어쩔 수 없이 이런 생활을 하는 사람들에 대해 동정심을 표했다. 그렇지만, 럼스덴은 독실한 기독교인으로서 윤리적인 기준이 철저했으므로 '말할 수 없이 지저분한 데다 온갖 질병의 온상이 되는 것은 고사하고 이처럼 부부가 아닌 남녀가 섞여 사는 것은 도덕적으로 결코 용납할 수 없다'라고 기술한 이유는 그가 단지 보수적인 빅토리아 시대의 가치관을 옹호했기 때문만은 아니었다. 이사회는 그의 주장을 받아들여, 관련 사항을 더 조사해 보았다. 근처 가톨릭교회의 사제를 대동하여 이 문제를 별도로 처리하게 한 것을 보면 이사회 임원들이 이 문제를 아주 대범하게 처리했음을 알 수 있다.

1901년에 소집된 이사회가 럼스덴의 제안을 적극적으로 받아들인 것은 기네스 회사가 항상 사회봉사에 적극적이었다는 또 다른 증거가 된다. 조금만 깊이 생각해보면 이사회는 전혀 다른 반응을 보일 가능성도 있었다. 그들은 대부분 나이가 많은 사람들이었으며 그 중에는 기네스 상속자들도 있었다. 생전 처음 보는 젊은 의사가 뜬금없이 나타나서 하층민에 대한 기업의 의무를 운운하며 새로운 제안을 내놓는 것을 불쾌하게 여겼을 수도 있고 그 의사가 자신들을 함부로 좌지우지하려 든다고 느꼈을 수도 있다. 그냥 럼스덴을 지나친 급진주의자나 사회주의자라 판단하여 그의 제안을 가볍게 무시하거나 회사에서 내쫓을 수도 있었다. 그가 아니었더라도 기네스는 이미 더블린 시를 위해 많은 봉사를 했다고 주장할 수도 있었다.

사실 기네스는 다른 회사에 비해 급여 수준이 월등히 높았으며 이미 아일랜드에서 가장 근무하기 좋은 직장이라는 평판을 얻은 상태였다. 수천 명의 시민에게 일자리를 제공하고 다양한 교육 기회를 마련해 주었는데 또 무엇을 해야 한다는 주장은 말이 되지 않는다고 일축해버릴 수도 있었다. 정말 그런 반응을 보였더라도 아무도 이사회의 결정을 반박하거나 비난할 수 없었을 것이다.

그런데도 이사회는 럼스덴이 제시한 계획을 온전히 받아들였다. 가장 먼저 이사회는 럼스덴 박사가 제안한 각종 포상 및 콘테스트를 실시할 자금을 마련해 주었다. 또한, 그들은 주거 환경으로 적합한 주택을 별도의 장부로 관리하고 기네스 직원의 가정마다 보건의를 파견했으며 더 나은 주택이 마련되어 있는데도 기존의 지저분한 곳에서 계속 지내겠다고 고집을 피우는 직원들은 회사로부터 어떤 지원도 받을 수 없도록 처리했다.

한 가지 중요한 점으로, 1901년 10월 이사회의 회의록에 의하면 럼스덴이 제시한 보건 기준에 미달된 주택에 사는 직원들은 공장 감독자가 직접 방문하게 되어 있었다. 감독자가 가정 방문 후에 보고서를 제출하면 이사회에서 이를 검토하여 기네스 직원들이 어떤 문제에 직면해 있는지 파악했다.

일부 직원들은 자기 집에 아무런 문제가 없다고 생각했다가 럼스덴의 평가 보고서를 받고는 깜짝 놀라기도 했다. 그러나 이들은 럼스덴이 제시한 기준에 맞추어 집 안팎을 바꾸는 데 적극적으로 동의했다. 본인들은 회사에서 지시하는 대로 따를 용의가 있으나 '고집이 센' 아내가 말을 듣지 않는다며 하소연하는 경우도 있었다. 어떤 직원은 아내가 여러 달 동안 아파서 집안 관리에 소홀했지만, 이제는 몸이 다 나았으므로 회사가 걱정하는 부분을 잘 처리하겠다고 약속했다. 그 밖에도 온갖 핑계와 다양한 상황이 벌어졌다.

하지만, 중요한 것은 전 세계 최대 규모의 맥주 공장 이사회 임원들이 직원들의 가정환경을 철저히 조사했다는 점이다. 무엇보다도 럼스덴과 같은 의료진을 고용했으며 그의 제안을 온전히 수용한 다음 많은 시간을 들여 럼스덴이 요구한 대로 직원들의 주거 환경을 개선했다는 점은 기네스가 동정심을 가지고 있으며 가문의 전통을 지키고자 최선을 다했다는 증거가 된다.

하지만, 당시 이사회는 럼스덴이 궁극적으로 어떤 방향으로 나아가려 하는지 이해하지 못했던 것 같다. 그는 공중 보건 분야에서 어떤 트렌드가 형성되고 있는지 알고 있었으며 다른 성공적인 기업들을 주시하고 있었다. 그들 역시 직원들을 위한 다양한 복지 혜택을 개발하고 있었다. 가정 방문을 마친 지 얼마 지나지 않아 이사회에 제출한 보고서의 마지막 부분을 보면 그가 기네스에 무엇을 기대했는지 추측할 수 있다. 그는 먼저 직원들의 생활 개선을 위한 아홉 가지 제안을 내놓았다. 앞으로 살펴보겠지만, 이 제안들은 모두 이사회의 승인을 받았다.

1. 젊은 세대를 대상으로 기술 교육을 실시한다.
2. 대중에게 교육의 가치를 알려주는 강의를 마련한다.
3. 육상 및 운동 프로그램을 마련한다.
4. 위생의 중요성을 강조하며 질병 예방에 앞장서는 독서 자료를 배포한다.
5. 주부 및 젊은 여성을 대상으로 요리 교실을 개설한다.
6. 젖먹이를 돌보는 방법에 대한 교육을 실시한다.
7. 콘서트나 친목회 형식으로 오락을 즐길 기회를 제공한다.
8. 경영진과 직원들이 함께 어울릴 수 있는 자리를 마련한다.
9. 주택을 공급한다.

마지막에 언급된 주택 문제를 다시 한 번 설명하면서 럼스덴 박사는 손짓에 힘을 실었다.

집집마다 안락하고 깔끔한 주택을 확보하기 전까지는 그들의 사회적, 도덕적

표준을 향상시키기 위해 할 수 있는 것이 별로 없다. 따라서 캐드버리Cadbury가 본빌Bournville을 완공하고 레버 브라더스Lever Brothers가 포트 선라이트Port Sunlight를 선보였듯이 우리 직원들이 단층 또는 2층짜리 주택에 비싸지 않은 집세로 살 수 있는 산업촌 모델을 지을 날이 오기를 간절히 바라는 바이다.

    이사회가 지금까지 제대로 이해하지 못했다 하더라도 이번 보고서를 통해 럼스덴의 목표가 무엇인지 확실하게 파악했을 것이다. 그는 기네스의 의료수석 담당관으로 일하게 된 것과 각 가정을 방문하여 위생 상태를 개선하고 기네스 회사의 환경을 깨끗하게 변화시켜 건강 증진을 이룬 기회를 매우 고맙게 여겼다.

    하지만, 그는 이러한 결과에 만족하지 않았다. 럼스덴이 원했던 것은 아예 하나의 모델이 되는 마을을 건축하여 노동자마다 작은 집을 하나씩 내어주고 그곳에서 건강을 유지하며 살도록 돌봐주는 것이었다. 이것이 바로 럼스덴이 기네스 회사에 바라던 희망사항이었다. 이 점을 자세히 이해하려면 럼스덴의 목표에 큰 영향을 준 캐드버리와 레버의 선례를 먼저 알아야 한다.

    전 세계 최대 규모의 초콜릿 공장을 설립한 존 캐드버리John Cadbury는 1801년에 영국, 버밍엄Birmingham에서 출생했다. 그의 집안은 대대로 퀘이커 교도였으며 훗날 그는 회사를 창립했을 때 어린 시절에 배웠던 신앙심을 기준으로 사내 문화를 유도했다. 이러한 종교적 배경은 캐드버리가 일평생 편견과 차별적 사고를 갖도록 했다.

    퀘이커 교도였기 때문에 그는 대학에서 법이나 의학을 공부할 수 없었으며, 퀘이커 교도는 역사적으로 유명한 평화주의자들이었으므로 군인이 될 수

아이바 마켓(더블린 최초의 실내형 마켓)은 수십 년 동안 그 지역을 지키고 있다.

도 없었다. 그래서 캐드버리는 다른 퀘이커 교도들처럼 사업을 시작했다. 그는 1818년에 리즈Leeds에서 마시는 차를 취급하는 상인이 되기 위한 수련 과정을 시작했다.

1824년에 그는 버밍엄의 불 스트리트Bull Street 93번지에 조그마한 식료품 가게를 열었다. 그 시절의 성공적인 상인들과 마찬가지로 캐드버리 역시 고객들의 요구사항을 꼼꼼하게 파악했을 뿐만 아니라 당시 사회를 어지럽힌 여러 가지 이유를 살펴보게 되었다. 그는 당대 사람들의 문제가 모두 술에서 비롯된다는 결론을 얻었다. 퀘이커 교도답게 그는 항상 술을 마시는 것이 도덕적으로 바람직하지 않다고 주장했다. 그의 주변에는 날마다 술을 마시고 문제를 일으키거나 가난에 찌들어 사는 사람들이 매우 많았으므로 캐드버리는 술에 대한 부정적인 생각을 더욱 굳히게 되었으며 뭔가 대책이 필요하다고 생각했다.

마침내 1831년이 되자 그는 식료품 사업을 그만두고 초콜릿과 코코아를 만들기 시작했다. 수많은 사람이 진이나 위스키를 입에 달고 살면서 인생을 망치고 있었기 때문에 술 대신에 '초콜릿 음료'를 마시면 도움이 될 것이라고 확신했다. 사회에 도움을 주어야 한다는 퀘이커 교도다운 의무감으로 그동안 배운 사업 수완을 발휘하여 크룩키드 레인Crooked Lane에 오래된 맥아 제조소를 매입하여 초콜릿을 생산하기 시작했다.

새로 시작한 사업은 금방 번창하기 시작했다. 얼마 지나지 않아서 그는 브릿지 스트리트Bridge Street에 규모가 큰 공장을 마련했다. 그의 사업은 버밍엄에서 가장 대표적인 분야로 자리 잡았다. 1879년에 그의 아들인 조지 캐드버리George Cadbury가 회사를 맡았다. 조지 역시 아버지 못지않게 사회 개혁에 깊은 관심을 보였다. 남동생인 리처드와 조지는 빈민이 넘치는 도시를 벗어나서 남쪽으로 6.4킬로미터 정도 떨어진 시골 지역으로 공장을 옮기기로 결정했다. 두 형제는 그곳에 '본빌'이라는 모델 산업촌을 지었다. 그곳은 비교적 급여가 높고 작업 환경이 우수하며 각종 의료 서비스를 제공했다. 노동조합의 협조로 이곳을 운영해보니 반응이 아주 좋았다.

본빌은 산업촌 개발의 모델이자 기업의 사회 환원의 대표적인 성공사례가 되었다. 캐드버리는 본빌을 완공한 다음에 윌리엄 알렉산더 하비William Alexander Harvey라는 건축가를 고용하여 이웃 환경을 예술적으로 꾸몄다. 하비는 수십 년 동안 아름답고 효율적이며 직원들의 생활을 여러모로 개선해주는 주택을 지었다. 그뿐만 아니라 캐드버리는 야외 스포츠, 사교 모임, 교육 등을 주제로 다양한 프로그램을 개발했으며 본빌 근처에 천연 광천수가 많다는 데 착안하여 온천 생활도 장려했다.

현재 본빌은 버밍엄 시에 편입되었지만, 이곳에는 4백만 제곱미터가 넘는 부지에 7,800세대 이상이 자리 잡은 독특한 공간으로 남아 있다. 산업화 시대의 황폐한 도시를 아름답게 가꾸고자 많은 노력을 기울인 것에 대해 오랫동안 많은 사람들로부터 칭송받고 있다.

본론으로 돌아와서 존 럼스덴 박사에게 더블린 도시의 모습은 1900년대 초반에 만들어진 본빌과 극적인 대조를 이루었던 것이 분명하다. 당시 그곳은 건강하고 의미 있는 생활을 즐기는 행복한 직원들이 모여 사는 사랑이 넘치는 마을이었다. 이는 사업에 크게 성공한 회사 측에서 사회 복지를 지원하는 일환으로 이러한 터전을 마련했기에 가능한 일이었다. 하지만, 럼스덴이 살고 있던 더블린은 유럽에서 질병과 죽음의 중심지라고 할 정도로 열악했다. 그러니 기네스 회사가 이 도시를 구원해주기를 바란 것도 무리가 아니었다. 그는 더블린에도 본빌에 버금가는 마을을 만들고 싶었다. 1905년에 포트 선라이트를 방문했을 때 이러한 열망이 더욱 강해졌다.

럼스덴은 윌리엄 헤스케트 레버William Hesketh Lever를 알게 된 후에 기업의 후원으로 새로운 마을을 짓겠다는 결심을 더욱 굳히게 되었다.

레버는 1851년생으로 영국 볼턴Bolton 출신이었다. 그는 아버지가 운영하는 식료품 회사에서 사업을 배웠으나 1886년에 형인 제임스와 함께 비누 제조 공장을 세우기로 결정했다. 레버 형제의 비누는 동물 지방이 아니라 식물성 오일로 만든 최초의 비누였다. 이처럼 획기적인 상품에 레버의 사업 수완이 더해지자 회사는 놀라운 속도로 발전했다.

1888년에 이미 엄청난 수익을 올린 레버는 캐드버리의 본빌과 유사한 커뮤니티를 건설하기 시작했다. 그는 30여 명의 건축가를 고용한 다음 머지 강변River Mersey에 4백만 제곱미터가 넘는 부지를 마련하여 마을을 지었다. 그의 목표는 '비즈니스 관계를 사회화하고 기독교적 성향을 가미하며 오래전에 수공업으로 가계를 꾸리던 행복한 시절에 느꼈던 가족 간의 끈끈한 유대를 되찾는 것'이었다. 캐드버리와 달리 레버는 부모가 자녀를 돌보는 마음으로 수익 공유 모델로서 포트 선라이트를 만든 다음 직원들을 위해 수익을 이곳에 다시 투자했다. 레버는 그 점을 직원들에게 이렇게 설명했다.

"위스키를 마시거나 단것을 잔뜩 먹는 것, 크리스마스에 푸짐한 요리를 먹는 것은 여러분에게 별로 도움이 되지 않습니다. 하지만, 그 돈을 제게 맡겨주시면 여러분의 생활을 향상시키는 데 모두 투자하겠습니다. 좋은 주택과 편안한 가족생활, 건전한 오락 등을 보장합니다."

레버는 포트 선라이트를 노동자의 천국으로 만들기 위해 노력했다. 이곳에는 고대 영국, 네덜란드, 플랜더스 스타일의 예쁜 집들도 있었다. 스트래트퍼드 온 에이븐Stratford-On-Avon에 있는 셰익스피어 생가를 재현한 곳도 있었다. 학교와 공원은 물론이고 각종 기술, 공예, 직업 교육 프로그램도 마련되어 있었다. 그뿐만 아니라 미술관도 있었고 다양한 운동 시설도 구비되어 있었으며, 월간지도 출간되었다. 특히 이곳은 여러 개의 콘서트홀이 있었는데 그중 하나는 시설이 굉장히 우수하여 1962년에는 비틀즈 공연도 열 정도였다.

캐드버리나 레버와 같은 기업가들이 자기 직원들의 생활수준을 개선하기 위해 노력을 기울이자 영국 전역에서 이와 비슷한 취지의 프로젝트가 생겨났다. 몇 가지 예를 들자면 런던 벽돌 공장 직원들을 위해 만들어진 스튜어트비Stewartby, 퍼시 본드 휴프턴Percy Bond Houfton이 디자인한 우드랜드Woodlands, 헨리에타 바넷Henriettta Barnett이 창립한 햄프스테드 가든 서버브Hampstead Garden Suburb 등이 있다.

대기업이 이러한 산업촌이나 커뮤니티를 짓지 않을 때에도 많은 중소기업인이 레버나 캐드버리의 선례를 본받아서 파격적인 노력을 기울여 직원들의 생활을 개선시켜 주었다. 이러한 시도의 목적은 모두 산업화 시대에 대두된 심각한 빈곤층 문제와 슬럼가의 생활을 해소하는 것이었다.

럼스덴은 1905년에 본빌과 포트 선라이트를 모두 돌아본 다음 유럽 각지의 의료 시설을 방문했다. 그는 아일랜드로 돌아와서 기네스 이사회에 여행 보고서를 제출했다. 원래 유머 감각이 탁월하기로 잘 알려져 있던 럼스덴은 이번 보고서의 제목을 '여름 산책'이라고 붙였다. 보고서에는 깨끗한 주택, 최신식 운동 설비, 안전하고 넓은 도로 및 각종 건강 증진 프로그램 등 그가 보고 들은 내용이 생생하게 묘사되어 있었다. 당시 35세의 젊은이였던 럼스덴에게 이번 여행은 매우 신선한 충격이었다. 이를 계기로 공중 보건은 물론이고 자신의 인생 목표를 또 한 번 분명하게 설정했을 것이다.

현재 자세한 기록은 남아 있지 않으나 그로부터 수십 년 동안 기네스 행보를 추적해보면 이사회는 캐드버리와 레버의 선례를 따르지 않기로 결정한 것 같다. 럼스덴이 제안했던 '맥주양조장의 모델 빌리지'는 건립되지 않았다. 더블린 시 외곽에 커뮤니티를 설립하여 전 세계의 귀감이 되게 하자는 계획도 무산되었다. 그 이유가 무엇인지는 정확히 알 수 없다.

하지만 기네스 회사가 오랫동안 직원들의 복지에 남다른 관심을 보였다는 점을 고려할 때 이사회 임원들이 냉정하게 돌아섰다거나 직원들의 생활에 무관심해졌다고 말할 수는 없다. 역사가들은 유럽에서 벌어진 전쟁 때문에 이사회의 관심이 사원 복지에서 멀어졌을 수도 있고 최하층민이 모여 사는 더블린 시의 한복판에 해결책을 마련하는 것이 기네스 회사의 목표였을지도 모른다고 추측한다. 아무튼 한 가지 확실한 점은 본빌이나 포트 선라이트와 같은 시설은 등장하지 않았다는 것이다.

그렇지만, 기네스 이사회는 산업화 시대의 잔혹성 때문에 몸살을 앓고 있는 많은 사람을 도와주려는 열망을 품은 젊은이였던 수석 의료 담당자를 최대한 지원해 주었다. 어쩌면 럼스덴의 제안을 거절한 것이 기네스 측에 더 유리했을지 모른다. 도시 근교에 기네스만의 모델 커뮤니티를 건설하는 일은 없을 것이라는 점이 확실해지자 럼스덴 박사가 더블린 도시 한복판에 있던 기네스 맥주 공장을 혁신적이고 복지 혜택이 많은 기업 커뮤니티로 변모시킨다는 명분에 모든 노력을 기울였기 때문이다.

1905년에 여행에서 돌아온 후로 1차 세계 대전이 벌어질 때까지 존 럼스덴은 혼자서 개혁군 역할을 수행했으며 기네스 이사회는 그를 적극적으로 후원했다. 기네스 직원들의 복지와 관련해서 존 럼스덴은 단 한 가지도 놓치지 않았다. 그는 직접 다양한 프로그램을 계획하여 실천에 옮기고 자금을 모으기 위해 로비활동을 벌였다. 이와 관련된 강의 자료나 집필 작업의 분량을 보면 입이 딱 벌어질 정도였다. 이렇게 한 덕분에 기네스는 세계 어느 나라의 경쟁 기업보다 직원들의 복지가 잘 되어 있는 기업이라는 평판을 얻었다. 특히 유럽에서도 불결하고 사망자가 많기로 악명이 높았던 더블린에서 이러한 평판을 얻는다는 것은 대단히 획기적인 일이었다.

당시 럼스덴의 활약을 살펴보면 어떻게 시대에 앞서서 그 모든 일을 해낼 수 있었는지 놀라게 된다. 예를 들면 그는 일찍부터 모유 수유의 중요성을 강조했으며 직원들과 함께 모유가 분유보다 영양성분이 뛰어난 데다 교회의 승인을 얻어서 출산율 조절에도 도움이 된다는 사실을 적극적으로 홍보했다. 그는 이러한 홍보 효과를 제대로 얻기 위해 산모들을 대상으로 꾸준히 강의를 하고 팸플릿을 발행하였으며 간호사들을 통해서 산모들이 모유를 수유하는 습관을 형성하도록 도와주었다.

또 럼스덴은 허술한 가계 운영 때문에 많은 문제가 생긴다는 점을 파악했다. 그래서 1903년에는 몇몇 직원들의 아내에게 수입과 지출 내역을 모두 기록해 보라고 제안했다. 그 덕분에 럼스덴은 직원들의 평균 수입이 어떻게 빠져나가는지, 식단 내역과 가장이 술을 마실 때 가계 지출이 얼마나 타격을 입는지, 서로 퍼주기 좋아했던 기네스 직원들의 습관이 얼마나 심각한 수준이었는지 파악하게 되었다.

그는 이러한 자료를 바탕으로 직원들에 대한 서비스 개선을 시도했다. 하지만, 과도한 개혁보다는 과거의 기네스 사내 자료를 철저히 분석하여 신중하게 행동했다. 한번은 1880년대의 보고서를 통해서 당시 사망자의 44%가 결핵 환자였다는 사실을 알게 되었다. 천연두, 발진, 장티푸스 때문에 목숨을 잃은 사람도 굉장히 많았다. 당시 이 환자들에게 처방된 약에는 와인 764병, 위스키 535병, 브랜드 213병이 포함되어 있었다. 럼스덴 박사는 이런 처방문에 익숙했을지 모르지만, 오늘날 우리가 보기에는 정말 화들짝 놀랄 만한 자료이다.

이렇게 과거와 현재의 기네스 모습을 철저히 파악한 후에 그는 기네스의 의료 서비스를 한 단계 업그레이드하기 시작했다. 우선 그는 아픈 사람을 치료하는 데에만 주력하는 것이 아니라 의료 지식과 경험이 풍부한 의료진을 구성하고 최신식 의료 설비를 구입했으며, 직원과 가족들 모두가 건강을 유지하면서 이웃의 위생과 영양 상태까지 살피는 서비스 프로그램을 추진했다. 그는 육상팀을 구성하고 운동장, 수영장, 독서실, 공원 등을 설립했으며 건강, 가정 관리를 비롯하여 각종 전문 분야에서 뛰어난 기술을 가진 사람을 표창하는 시스템을 마련했다.

그의 노력은 거의 모두 장기적인 결실을 거두었으며 특히 한 가지 프로젝트가 기대 이상으로 오랫동안 사람들의 기억에 남았다. 그는 공장 내에 깨끗하고 안전한 환경을 조성하고자 노력하면서 직원들에게 응급처치 교실을 열어주었다. 작업 현장에서는 사고가 자주 발생했으므로 직원들은 응급 처치 요령을 배운 후에 크게 자신감을 얻었다. 이 교실은 워낙 큰 인기를 얻은 나머지 이 교실에 참여했던 직원들이 아일랜드의 성 존 앰뷸런스 여단 최초의

1915년에 개관한 아이바 공연장(Iveagh Play Centre)은 더블린에 사는 저소득층 자녀들에게 방과 후 프로그램과 각종 교육 프로그램을 제공한다. 현재 3세에서 14세 사이의 어린이 900여 명이 이곳을 이용하고 있다.

등록 요원이 되었다. 덕분에 럼스덴 박사와 성 제임스 게이트의 공장은 대규모의 성 존 앰뷸런스 협회와 결연을 맺었다. 이 협회는 1877년에 영국에 설립된 응급 처치와 앰뷸런스 서비스를 통합 운영하는 단체였다.

성 존 앰뷸런스 협회의 아일랜드 지회는 20세기 초반에 아일랜드에서 발생한 크고 작은 전투에서 대단한 활약을 펼쳤다. 1913년 대파업과 1916년의 부활절 봉기Easter rising, 아일랜드 공화주의자들이 영국 통치에 대항해 일으킨 봉기-옮긴이, 아일랜드 내전-리암 니슨Liam Neeson이 주연한 〈마이클 콜린스Michael Collins〉라는 영화를 보면 이 전쟁에 대해 알 수 있다-에 럼스덴 박사가 이끄는 구급 요원들이 어김없이 나타났다. 이들은 어느 편 군사인지 구분하지 않고 모든 부상병을 치료해 주었으며 럼스덴 박사가 기네스에 근무할 때 고안한 응급치료술을 활용하여 수많은 사람을 살렸다. 사실 수많은 군사들은 럼스덴 박사가 직접 한 손에는 백기를 들고 다른 손에는 응급처치용 상자를 든 채 총알이 빗발치는 전투지를 뛰어다니던 모습을 생생하게 기억하고 있었다. 양측 모두 럼스덴 박사를 존경하여 그가 부상병들에게 붕대를 감거나 피 흘리는 사람을 들것에 운반해 나갈 때에는 발포를 잠시 중단했다. 이러한 모습에 가슴이 뭉클해지지 않을 사람은 거의 없었다. 럼스덴 박사를 보면 지금은 상황이 어렵지만, 곧 나아질 거라는 희망이 생겼다. 이러한 공적에 더하여 아일랜드에 성 제임스 앰뷸런스 협회의 지회를 마련한 공을 인정받아서 조지 5세 국왕은 그에게 기사 작위를 수여했다.

럼스덴 박사가 기네스 회사나 아일랜드 전체에 기여한 바는 아무리 강조해도 지나치지 않을 것이다. 그의 선행과 기네스의 관대한 기업 문화의 한 가지 실례를 지금 더블린에 살고 있는 어느 상인에게서 들어볼 수 있다. 그는 말빈Malvin이라는 60대 남성으로 집안 대대로 전해 오는 일화를 들려주었다. 그의 할아버지는 기네스 맥주 공장 직원이었는데, 1926년 어느 날 공장에서 근무하던 중에 큰 사고를 당했다. 기네스 공장 내부를 돌아다니는 철로 차량 두 대 사이에 어깨가 끼인 것이었다. 그의 어깨는 으스러지다시피 했고 동맥이 끊어졌는지 피가 분수처럼 솟아나왔다. 정말이지 금방 죽을 수도 있는 심각한 상황이었다. 다행히도 주변 직원들이 그날 럼스덴 박사의 응급 처치 교실에서 배웠던 것들 때문에 어떻게 대처해야 할지 알고 있었다. 그들은 우선 부상을 입은 남자를 땅에 눕히고 지혈을 한 다음 쇼크를 방지하는 간단한 응급 처치를 한 다음에 재빨리 의료실로 환자를 옮겼다. 상처 부위는 응급 처치 교실에서 배운 대로 붕대를 감은 상태였다. 덕분에 말빈의 할아버지는 목숨을 건졌으며 후에 결혼도 했다. 그는 여러 해가 지난 후에 하우스Howth의 방파제에서 낚시를 하며 손자에게 이 이야기를 들려주었다.

    그밖에도 럼스덴 박사가 어떤 공적을 세웠는지 알려주는 일화는 굉장히 많다. 하지만, 혼자 힘으로는 결코 그 일을 다 해내지 못했을 것임을 기억해야 한다. 럼스덴의 계획을 실행하려면 사회 복지에 큰 관심을 가지고 아낌없이 지원해주는 기업의 도움이 필수적이었다. 또한, 럼스덴의 고민을 이해해주고 그의 혁신적인 아이디어를 실천하는 데 따르는 위험을 기꺼이 감수해줄 지혜로운 후원자들도 있어야 했다. 그는 두터운 신임을 받으면서 다양한 프로그램과 기술을 실행할 활동무대가 있었기에 수많은 사람의 목숨을 구할 수 있었던 것이다. 바로 기네스가 럼스덴에게 이 모든 조건을 갖추어 주었다. 하지만, 이것은 부를 가진 기업이 사회를 위해 실천할 수 있는 선행의 작은 예시에 불과할 뿐이었다.

제5장
성직자의 길을 선택한 사람들

헨리 그라탄 기네스의 자손 중에는 기독교 목사, 선교인 겸 의사, 기독학교 교사, 왕실 공군의 군목사가 되거나 아시아에서 선교 활동을 한 사람이 굉장히 많다. 그렇다면 그 시작은 과연 어디인가. 아더 기네스의 자녀들은 열 명당 한 명 꼴로 독실한 기독교인이 되어 신앙의 힘으로 한 나라의 역사를 바꾸는 위력을 발휘했다.

솔직히 말해서 5장의 제목을 정하기까지 얼마나 고민했는지 모른다. 종교적인 색채가 너무 강해 보이거나 이 제목 때문에 종교가 기독교가 아닌 독자들이 이 책을 외면할까봐 걱정한 것이 아니라 여기에서 논하려는 문제가 실제로 굉장히 종교적 색채가 강하며 이 시대를 살아가는 우리의 삶에 대한 매우 중요한 화두이기 때문이다.

기네스 가문을 연구하는 역사가들은 그 집안을 세 부류로 나눈다. 하나는 전 세계적으로 유명한 '기네스 맥주 공장에서 활약한 사람들'이다. 두 번째로 '금융계에 진출한 기네스 가의 사람들'이다. 아더 1세의 형제인 사무엘 기네스가 이 분야에 최초로 뛰어들었다. 1700년대에 금박 기술로 시작하여 거대한 금융 기업을 세웠으며 지금도 세계적인 규모를 유지하고 있다.

마지막으로 기네스 역사가들이 '성직자의 길을 선택한 기네스 가의 사람들'이라고 칭하는 부류가 있다. 이들의 시초는 아더 1세의 막내아들인 존 그라탄 기네스John Grattan Guinness였다. 이들은 수백 년 동안 한결같이 하느님을 바라보며 신앙생활에 푹 빠져 살았다. ≪은쟁반 : 기네스 가족 이야기The Silver Salver : The Story of the Guinness Family≫라는 흥미로운 저서를 남긴 프레더릭 멀러리Frederic Mullally는 이들 때문에 기네스 가의 다른 사람들이 '너무 저속한 생활을 하는 것처럼 보일 지경'이라고 설명했다.

이들의 독실한 종교 생활과 한 나라를 완전히 바꿔놓은 선교인들과 목사들의 이야기는 흥미진진하고 칭찬할 만한 내용이 가득하다. 그렇긴 하지만 '성직자의 길을 택한 사람들'이라는 표현은 아무래도 기네스 가의 다른 사람들이 하느님과 완전히 동떨어져 있거나 전혀 다른 신을 섬겼다는 인상을 줄 우려가 있다. 심지어 일부 역사가들은 금융계에 진출한 기네스 가의 사람들을 가리켜 '금을 찾는 데 목숨을 바친 기네스 가의 사람들'이라고 비꼬았다. 이 말만 들으면 친척들은 모두 경건한 마음으로 교회 예배당에 앉아 있는 반면에 이들은 부정한 이익을 얻는 데 몰두하는 것처럼 느껴진다. 그러니 이는 특정 단어에 대한 필자의 선호도 문제가 아니라 기독교 역사상 가장 중요한 한 가지 주제를 다루는 신학적인 문제인 것이다.

이 논란의 핵심은 구체적인 종교성이 없는 일도 종교와 연관시킬 수 있는가 하는 점이다. 이에 더하여 기독교의 하느님은 인간이 이 세상에서 특정 직업을 갖거나 상거래를 하게 하시는가 아니면 인간의 직업 따위는 너무나 세속적인 것이라 그 뜻과 절대로 결부시킬 수 없는가의 문제도 생각해 보아야 한다.

교회 역사를 살펴보면 신학자들은 이러한 문제로 수백 년간 씨름했다는 것을 알 수 있다. 한마디로 이 문제는 도대체 어떤 것을 신성하다고 봐야 하는가로 요약된다.

　기독교 초기에는 수백 년 동안 교회는 이교도 사회와 완전히 분리되어야 한다고 생각하여 교회, 성직자 및 그에 속한 물질적 자산은 모두 성스럽고 그 외의 것은 모두 부정하다는 단순 논리가 성립했다. 이러한 사고방식은 중세 시대 후반에 와서 너무 극단적이라는 비판에 부딪혔다. 이 세상과 교회는 전혀 다른 두 개의 독립체이며 잠시도 서로 조화될 수 없다는 식이었으며 어떤 사람이 교회 담장을 벗어나거나 그어놓은 선을 넘는 순간 성스러운 곳에서 불경스런 곳으로 넘어간다고 여겼다. 그래서 평민들의 일상생활은 성스러운 것의 일부가 될 수 없다는 견해 때문에 문제가 일어났다. 그들의 생활은 세속적인 세상의 일부로서 교회와 심지어 하느님으로부터 떨어져 있는 것으로 여겨졌다. 당시 수많은 교회의 목사들은 매일 반복되는 일이나 가족에 관련된 문제, 친구들과 어울려 즐거운 시간을 보내는 것은 물론이고 자연의 경이로움마저도 고매하고 '신성한 것'과는 거리가 멀다고 여겼다.

　루터Luther와 칼뱅Calvin 등의 종교 개혁가들은 이러한 사고방식이 성서에서 실제로 가르치는 것이 아님을 알고 있었다. 이들은 모든 인간이 성직에 입문하는 것이 아니라 다양한 종류의 직업을 갖거나 자기 땀을 흘려 대가를 버는 것이 바람직하다고 주장했다. 즉, 이들이 보기에는 농부라고 해서 교회 사제보다 성스럽지 못한 것이 아니며, 주교가 하느님의 임명을 받은 것처럼 여인숙 주인도 주교와 마찬가지로 일종의 임명을 받은 것이다.

　그뿐만 아니라 종교 개혁가들은 하느님께서 인간이 기본 성품마저 세속적으로 변하는 것을 원하시는 것은 아니며 이 세상에서 활동적으로 일하여 그 뜻을 이루기를 바라신다고 가르쳤다. 따라서 로마 가톨릭 교회처럼 이 사회에서 멀어질수록 더 성스러운 사람이 된다고 가르치기보다는, 인간은 사람들 속에서 그분을 본받는 행동을 해야 한다고 가르쳤다. 바꾸어 말하자면 기독교를 믿는 상점 주인이나 초를 만드는 사람이라면 기술을 연마하여 질적 수준을 높이되, 양심적인 태도와 기쁜 마음으로 자신의 생업에 종사하는 것이 곧 하느님을 잘 섬기는 일이었다.

종교 개혁가들은 수도원에 들어가서 모습을 드러내지 않는 천여 명의 수도 승들보다 각자 자기 위치에서 최선을 다하는 평민들이 더 낫다고 여겼다. 본래 직설적인 표현을 잘하기로 알려져 있던 루터는 '수도승이나 수녀들이 하는 일을 나 합친 것보다 십안 허드렛일이 더 가치가 있다'고 말하기까지 했다.

종교 개혁가들이 목소리를 높인 덕분에 성스러운 것과 세속적인 것을 인위적으로 구분하던 기준이 사라졌다. 그들은 사람들이 각자 능력을 발휘하여 자기 일을 부지런히 하는 것이 곧 하느님의 뜻이므로 모두 각자의 세상으로 돌아가라고 촉구했다. 이와 같은 직업에 대한 새로운 생각은 기네스 가 사람들의 생활에 고스란히 반영되었다.

아더 기네스 1세는 종교 개혁가들의 가르침을 온전히 믿었으며 그러한 믿음은 그의 후세들을 통해 계속 이어졌다. 그들은 맥주를 만드는 기술을 이어가는 것이 곧 자신들의 종교를 따르는 일이며 맥주 자체는 성스러운 제물이 될 수 있다고 생각했다. 그래서 자신들은 세속적인 사람이 아니라 하늘의 부름을 받았다고 자부했으며, 기독교 사명에서 동떨어진 일을 하는 것이 아니라 생산 및 거래라는 사명을 수행하는 것이라고 자부했다. 그들에게 맥주 공장은 단지 먹고 살기 위한 비천한 수단이 결코 아니었다. 물론 이들은 어느 정도 세속적인 면이 있다는 것을 인정했고 이를 보완하기 위해 종종 교회 일에 참여했다.

종교 개혁에서 가장 이상적으로 여기는 것은 인간이 하는 모든 일이 곧 하느님을 위한 것이며, 신의 부름을 받는 것과 직업을 갖는 것은 결국 같다는 생각이었다. 기네스 가의 사람들은 이러한 견해에 온전히 동의했으며 행동으로 실천했다.

따라서 기네스 가 출신의 선교인이나 목사를 조사하는 동안 이들이 기네스 가의 다른 사람들에 비해서 하느님과 더 가깝다고 말할 이유가 없다는 생각이 들었다. 빌리 그레이엄Billy Graham, 미국의 부흥목사로 1949년 L.A.전도대회 때 많은 군중을 모아 크게 성공함으로써 대부흥사로 급부상함-옮긴이이 포교활동을 하는 것이 그 뜻을 따르는 일이라면 은행가 역시 그 뜻에 따라 일을 수행하는 것이라고 말할 수 있기 때문이다. 맥주를 만드는 사람 역시 선교사, 사제, 교황에 못지않게 가치 있는 역할을 맡고 있는 것이다. 이는 기독교의 뚜렷한 진리이며 기네스 가문의 역사에서도 핵심적인 진리가 되었다. 이 점을 이해하면 기네스 가 사람들의 태도와 그들의 성공 비결 및 폭넓은 사회봉사 활동도 명확히 이해할 수 있다.

앞서 아더 1세의 자녀들을 소개할 때 일부러 한 명을 빼놓았다. 그는 바로 아더 1세의 막내아들이었던 존 그라탄 기네스John Grattan Guinness이다. 부모님은 유달리 존을 많이 염려하여 수시로 그를 위해 기도했다.

자녀들은 누구나 자기만의 개성이 있지만, 한편으로는 부모와 닮은 구석이 있기 마련이다. 그래서 자녀들을 모두 모아 놓으면 부모님이 어떤 사람인지 알아낼 수 있다. 이는 프리즘이 한 줄기의 빛도 빠뜨리지 않고 굴절시키는 것과 같은 원리이다. 자녀들은 부모에게서 한두 가지 특성을 물려받으며 이를 자기만의 방식으로 표현하기 때문에 부모의 생애를 더 멋지게 이어가는 존재라 할 수 있다.

존 그라탄 기네스는 아버지의 열정과 박력을 물려받았다. 맏형인 호세아는 아버지의 깊은 신앙심을 물려받아 교직자의 길을 걸었고 아더 2세는 아버지의 끈기와 사업 수완, 지혜 등을 물려받아서 맥주 사업을 크게 확장했다. 이런 식으로 아더 1세의 자녀들은 저마다 부모가 물려준 특성을 십분 발휘했다.

열 번째 자녀였던 존 그라탄은 손도끼를 들고 거친 말을 내뱉으며 보안관에게 맥주 공장의 상수 공급을 차단하지 않을 거라고 소리치던 아더의 모습을 그대로 빼닮았다. 싸움꾼 못지않게 괄괄하여 항상 자기가 하는 일에 훼방 놓는 시청 직원들에게 거침없이 불만을 토로한 아버지의 젊은 시절을 베껴놓은 것 같았다.

그는 아더의 자녀들 중에서 가장 인물이 좋았다. 하지만 그 때문에 오히려 문제를 겪곤 했다. 또한 조심성이 전혀 없고 모험심이 넘쳐서 말썽을 피우는 일도 많았다. 가족들은 사회 상류층답게 단정한 옷을 입었지만, 존은 그런 스타일을 질색하며 싫어했다. 아버지는 그를 무섭게 노려보며 꾸짖었고 형과 누나들은 막내 동생을 무조건 예뻐하며 간섭하려 들었지만, 존은 그런 가족들을 단호하게 밀어냈다. 존은 뭔가 풀리지 않는 문제로 혼자 괴로워하는 것처럼 보였다. 아무튼, 그는 정해진 틀에 조금도 순응하지 않았으며 가족에 반항했다.

1783년이었던 존은 15세가 되던 해에 죽을 고비를 넘겼다. 당시 1798년에 가톨릭 노동자들이 프랑스 혁명의 영향을 받아 아일랜드 공화국을 설립하기 위해 폭동을 일으켰다. 형들이 폭도들을 잠재우려고 나서자 존도 따라갔다. 너무 어리다며 가족들이 모두 말렸지만, 막무가내로 폭동 현장에 뛰어들어 비밀을 전달하는 심부름을 하다가 큰 부상을 입었다.

그 일이 있은 뒤에 존 그라탄은 자신의 운명을 결정하는 선언을 했다. 모험을 맛본 그는 맥주 공장을 운영하는 것은 자신의 적성에 맞지 않으므로 차라리 군인이 되겠다고 말했다. 아버지는 어차피 그를 설득해도 말을 듣지 않을 것을 알았기에 오히려 잘 되었다며 안도의 한숨을 쉬었다. 군인은 직업으로서 나쁘지 않았으며 당시 부유한 집안의 막내가 군에 가는 것은 자주 볼 수 있는 일이었다. 아버지는 야생마 같은 아들이 군에 가면 분명히 철이 들 것으로 생각했다. 그가 인도에 있는 영국군에 합류하기 위해 뱃길을 떠날 때 그의 아버지는 불안하기도, 걱정스럽기도 했다.

존 그라탄 기네스는 전설적인 아일랜드 군인이었던 아더 웰레슬리Arthur Wellesley 휘하에서 여러 해 동안 군 생활을 했다. 그가 속한 부대의 임무는 찌는 듯이 무더운 그 나라 곳곳의 내전을 종식시키고 평화를 이룩하는 것이었다. 척박한 땅을 수백 킬로미터씩 달려서 반군을 일으킨 왕족을 추격하는 일이 다반사였다. 낮에는 숨도 쉬기 어려울 정도로 더웠지만, 밤이면 살을 에는 추위가 찾아왔다. 급격한 온도 변화로 군인들은 계속 지쳐갔다. 두려움도 만만치 않은 적이었다. 포로가 된 영국 군인은 손톱이 두개골에 박히거나 제티Jetties로 알려진 힌두교 수장의 명령에 따라 목졸림을 당했다. 영국군이 거의 모든 전투에서 승리했지만 군인들의 몸과 마음은 눈에 띄게 쇠약해지고 있었다.

존 그라탄의 부대는 세렝가파탐Seringapatam에 장기간 주둔하고 있었다. 그에게 가장 힘든 대상은 적군이 아니라 동료 장교들의 행동이었다. 점잖은 집안에서 기독교 가치관으로 양육받은 존은 술을 마시고 서로 싸우거나 불량배 짓을 일삼는 동료 장교들을 참을 수 없었다. 주변 사람들과 달리 그는 부정 이득을 탐하거나 방탕한 생활을 견디지 못했다. 결국 그는 인생의 의미를 찾아 나서기로 결심했으며 이를 통해 삶의 목표를 다시 정하게 되었다.

이 일이 있기 전에 그는 이미 우직한 성격대로 돈 문제에 있어서 형들을 믿었다가 크게 실망하게 되었다. 그 무렵 에드워드 형은 파머스톤Palmerston과 루칸Lucan에 큰 철공소를 지으려는데 돈이 부족하다며 아버지의 유언장에 언급된 존의 유산 1,500파운드를 빌려줄 수 없냐고 부탁했다. 에드워드는 존이 필요하다면 언제든 빌린 돈을 돌려주되, 철공소가 크게 성공할 것이 분명하므로 두 배로 갚겠다고 확언했다.

존은 1810년에 휴가를 받아 집으로 돌아온 후에 형에게 빌려준 돈을 받아야 할 일이 생겼다. 그는 더블린에서 존경받는 시의원의 딸인 수잔나 휴턴Susanna Hutton을 만나서 결혼까지 약속하게 되었다. 하지만, 안타깝게도 에드워드 형은 아버지가 늘 염려하던 대로 신앙심도 깊지 않고 사업 수완도 없는 사람이었다. 기대와 달리 철공소 사업은 완전히 실패했고 존은 1,500파운드의 유산 중 한 푼도 건지지 못했다. 존에게는 청천벽력과 같은 소식이었다. 이제 신부를 데리고 황량하고 무더운 인도로 돌아가서 계속 군 생활을 하는 것 외에 도리가 없었다.

종종 힘든 일을 겪으면 사람이 확 바뀌는 것을 볼 수 있다. 존 그라탄 기네스에게도 그런 일이 벌어졌다. 아일랜드에서는 복음주의 가르침이나 웨슬리교의 표현이 반대와 억압의 대상이었지만 인도에서는 수많은 군인이 새로운 신앙을 받아들여 열렬히 따르고 있었다.

존 그라탄은 자신이 존경하는 상사들로부터 기독교 진리의 심오한 내용을 배웠다. 그의 상사는 낮에 뜨거운 열기를 참으며 적을 추격하다가 밤이면 잠들기 전에 감사하는 기도를 드리곤 했다. 주변 장교들이 난잡한 생활을 계속하는 가운데 기네스 대위는 종교적인 열정을 계속 키워나갔다. 급기야 존 그라탄은 고국의 가족들에게 편지를 보내어 자신이 '거듭났다'고 알려주었다. 이처럼 인도에 머무는 동안 존은 아내와 더불어 신앙생활에 몰두했다. 두 사람은 종교를 통해 더욱 서로에게 의지하며 사랑을 키워나가게 되었다.

새로 찾은 종교에서 큰 기쁨을 얻었지만 그래도 인도에서 사는 것은 쉽지 않은 일이었다. 날씨, 스트레스, 각종 위험 때문에 두 사람의 건강은 나날이 나빠졌다. 1824년에 고국으로 돌아왔지만 이미 몸은 지칠 대로 지친 데다 심하게 병들어 있었다. 그는 맥주 공장을 운영하는 친족들로부터 한 차례 모욕을 당했으며 이런 모습을 지켜보던 아내는 2년 후에 세상을 떠나고 말았다.

존이 아일랜드로 돌아오자 아더 2세는 그를 다시 맥주 공장으로 불러들여야겠다고 생각했다. 가업을 이어받아 대성한 형으로서 유산 한 푼 받지 못한 막내동생이 기네스 대위라는 이름 외에는 아무것도 없이 가난하게 살아가도록 내버려둘 수 없었다. 아더는 그를 리버풀Liverpool로 보내서 마네스티 레인Manesty Lane 29번지에 있던 기네스 에이전시를 맡도록 했다.

존은 동업자 2명과 함께 가족들의 사업 관심 분야가 아닌 수입 중개업을 시작했다. 그가 맡은 일은 맥주 수입이었으나 이는 일종의 부업 수준이었고 주로 아일랜드 위스키를 수입했다. 하지만 이 일로 또다시 위기가 찾아왔다. 당시 기네스 대위는 술을 입에 대지 않는 데다 모든 사람이 금주해야 한다고 믿고 있었다. 사실 그는 위스키가 모든 악의 근원이며 이 세상을 망치는 나쁜 일의 대부분이 술 때문에 벌어진다고 생각했다. 그래서 기네스 대위는 맥주와 위스키 사업을 접고 건전하고 도덕적으로 문제가 없는 빵과 같은 다른 상품을 수입하려고 노력했다. 그러나 빵은 위스키나 맥주를 취급할 때만큼 이윤이 높지 않아서 사업은 실패했다. 결국, 그는 1년도 버티지 못하고 물러났다. 형을 실망시켰다는 자책감과 상황을 더 악화시키면 안 된다는 책임감 때문이었다.

그 후로 존 그라탄은 경제적 어려움에 시달려야 했다. 그는 군인으로서 실패했고 사업가로서 또 한 번 실패했다고 느꼈다. 하지만, 죽은 아내가 남긴 두 아들이 희망으로 남아 있었다. 그러나 막내아들인 존 그라탄주니어은 '나쁜 친구들과 사귀었다' 는 이유로 맥주 공장에서 쫓겨났으며 브리스톨Bristol에 있는 또 다른 공장에서 일할 기회마저 날려버렸다. 기네스 대위는 아들의 실패에 크게 상심하여 자신의 실패 목록에 이 사건을 포함시켰다. 이후 날이 갈수록 자괴감이 커져 갔다. 그는 첼트넘Cheltenham, 인도에서 근무한 육군 퇴역 장교들을 위해 '하느님이 마련해 주신 곁방' 이라고 불린 곳에서 퇴역했으며 교회에 다니며 위로를 얻었다.

하지만, 기네스 대위도 칭찬할 만한 점이 있었다. 미쉘 기네스의 저서인 ≪기네스 가의 천재들The Genius of Guinness≫에서는 존의 가족에 대한 극찬을 아끼지 않는다.

중년에 접어들었지만, 존은 여전히 기네스 가의 사람 중에서 가장 외모가 수려했다. 옷깃을 빳빳하게 세우고 넥타이를 한 모습은 강하고 위엄있는 얼굴에 군인다운 당당한 풍채와 어우러져서 매우 멋있었다. 그는 머리색이 짙은 편으로 흰 머리가 하나도 없었다. 길게 기른 구레나룻에도 희끗희끗한 부분이 없었다. 단지 창백한 안색에 힘든 세월의 흔적이 남아 있었다. 젊은 시절 무모하리만큼 용감하고 씩씩하던 모습은 온데간데없고 안경을 쓴 과묵한 남자로 변해 있었다. 그는 조용히 책 읽는 즐거움을 만끽하려 했으며 가끔 더블린 사회의 상류층이 사는 곳을 거닐면서 휴식을 즐겼다.

누구나 인생에는 제2막이 있을 수 있다. 도저히 변할 것 같지 않은 부분이나 문제가 있어도 어느 순간이 되면 변하기 마련이다. 실제로 중년이 훌쩍 넘은 후에야-직업이나 연애, 목숨을 바칠 정도로 중요한 대의명분 등을 통해-예전에 몰랐던 인생의 의미나 보람을 찾는 경우가 많다. 다행히 존 기네스 대위도 늦은 나이에 새로운 인생을 찾게 되었다. 제인 디에스테르Jane D'Esterre라는 우아한 여성을 통해 행복이 다시 찾아온 것이다.

두 사람은 1829년에 더블린의 요크 스트리트York Street에서 만났다. 당시에 기네스 대위는 중년을 훌쩍 넘긴 데다 살아온 인생을 후회하면서 오로지 성서를 읽거나 혼자 시간을 보내며 지내고 있었다. 반면에 제인은 누가 봐도 눈부실 정도로 아름다웠다. 기네스 대위가 그녀에게 마음을 뺏긴 것도 이상한 일이 아니었다. 미쉘 기네스는 제인에 대해 다음과 같이 기술했다.

오'코넬은 자서전에서 그녀가 '더블린의 대표 미녀the beautiful Miss Cramer of Dublin'라고 묘사했다. 그녀의 아들에 따르면 제인을 보면 누구나 그녀의 아름다움에 반하지 않을 수 없었다.······짙고 풍성한 머리는 반듯한 이마 위로 살짝 내려와 있었고 반짝거리는 짙은 갈색 눈동자는 지적인 이미지를 더해 주었다. 아치형 눈썹에 콧날은 약간 뾰족했으며 입을 움직일 때마다 풍부한 표정을 만들어 주었다.

그녀는 워낙 미인이라서 왕립 극장의 무대에 처음 등장하자마자 더블린 시민들 전체를 열광하게 했다. 거칠기로 소문난 시인이었던 바이런 도 예외가 아니었다.

하지만, 그녀 역시 복잡한 과거를 겪은 후에야 기네스 대위를 만나게 되었다. 그녀는 원래 존 디에스테르라는 돼지 도살업자와 결혼했었는데 그 남자는 이성적이지 못하고 늘 고함만 질렀다.

그는 더블린 시를 관할하던 협회인 더블린 협회Dublin Corporation의 회원이었는데 유명한 가톨릭 정치인사인 다니엘 오'코넬Daniel O'Connell이 시의회 의원들을 가리켜 '비열하다'고 말하자 격분하며 사과를 요구했다. 사실 처음에는 오'코넬을 포함하여 다른 사람들은 그 말을 별로 대수롭지 않게 여겼으나 디에스테르는 끝까지 물러서지 않고 결투 신청을 하기에 이르렀다.

1815년 2월 2일 〈더블린 저널Dublin Journal〉은 당시 상황을 신랄하게 비판하며 다음과 같이 보도했다.

> 어제 오후 4시에 더블린 시의회 상업조합 대표의 일원인 디에스테르 씨와 오'코넬 경이 결투를 벌였으며 안타깝게도 디에스테르 씨가 부상을 입었습니다. 주교 회의에서 오'코넬 경이 더블린 협회를 대상으로 모욕적인 언사를 내뱉은 것이 결투를 불러일으켰습니다. 이에 분개한 디에스테르 씨가 사과를 요구하다가 더 큰 모욕을 당했으며 그 때문에 사실상 회의가 중단되었습니다. 디

제인 디에스테르

에스테르 씨의 부상은 매우 심각한 것으로 알려져 있습니다.

이튿날 그가 세상을 떠나고 제인은 두 자녀를 키워야 하는 미망인이 되었다. 사실 그녀는 남편의 시신이 집으로 옮겨질 때까지 무슨 일이 벌어졌는지 전혀 모르고 있었다.

그렇지만 제인은 비범한 여인이었다. 스코틀랜드의 저지대에 있는 에클러페찬Ecclefechan에 집을 구해서 이사했지만, 더블린과 멀어졌다고 해서 문제가 모두 사라지지는 않았다.

하루는 강가에 주저앉아서 세차게 흐르는 강물로 뛰어들고 싶은 충동을 억지로 누르고 있었다. 그러다가 밭을 매는 소년의 흥겨운 휘파람 소리를 듣고 정신이 번쩍 들었다. 그녀는 그 소년을 잠시 지켜보니 기운이 솟았다. 자기 연민에 빠져 있는 자신과 너무도 대조적으로 그 소년은 힘들게 일하면서도 매우 즐거워 보였다. 그녀는 다시 힘을 얻었고 자살을 생각하지 않기로 결심했다.

그녀는 더블린으로 돌아와서 음악 교사로 일하기 시작했다. 성 조지 교회에서 설교를 들은 후에는 종교에 대한 믿음도 생겼다. 지금까지 살면서 믿었던 사람들에게 많은 상처를 받았지만 깊은 믿음이 생긴 후로 마음의 상처가 모두 치유되었다. 이후 수없이 들어오는 재혼 권유만 받아들인다면 인생을 편하게 살 수도 있었다. 그만큼 제인은 여전히 매력적이었다. 하지만, 그녀는 주변의 권유를 모두 물리치고 자녀를 키우면서 평범한 일상을 보냈다.

기네스 대위를 만났을 때 그녀는 두 사람이 서로 그동안 어떤 상처를 입고 얼마나 힘들었는지 잘 알고 있었다. 서로에 대한 사랑은 오랜 상처를 아물게 해주었고 두 사람이 생각지도 못했던 새로운 희망마저 안겨 주었다.

존 그라탄 기네스

두 사람은 주로 첼트넘에서 지냈지만, 정기적으로 더블린과 클리프턴Clifton에 가서 성인이 된 자녀들과 기네스 가의 여러 친족을 만나곤 했다. 1829년에 재혼하여 5년간 행복하게 떠돌이 생활을 계속했다.

두 사람의 재혼은 남다른 의미가 있었다. 기네스 대위가 유명한 기네스 가문의 창립주의 아들이라는 사실만으로도 충분한 의미가 있었다. 그에 더하여 두 사람의 결혼 생활에 펼쳐진 온갖 에피소드와 온갖 역경 속에서도 그들을 꿋꿋하게 지탱해 준 신앙의 힘도 눈여겨볼 요소였다.

무엇보다도 1835년에 두 사람에게 있었던 일은 기네스 가의 역사에 한 획을 그었다. 당시 52세였던 기네스 대위와 38세였던 제인 사이에서 헨리Henry가 태어난 것이었다. 두 사람은 늦은 나이에 얻은 그 아들이 하느님의 변함없는 자비의 선물이라 생각했다. 실제로 헨리는 드와이트 L. 무디Dwight L. Moody, 19세기 말에 활동한 개신교 부흥 목사—옮긴이, 찰스 스펄전Charles Spurgeon, '설교자들의 황태자'라 불리는 영국 개혁 침례교 설교자—옮긴이과 어깨를 나란히 할 정도로 널리 알려진 복음 전파자가 되었다.

헨리는 스무 살이 될 때까지 아무런 말썽을 부리지 않았다. 그는 퇴역 장교들이 모여 사는 마을에서 자랐기에 그들이 외국에서 맛보았던 스릴 넘치는 경험과 이상하고 위험한 적군의 손에서 가까스로 빠져나온 무용담을 귀가 닳도록 들었다. 이러한 무용담은 어린 헨리의 상상력을 자극했다. 열네 살이 되자—그의 아버지는 그 해에 세상을 떠났다—그가 꿈꾸는 삶에 비해 맥주 공장에서 일하며 살아가는 것은 너무도 지루할 거라는 생각이 들었다. 그는 매일같이 공상에 잠기거나 숲을 돌아다녔고 근처에 있는 무너진 성에 기어올라가서 시간을 보냈다. 열일곱 살이 되던 해에는 형인 윈드엄Wyndham을 따라서 뱃사람이 되기로 결심했다.

하지만, 그의 영혼에는 이미 강한 종교심이 뿌리내리고 있었다. 독실한 기독교 가정에서 양육 받았기에 매일 기도하고 주일이면 예배에 참석하고 각종 자선 활동에 참여하는 것은 그의 인생을 지탱하는 기둥과 같았다. 가끔 새로운 삶을 꿈꾸었지만, 일주일의 대부분을 신앙생활에 보내야 했다. 특히 그가 오랫동안 흐뭇하게 추억하던 일이 있었다. 당시 상황을 회고하면서 헨리는 이렇게 설명했다.

> 가로등 불빛이 조용한 방안으로 스며들었어요. 아버지와 나는 함께 앉아 있었지요. 새 예루살렘에 대한 장엄하고 아름다운 내용을 읽자니 더 숭고하고 순결한 빛이 우리를 비추는 것 같았어요. 당시 어린 아이에 불과했지만 나는 아버지가 그 내용을 얼마나 소중히 여기는지 알 것 같았어요. 아버지의 영혼과 내 영혼은 영원한 이상의 세계를 바라보며 몹시 떨고 있었지요.

이런 순간도 있었지만 결국 1853년에 그는 뱃사람이 되어 '나쁜 친구를 사귀며 온갖 악행'을 일삼기 시작했다. 1년 후에 그는 휴가를 받아 집에 돌아왔는데 마침 윈드엄 형도 휴가차 집에 돌아와 있어서 매우 기뻐했다. 그는 형이 그동안 어떤 흥미진진한 일을 겪었는지 듣고 싶었지만 의외로 윈드엄은 피크Peek라는 독실한 친구 덕분에 종교에 대한 믿음이 강해졌다는 이야기를 열정적으로 해주는 것이었다. 윈드엄은 그것 외에는 전혀 다른 것에 관심이 없었다.

두 형제는 밤을 꼬박 새워가며 이야기를 나눴다. 새벽이 동트자 윈드엄은 잠들었지만, 헨리는 너무나 흥분되어 잠을 이룰 수 없었다. 그는 후에 윈드엄 덕분에 '그때까지 한 번도 보지 못한 도덕적 고매함을 정신적 환영으로 본 것 같았다'고 회고했다. 다음날 아침이 밝자 가족들은 헨리가 갑자기 달라졌다는 것을 알게 되었다.

이렇게 헨리는 크게 변하기 시작했지만 얼마 가지 못했다. 휴가가 끝나고 다시 배를 타러 나갔다가 몸이 아파서 뭍으로 나와야 했다. 몸이 회복되는 동안 그는 직업을 바꾸는 문제를 고심한 끝에 농부가 되기로 결심했다. 그는 즉시 카셀 근처의 농부를 찾아가서 농사일을 차근차근 배우기 시작했다. 하지만, 그 일도 오래가지 못했다. 발목을 심하게 다치는 바람에 또다시 한참 동안 병상 신세를 지게 되었다.

여러 일들을 겪으며 그는 비로소 자신이 아무런 목적 없이 20년간 허송세월한 것을 후회하게 되었다. 그리고 그의 인생을 결정지을 깊은 뜻을 발견하고자 성서를 읽기 시작했다. 헨리는 당시 심경에 대해 이렇게 회고했다.

> 나의 미래는 희망으로 밝게 빛났다. 나는 영적인 시각으로 영광과 불멸성의 문이 열린 것을 볼 수 있었다. 내세에 영원히 순결하고 완전한 삶을 누리는 전

망이 한 폭의 그림처럼 펼쳐졌다. 그것은 영혼의 결혼, 즉 아직 창조되지 않은 영원한 사랑이신 그분과 창조물이 사랑으로 연합된 모습이었다.

헨리는 열정이 넘치는 사람이었다. 그는 첼트넘으로 돌아가서 어머니와 함께 복음전파자의 길을 걸었다. 또한, 신학 공부를 더 하면 유용한 전파자가 될 수 있으리라는 희망으로 뉴 칼리지 런던New College London에 지원서를 냈다. 그렇게 공부를 시작했지만, 정작 헨리 본인은 두려움에 휩싸여 있었다.

그는 이미 정식 교육 때문에 종교적인 열정이 식어버리는 것을 경험했기에 지원서를 낸 후 밤에 대도시의 거리를 걸어가며 눈물을 하염없이 흘렸다. 그는 '나는 이 일을 계기로 혹시 내가 주님의 뜻을 저버리거나 마음이 식지 않게 해달라고 기도로 간구했다'고 회상했다. 그런 부담을 가지고는 학업에 매진할 수 없었다. 결국 그는 2학년을 마치지 못하고 학교를 그만두었다.

하지만, 헨리는 전파활동을 시작하여 매우 큰 성과를 거두었다. 그가 스물한 살이 되던 생일날에 쓴 일기를 보면 '오로지 전파활동을 하면서 살다가 죽었으면 좋겠다. 교단에 서서 설교만 하며 살고 싶다. 내가 죽는 날까지 고통 받는 죄 많은 사람들에게 복음을 전하고 싶다'라고 쓰여 있다. 그의 기도가 통했는지 그가 길거리에서 전파하기 시작하면 엄청난 인파가 몰려들었고, 특히 죄인들이 회개하도록 도와주는 전도사라는 평을 받게 되었다.

그의 명성이 크게 알려지자 급기야 1857년에는 조지 화이트필드가 목회활동을 펼치던 런던의 무어필드 타버너클Moorfields Tabernacle에서 설교해달라는 초대를 받았다. 그의 설교를 듣고 많은 사람이 회개하고 교회로 돌아오자 교회 장로들은 스물한 살짜리 대학 중퇴자인 헨리에게 교구목사가 되어달라고 부탁했다.

그 제안은 쉽게 거절하기 어려웠다. 비록 헨리가 포교 활동으로 큰 성공을 거두었지만, 물질적으로는 여전히 힘든 생활을 하고 있었기 때문이다. 그는 삼촌인 아더로부터 400파운드의 유산을 물려받았지만, 노모에게 모두 양보한 상태였다. 헨리는 교구목사를 거절하고 그 대신에 자신을 순회 목회사로 임명해 달라고 제안했다. 이렇게 해서 헨리는 18세기를 대표하는 복음전파자였던 조지 화이트필드의 뒤를 잇는 차세대 목회자라는 평판을 얻었다. 그는 런던을 떠나 프랑스, 스위스, 웨일스, 스코틀랜드 등을 순회하면서 열심히 전파했고 백여 년 전에 화이트필드가 일으켰던 반향에 버금가는 성과를 거두었다.

마침내 헨리는 더블린으로 금의환향했다. 미셸 기네스에 따르면 현지 언론은 남다른 관심을 보였다. 헨리는 스펄전의 경쟁자로 비추어졌으나 이는 말도 안 되는 황당한 발상이었다. 당시 유명한 목사들은 한 사람도 빠짐없이 신문에 자세히 보도되었기 때문이다. 〈리버풀 머큐리Liverpool Mercury〉라는 신문은 헨리에 대하여 다음과 같이 보도했다.

> 그는 21세의 젊은이로서 겸허하고 자기를 낮추는 태도를 보였다. 키는 중간 정도이며 무릎까지 내려오는 코트를 입고 목 끝까지 단추를 채운 모습이었다. 검고 긴 머리는 중간 가르마로 단정히 빗었으며 하늘로 눈을 향할 때면 머리가 어깨에 살짝 닿았다. 그 모습은 고전적이면서도 시적인 웅장함으로 다가왔다. 어떤 표현을 써도 그 느낌을 다 표현하기란 어려울 것 같다. 그는 정말 어린 아이같이 단순한 표현만 사용했다.

헨리는 1858년 2월에 아일랜드에 도착하자마자 어머니의 전남편 사망소식을 비롯 기네스 가 사람들의 실수 등 언론의 집중 보도 대상이 되었다. 그렇지만, 더블린은 여전히 헨리를 자랑스럽게 생각했다. 특히 국제적인 명성을 누리는 기네스 가의 자손이었기에 그 자부심은 대단했다. 더블린 시의 〈데일리 익스프레스〉지에서는 헨리의 등장을 세세히 보도했다.

> 스물한 살 정도로 보이는 청년으로 체구는 다소 왜소한 편이며 얼굴은 준수하나 검은 머리 때문인지 안색은 약간 창백해 보인다. 머리가 길고 이마를 아무렇게나 덮고 있어서 그런지 꽤 독특하고 재미있는 친구 같은 인상을 준다. 하지만, 교단에서는 매우 진지하고 조용한 태도를 보이며 열정적이고 단순한 표현으로 설교하는 모습은 청중들을 흡입하는 힘이 있다. 그는 아주 적절한 시점마다 우아한 몸짓을 곁들이지만 웅변을 하는 느낌이나 가식적인 느낌은 전혀 주지 않는다. 그에 더하여 목소리가 듣기에 좋고 변조가 뛰어나다.

일주일쯤 지나자 젊은 목사의 외모에 대한 언론의 관심은 청중을 사로잡는 그의 연설 능력으로 넘어갔다. 더블린 역사상 그런 설교를 하는 사람은 전례가 없었다. 많은 사람이 개종을 선언하여 교회는 문전성시를 이루었고 엘리트 계층의 사람들도 아더 기네스의 손자가 어떤 설교를 하는지 알아보려고 몰려들었다. 당시 분위기에 대하여 〈데일리 익스프레스〉지는 이렇게 보도했다.

> 헨리는 더블린에 도착한 후 아홉 차례 설교를 했다. 그의 설교에 대한 사람들의 반응은 매우 뜨거웠다. 그를 비판하는 사람은 거의 없으며 하루가 다르게

청중이 늘어나는 추세는 당분간 계속될 전망이다.……지금까지 이런 반응을 일으킨 목사는 거의 없었다. 주로 이름있는 가문의 엘리트 자제들이 성직자의 길을 걸었으며 그 중 상당수는 영국 국교회의 성직자들이었다. 이 나라에서 설교를 들으려고 그렇게 많은 사람이 모인 것은 전례를 찾아볼 수 없는 일이었다. 부유층 인사들, 사회직으로 존경받는 사람들, 지식인들, 종교심이 깊은 사람들이 모두 한자리에 모였다. 심지어 주중에도 법조인, 국회의원, 유명한 웅변가, 대학교수들을 비롯하여 각계각층의 인사들이 거대한 무리를 지어서 교회당을 채우는 진풍경을 연출했다. 수요일 오전에는 주지사가 가족들과 함께 나타났고 어제 오전에는 대법관, 고등법원 판사, 펜네파더 남작도 모습을 드러냈다.

더블린이 성에 차지 않았는지 헨리는 얼마 지나지 않아서 그를 간절히 기다리는 사람들이 있는 시골 지역으로 옮겼다. 당시 그를 맞이한 사람들은 이렇게 증언했다.

더블린에서 대환영을 받은 것처럼 그는 가는 곳마다 환호를 받았다. 아일랜드 국민이 기억하는 한 이런 인기를 누린 사람은 없었을 것이다. 단지 헨리가 설교한다는 광고만 하면 사람들이 구름처럼 모여들었다. 마을에서 가장 큰 건물도 그를 보려고 몰려든 사람들을 모두 수용하기에는 역부족이었다. 이렇게 매일같이 헨리의 설교를 들으러 수많은 인파가 몰렸다. 어디를 가나 현지 신문에서는 그의 일거수일투족을 자세히 보도했다.

하지만, 단지 인기 때문에 헨리의 능력을 간과해서는 안 된다. 그는 사람들의 감정을 동요시키거나 군중을 열광시킬 묘안을 쓰지 않았다. 오히려 헨리 그라탄 기네스는 청중에 대한 존중심을 가지고 복음서의 내용을 조용한 목소리로 쉽게 풀어서 설명했다. 〈데일리 익스프레스〉지에서는 '웅변조의 말장난이나 화려한 무대 효과, 어떤 충격 효과를 이끌어내기 위한 부자연스러운 태도를 찾아볼 수 없었다'고 보도했다. 오히려 '그의 지적, 도덕적 힘은 하늘로부터 임명받은 성직자의 권위에서 비롯된 것이었기에 사람들을 감동시켰다'고 덧붙였다.

언론은 물론이고 일반 대중들도 기네스의 경영을 맡고 있는 벤자민 리와 당대의 침례자 요한과 같은 존재가 된 기네스 가의 또 다른 인물이 극명한 대조를 이루는 것에 흥미를 보였다. 데렉 윌슨의 ≪빛과 명암 : 기네스 가의 이야기Dark and Light : The Story of the Guinness Family≫에서는 두 사람을 이렇게 대조한 바 있다.

> 두 사람은 종교적 열정과 타고난 상업적 수완이라는 대조적인 특징을 드러냈다. 그야말로 오랫동안 서로 맞지 않는 멍에를 메고 고생하다가 이제야 서로에게서 해방된 것이다. 헨리는 돈을 경멸했지만 벤자민 리는 백만장자가 될 순간을 눈앞에 두고 있었다. 더블린 기네스 공장은 맥주를 팔아서 막대한 부를 얻었지만 정작 헨리 기네스는 금주를 외치는 사람이었다. 그는 그리스도가 곧 재림하여 새 질서를 세울 것이라고 믿는 반면에 벤자민 리는 이 세상에서 더없이 안락하게 지내고 있었다. 헨리는 개인이 신실한 믿음을 키워야 한다고 믿었지만 벤자민 리는 헨리가 영적으로 자멸 직전에 있다고 여길 법한 껍데기

를 붙들고 있었다.

헨리는 북쪽에 있는 얼스터와 벨파스트 등의 공업지역을 돌아보기로 했다. 그곳의 참혹한 상황은 곧 더블린까지 전염되기 직전이었다. 게다가 정치적, 종교적 긴장감이 더욱 고조되어 하루도 편할 날이 없었다. 헨리 기네스는 그런 지역에 사는 사람들에게 종교를 전파하기에 적임자였다. 그는 정치와 사소한 종교적 갈등을 초월하는 가르침을 강조하여 대단한 반향을 불러일으켰다. 마음이 굳게 닫혀 있던 사람들도 그의 설교를 듣고 눈물을 흘릴 정도로 크게 감동받았다. 그는 항상 조용한 목소리로 논리적인 설교를 했으나 그의 말에 묻어 있는 보이지 않는 힘이 사람들의 마음을 누그러뜨리고 모든 장애를 극복하는 화합을 이끌어냈다.

어느 기자는 모든 교파의 교직자들이 헨리 기네스가 설교하는 동안 단상 뒤에 앉아 있었는데 "각자 맡은 교회보다 더 넓은 장소에 그들이 모두 모인 것은 처음 있는 일이었다"고 전했다.

그 모임뿐만 아니라 이후 모임의 여파도 대단했다. 교회마다 새로운 신도들이 넘쳐났으며 목사들은 헨리의 방식을 따라서 회개하여 복음서의 내용을 그대로 조용히 설교했다. 그러자 1859년부터 1862년 사이에 얼스터에 있는 개신교 교회 수가 10만 개나 늘어났다. 미국인 전도사인 드와이트 무디가-존 그라탄 기네스의 초대를 받아들여-아이라 생키와 함께 1874년에 아일랜드 전역을 순회할 때에는 이미 많은 신도들을 이끌기만 하면 되는 상태였다.

헨리는 전 세계적으로 유명한 목사가 되었다. 그는 아일랜드 북부 지역에서 큰 성공을 거둔 후에 미국으로 향했다. 당시 미국은 새로 회생하기 위해 싹을 피우고 있었으나 노예제도와 각 주의 권리 주장 탓으로 정세가 어지러웠다.

헨리는 필라델피아 주에서 10주, 뉴욕에서 7주를 보낸 후에 캐나다와 미국 서부 지역의 여러 도시를 순회했다. 그는 방대한 지역을 돈 후에 몹시 지쳐버렸다. 여러 달 동안 매주 9번이나 설교를 한 탓이었다. 그래서 영국으로 돌아가 데번Devon 주의 일프라컴Ilfracombe에서 휴식을 즐겼다. 그것은 헨리의 인생에서 가장 중요한 사건으로 이어졌다.

당시 25세였던 헨리는 당대 기독교에서 최고의 자리에 오를 잠재력이 있었지만, 혼자였기에 갈수록 큰 부담을 느꼈다. 바로 그때에 일프라컴에서 자신의 번뇌를 끝내 줄 여인을 만나게 되었다. 그녀의 이름은 패니 피츠제럴드 Fanny Fitzgerald였다. 헨리에게는 큰 기쁨을 주는 아내가 되었지만 그를 만나기 전까지 그녀는 가련한 비극의 주인공이었다.

그녀의 아버지인 에드워드 말보로 피츠제랄드Edward Malbourough Fitzgerald 소령은 아일랜드에서 가장 명망 있으나 전제주의적인 가족 출신이었다. 그는 로마 가톨릭 집안의 여성과 결혼하는 바람에 집안에서 천덕꾸러기 취급을 받았다. 그 결혼은 에드워드 소령의 인생을 완전히 무너뜨렸다. 가족들은 그를 버렸으며 직장에서도 지탄을 받다가 결국 결혼생활은 파경에 이르렀다.

후에 메이벨Mabel이라는 좋은 여성과 재혼하면서 이번에는 행복한 결혼 생활을 누릴 수 있으리라 확신했지만, 그것은 사실 비극의 시작이었다.

메이벨은 결핵에 걸려서 다섯 아이를 남겨두고 세상을 떠났다. 패니는 둘째딸이었다. 에드워드 소령은 육군에서 제대한 다음 저널리스트로 성공을 거두었으나 항상 경제적인 어려움과 자녀 양육 문제로 시달려야 했다. 엎친 데

덮친 격으로 장남인 제럴드와 패니가 천연두에 걸렸다. 빅토리아 여왕의 결혼식을 알리던 벨이 울리던 날 아버지가 패니를 꼭 껴안고 제럴드 오빠가 죽었다고 말해준 순간은 그녀에게 평생 큰 상처가 되었다.

에드워드 소령이 혼자서 감당하기에는 너무 버거운 시련이었다. 그는 프랑스로 가는 증기선에 몸을 실었다. 괴로움을 이기지 못해 술을 마시며 작별인사를 고하는 편지를 쓴 후에 갑판으로 나가서 바다에 뛰어들었다.

그로부터 얼마 지나지 않아서 런던에서 일하는 보험회계사이자 열정적인 퀘이커 교도였던 아더 웨스트Arthur West가 에드워드 피츠제럴드의 부고 기사를 읽던 중에 에드워드 소령이 보낸 마지막 편지를 받게 되었다. 그 편지 속에는 남겨진 네 자녀에 대한 아버지의 염려가 가득했다. 그가 세상을 떠나면 그 아이들은 아무 데도 기댈 곳이 없는 불쌍한 아이들이 된다. 편지의 마지막에는 '자네가 이 글을 읽을 때면 나는 이 세상에 없을 거야'라고 쓰여 있었.

에드워드 소령은 아더 웨스트가 어떤 반응을 보일지 제대로 예상했던 것이 분명하다. 아더는 그날 밤 집으로 가자마자 아내와 함께 부모를 모두 잃은 네 아이의 문제를 상의했다. 두 사람은 패니를 입양하고 나머지 아이들도 좋은 집에서 보살핌을 받도록 마련해 주었다. 이렇게 해서 패니 피츠제럴드는 퀘이커 교도의 가정에서 자라게 되었다. 그녀는 약 20년간 퀘이커 교도의 가르침을 배우고 그들과 함께 사회에서 고통받는 사람들을 도와주었다.

하지만, 패니의 불행은 거기에서 끝나지 않았다. 그녀의 양아버지는 노예제도를 강하게 반대하는 용감한 군인으로 알려져 있었는데 그 문제로 적잖이 힘들어 했던 탓에 패니가 아직 십 대 소녀였을 때 심장 발작으로 쓰러졌으며 결국 아내와 수양딸에게 짐이 되지 않으려고 스스로 목숨을 끊었다. 미셸 기네스

헨리 그라탄 기네스와 패니의 모습(1861년)

는 당시 상황을 이렇게 기술했다.

스물한 살이 된 패니는 열심히 일해도 돈을 조금밖에 벌지 못해서 지쳐 보였다. 그녀는 굉장히 똑똑한 사람이었지만 그녀의 지적 재능은 창백하고 진지한 외모에 가려 있었다. 어린 시절부터 어려운 생활을 해오다 보니 그녀는 세상 물정에 밝았지만 그렇다고 해서 냉정하거나 마음이 완고한 편은 아니었다. 그녀의 몸에 흐르는 아일랜드 사람의 피는 속일 수 없었으며 타고난 열정을 꺼뜨리는 것은 쉬운 일이 아니었다. 그녀가 말을 하면 미처 몰랐던 따스함과 활기가 느껴져서 사람들이 관심을 보였다. 퀘이커 교도와 형제 교회 사람들이 모여서 차를 즐길 때면 지루하기 짝이 없었지만 패니 피츠제랄드가 모습을 나타내면 어색한 분위기는 사라졌다. 그녀는 모든 사람이 즐겁게 이야기하도록 유도했으며 잔뜩 긴장한 사람을 편안하게 해주었다.

패니는 파리로 휴가를 떠났다가 일프라컴에 도착했다. 마침 미국 순회를 마치고 돌아온 유명한 목회자인 헨리 그라탄 기네스도 일프라컴에 있었다. 그녀는 헨리의 설교를 들으러 교회에 갔다가 그를 소개받았고 석 달 후인 1860년 10월 2일에 결혼식을 올렸다. 헨리는 그녀를 만난 후에 "난생처음으로 나는 내 영혼과 마음에 맞는 여성을 만났다는 확신이 들었다. 그녀와 함께 있으면 나는 더 이상 외롭지 않을 것이다"라고 말했다.

헨리와 패니는 서로 깊이 사랑했다. 앞으로 두 사람이 겪을 반대와 어려움을 생각하면 참으로 다행스러운 일이었다. 그는 플리머스 형제 교회 사람들과 어울렸는데 예전에 그를 지지하던 사람 중 상당수는 이런 행동이 특정 분파에 관계없이 신앙을 강조하는 헨리 자신의 말과 모순된다고 여겼다. 그뿐만 아니라 미국에서 남북 전쟁이 시작되고 바로 비폭력을 강조하는 설교를 하자 많은 사람이 그를 버렸다. 특히 노예제도를 반대하는 영국인들은 그 전쟁의 대의명분이 충분하다고 생각했다. 또한, 위스키와 맥주가 널리 보급되며 아일랜드 국민의 상당수가 이런 주류를 생산하여 생계를 유지하던 터라 금주를 권하는 헨리의 설교는 점차 설득력을 잃어버렸다.

그러나 헨리는 굴하지 않고 세계 각국을 돌면서 젊은 지도자들을 선도했다. 그 시절에 기독교를 보급하는 데 혁혁한 공을 세운 사람 중 상당수는 헨리의 가르침을 받은 사람들이었다.

그 중에는 토마스 버나도Thomas Barnardo라는 사람도 있었다. 토마스는 더블린 시의 메리언 홀에서 플리머스 형제교회의 주일학교 교사로 일하다가 헨리를 만났다. 그는 깡마르고 키가 작은 데다 안경을 쓰고 있어서 외모가 원숭이와 흡사했으며 원숭이만큼이나 배우는 속도가 빨랐다. 토마스는 중국으로 선교활동을 떠나야겠다는 결의를 다졌지만, 친구들의 만류에 못 이겨 런던 병원에서 의학을 공부하게 되었다.

토마스는 의학을 공부하던 중에도 런던의 이스트엔드에서 플리머스 형제교회의 사회봉사에 참여하는 등 복음전파에 최선을 다했다. 바로 그때에 빈민가의 처절한 모습을 직접 보고 경험하게 되었다. 이 점에 대해 데렉 윌슨은 다음과 같이 생생하게 설명한다.

> 그는 자신의 눈앞에 펼쳐진 지저분하고 인간답지 못한 모습에 금방 적응할 수 없었다. 사람들은 절망을 잊으려고 술에 매달렸고 여자들은 가족을 굶기지 않으려고 매춘시장에 뛰어들었다. 길가에는 질병과 기아로 죽어가는 사람이 널려 있었다. 영양실조에 걸려서 얼굴빛이 창백한 아이들이 힘없이 구걸하고 다녔다. 그 아이들은 이미 노동 착취와 잔인한 폭력으로 건강이 이루 말할 수 없이 악화된 상태였다.

마음이 한없이 여린 토마스는 후에 이렇게 회상했다.
"부랑아들이 맨발로 진흙구덩이를 아무렇게나 걸어다녔다. 숄로 온몸을 감싼 여자들은 모자를 쓰지 않고 문기둥에 힘없이 기대서 있었다."

도저히 이런 현실을 그냥 보고만 있을 수 없었기에 토마스는 런던 병원의 학생 신분임에도 이스트엔드에 조그마한 마구간을 빌려서 '빈민 학교'를 차렸다. 그는 거리에 돌아다니는 아이들을 모아서 미약하나마 교육받을 기회를 마련해 주었다. 이렇게 영양실조에 허덕이는 아이들을 살피던 중에 짐 자비스Jim Jarvis를 만나게 되었다.

앞으로 토마스 이야기에서 짐 자비스가 핵심적인 인물이 될 것이다. 바로 그 아이를 통해서 토마스 버나도가 빅토리아 시대의 가난한 어린이들이 어떤 곤경에 처해 있는지 분명히 알게 되었기 때문이다. 토마스의 저서인 ≪밤과 낮Night and Day≫에서는 런던의 빈민가 아이들이 겪는 보이지 않는 고통으로 자신을 안내해준 소년과의 첫 만남을 이렇게 묘사한다.

그날 저녁에도 빈민 학교에 온 아이들이 평소처럼 수업을 한 후에 9시 30분에 각자 집으로 향했다. 그때 수업 중에 굉장히 집중하던 작은 꼬마가 마지막까지 꾸물거리는 것이 눈에 들어왔다. 그 아이의 발걸음은 굉장히 느렸으며 마치 집에 가기 싫다고 말하는 것 같았다.

"꼬마야, 얼른 집에 가야 하지 않니? 시간이 많이 늦었잖아. 엄마가 기다리시겠구나."

"선생님, 제발 저를 보내려 하지 마세요. 여기 있고 싶어요. 귀찮게 하지 않을게요."

"네가 늦으면 어머니가 얼마나 걱정하시겠니?"

"전 엄마가 없단 말이에요."

"엄마가 안 계시는 거야? 넌 그러면 어디에 사니?"

"사는 곳도 없어요."

"세상에, 그러면 어젯밤에는 어디에서 잤니?"

"화이트성당 뒤쪽 헤이마켓에 있는 수레 중에서 짚이 있는 것을 찾은 다음에 그 안에서 자요. 어제 만난 친구가 여기 가보라고 해서 왔어요. 어쩌면 선생님이 저를 재워주실지도 모른다고 해서요."

짐 자비스라는 꼬마의 이야기에 놀란 토마스는 눈을 크게 떴다. 그제야 많은 아이들이 도심의 거리에서 잔다는 것을 알게 되었다. 그래서 토마스는 짐 자비스에게 직접 그런 모습을 보여달라고 말했다. 그로부터 몇 주 동안 밤이면 밤마다 토마스는 아이의 손을 잡고 런던의 고아들이 지내는 곳을 찾아다녔다. 거리의 아이들은 술통이나 지붕 위, 노점상 천막 등 비바람에 더하여 나쁜 의도로 아이들을 유괴하는 못된 어른들의 눈길을 피할 수 있는 곳이라면 어디든 잠을 청했다.

런던에 사는 고아들이 지저분한 상태로 하루하루 힘들게 버티는 모습을 본 후에 토마스는 그들을 돕는 데 평생을 바치기로 결심했다. 그는 상류 사회 사람들에게 이러한 실태를 알리고 타고난 웅변술로 많은 사람이 도움의 손길을 베풀도록 설득했다.

그는 복음주의교 신도였던 샤프츠베리 경Lord Shaftesbury과 유명한 은행가인 로버트 바클레이Robert Barclay의 후원을 받게 되었다. 그 덕분에 토마스는 1870년에 스테프니Stepney에 소년들을 위한 집을 처음으로 개설했고 그 후로도 술집이나 뮤직홀 등을 사들여서 아이들이 지낼 곳으로 개조하여 보호소를 만들었다. 이 일은 많은 영국인을 감동시켰다. 특히 처음으로 보호소에 도착했을 때 병들고 지저분한 모습과 몇 달 후에 건강하고 행복한 모습을 사진으로 대조하여 보여준 것이 큰 효과가 있었다.

그는 자신의 봉사 활동이 얼마나 큰 변화를 일으키고 있는지 보여주어 기금을 모으고자 이 사진을 엽서로 만들어 고향에 보냈다. 사람들은 아낌없이 그의 자선 사업을 지지해 주었으며 토마스의 보호소 건립 사업은 지속적으로 확장되었다.

1878년까지 토마스 버나도는 런던에만 50개의 보호소를 건립했다. 또한, 그는 갈 곳 없는 아이들을 위한 작은 마을을 꾸렸다. 사실 결혼 선물로 에섹스Essex 주, 바킹사이드Barkingside에 있는 집 한 채를 받았을 때 이미 이런 마을을 형성할 가능성도 염두에 두고 있었다. 토마스 부부는 그 집을 개조하여 약 24만 제곱미터에 달하는 마을을 꾸몄으며 이곳은 지금까지도 버나도 재단의 본부로 사용되고 있다. 토마스가 세상을 떠난 지 1년 후인 1906년에는 그곳에 있는 66개의 보호소에서 1만 3천 명의 여자아이들이 생활하고 있었다.

그는 또한 영국의 불쌍한 어린이들을 미국과 캐나다로 보낼 계획도 마련했다. 이는 기대 이상의 성과로 이어졌다. 1882년부터 1901년에 이르기까지 8,046명의 어린이가 캐나다로 이주했다. 이는 캐나다 국민의 1퍼센트를 떼놓고 보면 삼분의 일이 멀리 바다 건너에 있는 버나도의 보호소 출신이라는 뜻이 된다.

그가 1905년에 세상을 떠날 무렵에는 132개 보호소에 8천 명 이상의 어린이들이 생활하고 있었으며 4천 명 이상이 좋은 가정에 입양되었고 약 1만 8천 명의 어린이가 캐나다와 오스트레일리아로 떠난 상태였다.

이처럼 토마스 버나도가 기네스 가의 교직자에게 배우고 그의 격려와 재정적 도움에 힘입어 이처럼 대단한 일을 해냈다는 사실을 아는 사람은 그리 많지 않다. 그보다는 중국에서 활동하던 유명한 선교사인 J. 허드슨 테일러J. Hudson Taylor가 기네스 가족들에게 큰 영향을 준 것이 더 많이 알려졌다. 그는 외국 선교활동에 대한 열망을 자극했을 뿐만 아니라 기네스 가문의 여성과 결혼했기 때문에 쉽게 알려진 것 같다.

허드슨 테일러는 17세에 아버지의 서재에서 읽을 만한 책을 찾다가 종교에 눈을 뜨게 되었다. 우연히 〈종말을 고하다It Is Finished〉라는 전도지를 발견하고는 무엇이 종말을 고했다는 뜻인지 궁금하게 여겼다. 허드슨 테일러의 표현을 빌리자면 그 전도지는 결국 모든 궁금증을 해결해준 셈이 되었다.

여러 달이 지난 후 1849년 12월 2일에 그는 혼자 기도하던 중에 중국으로 떠나는 문제를 생각해 보았다. 네 살 때 부모님에게 "나는 어른이 되면 선교인이 되어서 중국으로 갈 거예요"라고 말했던 것이 생각났다. 어린 시절의 기억에 더하여 성인이 된 후에 진지하게 기도를 드린 결과로 그는 중국으로 가야 한다고 확신하고 그곳 사람들에게 복음을 전파할 준비를 갖추기 시작했다.

허드슨은 즉시 혹독한 적응 훈련을 개시하여 딱딱한 나무판자 위에서 잠을 청하고 먹는 양을 확 줄여버렸다. 또한, 시끄럽고 가난에 찌든 교외로 이주하여 포교 활동을 펼쳤다. 그의 몸은 강인해졌고 믿음은 더욱 깊어졌으며 중국에 가야겠다는 열망도 계속 불타올랐다.

마침내 허드슨은 중국 복음화 협회Chinese Evangelization Society와 연락이 닿았다. 협회에서는 허드슨에게 이스트엔드에 있는 런던 병원에서 의학을 공부할 수 있도록 도움을 주었다. 당시 중국에서는 기독교가 큰 반향을 불러일으키고 있었다. 이러한 실태에 대한 보고서가 런던으로 날아들자, 협회의 주요 인사들은 물론이고 테일러 본인도 학업을 당장 그만두고 중국으로 떠나는 것이 좋겠다고 결정했다.

처음에는 고생을 많이 한 것에 비해 이렇다 할 성과가 없었다. 허드슨은 내전으로 폐허가 된 곳에 지내면서 서구 문화를 배척하는 사람들로부터 박해를 받았고 식인종의 위협도 겪었다. 심지어 서방세계에서 온 다른 선교사들까지도 그를 냉대했다. 또 한 번 그는 오로지 신앙에 의지해서 사는 법을 배웠으며 큰 성과가 없을 때에도 충실하게 전파하는 것이 중요함을 깨달았다.

1865년 6월 25일에 휴가차 잠시 고향으로 돌아온 그는 브라이튼의 해변을 거닐며 중국은 그의 임지이므로 죽을 때까지 그곳에 있어야 한다는 결론을 내렸다. 그는 중국 내지 선교회China Inland Mission를 설립했으며 함께 중국으로 떠날 24명의 선교인을 찾게 해달라고 기도를 드렸다. 또한, 그는 선교 봉사가 무리 없이 진행될 수 있도록 자금을 조달해 달라는 기도를 드린 후에 푼돈을 털어 은행 계좌를 하나 개설했다.

기적적으로 유명한 전도사인 찰스 스펄전이 테일러의 이야기를 듣고 그를 적극적으로 후원해 주었다. 이렇게 해서 허드슨은 13,000파운드의 자금과 24명의 동료 선교인을 확보하게 되었다.

그는 중국에 사는 내내 온갖 박해를 겪고 끔찍한 광경을 목격해야 했다. 그곳에는 죽는 아이들이 많은 데다 하루가 멀다고 폭력사건이 일어났다. 게다가 허드슨은 고질적인 건강 문제를 겪어야 했다. 그렇게 중국에서 51년을 보내는 동안 허드슨은 중국내지선교회와 함께 20개의 선교부Missionay Station를 세워서 천여 명에 달하는 선교인을 임지로 보냈으며 약 700명의 중국인에게 설교을 하고 4백만 달러가 넘는 기금을 마련했다. 그가 떠날 무렵에는 중국에 125,000개에 달하는 교회가 빠른 속도로 발전하고 있었다.

〈욕망의 전차Chariot of Fire〉라는 영화를 통해 중국 선교 봉사에 대한 에릭 리델Eric Liddell의 남다른 열정에 감동받았다면, 허드슨 테일러의 공적도 반드시 기억해야 할 것이다. 저녁 뉴스를 보면 오늘날 중국에 있는 기독교 교회가 전 세계에서 가장 빠르게 성장하며 새로운 기독교의 거점으로 자리 잡고 있음을 알 수 있다. 그러한 발전의 기초를 놓은 사람이 바로 허드슨 테일러라는 사실을 잊어서는 안 된다. 요즘에는 몇몇 중국인 목회자들이 '기독교를 믿지 않는 서방 국가'에 전도하기 위해 외국으로 건너가는 경우가 있다. 중국 교회 역사의 초반에 남다른 선교 열정으로 전파하여 이처럼 괄목할 만한 성장을

허드슨 테일러의 모습

이룬 사람도 바로 허드슨 테일러이다.

헨리 기네스는 리버풀에서 열린 컨퍼런스에서 허드슨 테일러를 처음 만났다. 그는 테일러의 겸손한 태도와 열정에 깊이 감동한 나머지 가족 모임에 와서 설교를 해달라고 부탁했다. 아마 테일러의 외모 역시 기네스를 적잖이 놀라게 했을 것이다.

선교인들은 중국에 사는 저임금 노동자처럼 보여야 문화적 장애물을 극복하고 복음을 전파할 수 있었다. 그래서 테일러가 변발辮髮을 하고 실크로 된 짧은 바지에 셔츠를 걸친 채 돌아다니는 모습은 전혀 이상한 일이 아니었다. 덕분에 그는 수많은 중국인을 개종시켰고 그곳에 사는 사람들의 반감도 누그러뜨릴 수 있었다. 그처럼 극단의 변화도 개의치 않는 모습은 헨리 기네스의 마음을 감동시켰고 두 사람은 절친한 사이가 되었다.

사실 그는 헨리만큼 국제적으로 성공한 상태였지만 테일러의 말을 듣자마자 자신도 중국에서 선교활동을 하겠다고 말했다. 토마스 버나도가 테일러에게 영향을 받아서 평생 중국 선교 봉사를 결심한 것도 같은 시기였다. 하지만, 테일러는 현명하게도 기독교인이라면 저마다 하늘이 다른 임무를 주신다고 판단했다. 그는 토마스가 다른 일에 더 적합할 것이라고 생각하여 헨리 기네

가족과 함께 한 허드슨 테일러

스에게 그 사람은 직접 중국에 가는 것보다 영국에서 젊은 선교사들을 훈련시키는 일이 더 어울린다고 말해 주었다.

그 일은 헨리 기네스와 패니의 인생에 큰 전환점이 되었다. 두 사람은 종파마다 그럴듯한 선교인 학교를 운영하지만, 중국내지선교회는 독립적인 선교인을 양성할 기관이 없다는 사실을 자각하고 있었다. 하지만, 두 사람은 테일러가 생각을 바꿀 때까지 자신들이 그 임무를 직접 수행해야 하리라고는 생각하지 않았다.

오랫동안 기도하고 상의한 끝에 기네스 부부는 런던의 이스트엔드에 있는 집으로 이사하여 스테프니 연구소Stepney Institute라는 선교인 양성 학교를 열었다. 그곳은 시꺼먼 연기를 내뿜는 공장과 다 쓰러져가는 공동주택 사이에 있었으므로 앞으로 중국에 가서 선교활동을 할 의사가 분명한 학생들이라면 생존 방법을 몸으로 터득하기에 좋은 환경이었다. 학생들은 직접 구호 활동에 참여해야 했다. 앞날이 창창한 젊은이들에게 선교인이 그리 매력적인 직업으로 보일 리 만무했지만 그래도 대기자 명단이 너무 길어서 결국 학교 시설을 확충하기에 이르렀다. 바우Bow의 할리 하우스Harley House에 새 학교를 개설한 후에 기존 학교는 이스트 런던 국내외 선교 활동 연구소East London Institute for Home and Foreign Missions로 이름을 바꿨다.

역사상 유명한 모험을 보면 항상 그렇듯이 주변 환경도 완벽하게 갖추어져 있었다. 드와이트 무디와 아이라 생키는—기네스 가족의 도움을 받아 숙소를 마련하면서—두 번째로 영국을 순회하고 있었으므로 웨슬리와 화이트필드 이후로 종교적 열정이 가장 고조되어 있었다. 헨리가 포교 활동을 처음 시작했을 때처럼 수천 명이 기독교에 귀의했으며 교회가 폭발적으로 늘어났고 많은 사람이 기독교 활동에 전 생애를 바치겠다고 결심했다. 그래서 할리 하우스로 알려진 기네스의 선교인 양성 학교에 입학하려는 학생들이 장사진을 이루었다.

이렇게 종교적인 관심이 고조되자 많은 사람이 거액의 헌금을 내놓았다. 부두에 있는 선원들에게 전파하는 데 사용되는 복음전도자라는 선박도 있었다. 어느 부자가 기증한 더비셔에 있는 맨션은 선교인 훈련 학교이자 버나도의 사무실로 사용되었다. 얼마 후에는 부지와 건물을 기증받아 할리 칼리지 Harley College라는 학교를 세우게 되었다. 이 학교는 계속 번창하여 미국에 있는 무디 성서 학교Moody Bible College의 전형이 되었다.

버나도와 기네스 같은 사람이 빈민가 한복판에 살면서 전파 활동에 힘쓰자 런던의 이스트 엔드는 급진적이고 비순응주의적인 기독교의 중심지라는 평판을 얻게 되었다. 사람들은 그곳을 가리켜 '런던의 이스트 엔드에 자리 잡은 기독교적 사회봉사 제국'이라고 불렀다. 이 활동이 워낙 열정적으로 진행되다 보니 지금도 세계 각국에서 이 활동을 이어가는 단체들을 볼 수 있다. 애미 맥퍼슨Aimee McPherson, 드와이트 무디, 윌리엄 부스 대령William Booth, 구세군의 창시자, 샤프트베리 경이 이곳을 찾아 그들을 격려했다.

여기에서 양성된 선교인들은 복음이 전파되지 않은 세계 각국으로 파견되었다. 중국뿐만 아니라 아프리카에도 일꾼이 많이 필요했다. 데이비드 리빙스턴David Livingston과 헨리 스탠리Henry Stanley는 탕카니카 호Lake Tanganyika 근처를 여행하면서 그곳에 전파할 필요성을 절실히 느꼈다. 그 결과 20세기가 시작될 무렵에는 100여 개의 나라에 교회와 선교부가 세워졌다. 이는 할리 하우스와 할리 대학에 쏟은 기네스의 노력과 수천 명의 고아를 돌보았던 그의 친구 버나도의 공적을 증명하는 것이다.

헨리 기네스는 세상을 떠나기 몇 년 전에 당대 최고의 목회자이자 기독교 교육의 혁신가로 존경받았다. 또한 20세기가 시작될 무렵에는 그를 존경하는 수많은 사람이 그를 작가로서 새로이 인식하게 되었다. 특히 그는 성서 예언에 대한 통찰력으로 훌륭한 저작을 다수 내놓았다. 그의 저서는 앞으로 곧 펼쳐질 세계 역사의 가장 중대한 사건들에 지대한 영향력을 미쳤다.

대학교육을 받기는커녕 학업에 몰두하면 종교 활동이 사라질까 두려워했던 헨리는 어느새 유명한 작가로 알려지게 되었다. 아마 1886년에 산책하면서 성서학자의 길을 걷기로 결심했는지 모른다. 헨리의 딸인 루시는 ≪그런 시기가 오면For Such a Time≫이라는 책에서 당시 상황을 이렇게 설명했다.

패니 기네스가 자녀들과 함께 찍은 사진

아버지는 요크셔 타운의 음산한 거리를 걷다가 어느 집의 담벼락에 유인물이 붙어있는 것을 보았다. 아버지는 양손으로 뒷짐을 지고 깃이 달린 모자를 머리 뒤로 밀어젖힌 채 그것을 읽다가 비탄과 분노를 느꼈다. 유인물의 내용은 유명한 어느 이교도가 요크셔 근처에서 그리스도와 성서의 권위를 공격하는 내용으로 일련의 강연을 한다는 것이었다.

유인물의 주인공은 우리에게 ≪종의 기원On the Origin of the Species≫의 저자로 잘 알려진 찰스 다윈Charles Darwin이었다. 인구의 절반이 문맹자라서 다윈의 주장에 아무런 영향을 받지 않을 것이 분명했지만, 헨리는 나머지 사람들, 사상가들과 상류 계층 사람들이 다윈의 말을 곧이곧대로 믿을까봐 몹시 걱정스러웠다. 생물이 계획에 따라 창조된 것이 아니며 시간이 흐르면 진화하거나 멸종된다는 주장은 신이 없다는 결론으로 이어질 수밖에 없었다. 그는 전파 계획을 잠시 미룬 후에 다윈의 주장을 반박할 수 있는 모든 자료를 검토한 다음, 제자들을 모아놓고 가장 사악한 거짓말인 다윈의 주장에 어떻게 대답해야 할지 가르쳐 주었다.

헨리는 중국 사람들이 미신과 거짓종교에 눈이 멀어서 복음을 깨닫지 못하는 것처럼 영국에서 유행하는 과학을 빙자한 거짓 주장이 기독교를 위협하는데도 교회 측에서는 이 주장에 반박할 준비가 되지 않았다고 느꼈다.

그는 성서 역사를 연구하다가 성서 예언에 심취하게 되었다. 특히 다니엘과 계시록에 나오는 예언적 기간의 하루를 1년으로 계산하면 그 결과가 천문학자라면 누구나 알고 있는 천체 주기와 완벽하게 맞아떨어진다는 스위스 천문학자 장필립 루아 드 셰소Jean-Philippe Loys de Chseaux의 글을 읽고 흥분을 감추지 못했다. 헨리는 즉시 이 문제를 깊이 조사하여 그 결과를 ≪역사, 예언, 과학을 살펴보면 이 시대의 끝이 다가오고 있다The Approaching End of the Age in Light of History, Prophecy and Science≫라는 책으로 발표했다. 천문학 자료에 대한 부록만 600페이지에 달하며 할 정도로 방대한 책이었지만 베스트셀러에 올랐고 개정판이 14판까지 출간되었다. 이 책을 계기로 헨리는 신학박사 학위를 받고 왕립천문학회Royal Astronomical Society에서 활동하게 되었다.

이미 정신없이 바쁘게 지내고 있었지만, 헨리 기네스는 20권 이상의 저서를 내놓았다. 그 중에서 1886년에 출간된 ≪마지막 날에 빛이 비치다Light for the Last Days≫가 가장 크게 주목받았다. 프레더릭 멀러리에 의하면 헨리는 기원전 604년을 '이방인의 때'의 시작으로 보았다. 그때를 시작으로 하든 모하마드 달력의 서기 622년을 시작으로 하든 1917년이 마지막 때의 중대한 시점……특히 이스라엘의 경우에 매우 중대한 연도가 된다고 결론내렸다.

실제로 1917년에 영국 장군인 에드먼드 앨런비가 예루살렘을 장악했다. 그전에는 오스만 제국이 그곳을 400년간 통치하고 있었다. 이러한 역사적인 사건이 벌어지기 몇 달 전인 6월에 앨런비는 런던의 그로스베노 호텔에 묵고 있다가 육군 소장인 헨리 드 보부아르 드 리슬리Henry de Beauvoir de Lisle로부터 총사령관으로 승진한 것을 축하하는 전화를 받았다.

헨리 소장은 "12월 31일 전까지 예루살렘을 점령하시는 데 아무도 방해하

헨리 그라탄 기네스와 그레이스

지 못할 겁니다"라고 말했다. 깜짝 놀란 앨런비가 "무슨 근거로 그런 말을 하는 거요?"라고 되묻자 그는 이렇게 대답했다. 바로 그때에 헨리 소장은 헨리 그라탄 기네스의 ≪마지막 날에 빛이 비치다Light for the Last Days≫라는 책에 그 점이 예언되어 있다고 알려주었다.

예루살렘은 그해 12월 9일에 함락되었다. 이틀 후에 앨런비는 예루살렘에 입성했다. 기독교를 믿는 장군이 그 도시를 장악한 것은 수백 년 만에 처음 있는 일이었다. 그는 말을 잘 타는 사람이었지만 자기 발로 걸어서 예루살렘 성문을 통과했다. 앨런비는 예수만이 말을 타고 그 도시에 입성할 수 있다고 여겼다. 그는 헨리 기네스의 예언을 마음 깊이 두고 있었던 것이 분명하다.

1917년에 대한 예측이 정확했던 것처럼 유대인들의 재기에 대한 그의 예측도 정확히 실현되었다. 그 시대 사람들은 유대인들이 1948년에 본토로 돌아올 것이라고 상상도 하지 못했다. 물론 영국에게는 그렇게 되는 것이 가장 유리하다고 판단한 사람들은 있었다(샤프트베리 경도 그런 의견을 강하게 제시한 편이었다). 하지만, 정말 그렇게 되리라고 기대한 사람은 거의 없었다. 하지만, 거의 60년 전에 헨리 그라탄은 1948년에 이스라엘이 다시 하나의 국가로 우뚝 서는 기적이 벌어질 것으로 예측했다. 덕분에 헨리 그라탄은 역사상 가장 선견지

명이 뛰어난 작가로 자리매김하게 되었다.

자신의 글이 예루살렘의 해방에 더하여 이스라엘로 유대인들이 복귀하는 데 큰 몫을 수행했다는 것을 알았더라면 헨리 그라탄은 뛸 듯이 기뻐했을 것이다. 하지만, 그는 1910년에 이미 세상을 떠나버렸다. 그렇게 당대 최고의 존경을 받던 인물이 사라졌다.

그는 젊은 시절뿐만 아니라 노년기에도 파란만장한 변화를 겪었다. 사랑하던 아내인 패니는 자주 병치레를 하다가 결국 1892년에 뇌졸중을 일으켜 1988년에 숨을 거둘 때까지 수족을 쓰지 못했다. 하지만, 헨리는 여전히 건강하고 에너지가 넘쳤다. 큰 머리에 흰 머리칼이 휘날릴 때면 사자처럼 보였다.

헨리는 노년에 쉬고픈 마음이 조금도 없었기에 결국 오랜 친구의 딸인 그레이스 헐디치Grace Hurditch와 재혼했다. 당시 그녀는 26세였다. 두 사람은 5년간 전세계를 돌며 전파 활동을 계속했다. 소개서를 지닌 덕분에 어디든 갈 수 있었다.

먼저 영국을 방문했다가 미국을 거친 다음 아시아 지역에서 오랫동안 선교 활동을 벌였다. 그 후 오스트레일리아에 갔다가 그레이스에게서 첫 아들 존 크리스토퍼John Christopher를 얻었다. 얼마 후 영국으로 돌아왔으며 1908년에 둘째 아들인 폴 그라탄Paul Grattan을 낳았다.

헨리 그라탄은 이미 70대 노인이었다. 패니가 낳은 자녀 중에서 셋은 유아기에 사망했고 하나는 유산되었지만, 나머지 자녀들 해리, 제랄딘, 루시, 화이트필드는 모두 3, 40대 어른이 되어 열심히 선교 활동을 벌이고 있었다.

한 사람의 인생을 자녀와 손자녀로 평가할 수 있다면 헨리 그라탄 기네스는 단연 가치있고 영예로운 삶을 살았다고 말할 수 있다. 그의 장남인 해리

성 스티븐 그린은 개인 소유의 정원이었으나 아더 기네스는 1880년 조경을 다시 한 후에 이를 대중에게 개방했다.

Harry는 벨기에 령의 콩고에서 잔인한 유럽인의 착취 실태를 고발하는 선교인이자 정치가로 활동했으며, 레오폴드 국왕과 테오도르 루즈벨트 대통령을 설득하여 콩고 지역을 완전히 바꿔놓았다. 딸인 루시는 유명한 작가이자 열정적인 탐험가가 되었다. 패혈증으로 일찍 세상을 떠났지만, 루시에게는 유산을 이어받을 두 아들이 있었다. 형 헨리는 록펠러 재단의 연구박사가 되었으며 후에 미국 폴리오 재단Polio Foundation of America의 대표직에 올랐다. 칼Karl은 주교 사제로 임명받아서 미 육군의 군목사로 활동했다.

장녀인 제랄딘Geraldine은 J. 허드슨 테일러J. Hudson Tayor의 아들과 결혼하여 중국 선교활동에 평생을 바쳤다. 그녀는 모든 선교여성에게 모범이 되었다. 후에 그녀의 남동생인 화이트필드 기네스 박사도 중국 선교 활동에 동참했다. 제랄딘이 저술한 시아버지의 전기인 ≪허드슨 테일러의 삶The Life of Hudson

Taylor≫은 오랫동안 호평을 받았다. 제럴딘은 남동생과 함께 박해, 전쟁, 질병을 겪으면서 중국에서 수십 년간 봉사하다가 그곳에서 세상을 떠났다.

성직자의 길을 걷는 사람들의 행렬은 여기에서 끝나지 않았다. 헨리 그라탄 기네스의 자손 중에는 기독교 목사, 선교인 겸 의사, 기독학교 교사, 왕실 공군의 군목사가 되거나 아시아에서 선교 활동을 한 사람이 굉장히 많다. 앞으로도 그의 후손들은 헨리의 뛰어난 믿음을 계속 이어갈 것이다.

그렇다면 이것의 시작은 과연 어디인가라는 질문이 생긴다. 아더 기네스의 자녀들은 열 명당 한 명 꼴로 독실한 기독교인이 되어 신앙의 힘으로 한 나라의 역사를 바꾸는 위력을 발휘했다. 이러한 힘은 과연 어디에서 비롯되는 것일까?

아쉽게도 위의 질문에는 정답이 없다. 그러나 아더 1세의 마음과 정신에 불타오른 열정이 한 가지 해답일지 모른다. 웨슬리의 설교를 듣거나 아일랜드에서 주일학교를 세우던 중에 또는 가톨릭 평등을 위해 싸우던 중에 강한 믿음의 씨앗이 형성되었을 가능성이 있다. 우리가 확실히 이해할 수 없지만 어떤 방식으로든 그 씨앗이 군인이 된 아들에게 전해졌다가 유명한 목회자가 된 손자를 통해 커다란 불꽃으로 번진 것 같다. 백 년이 지난 후에도 기네스 후손들의 마음속에 활활 타오르고 있었다면 앞으로도 계속 이어질 것이 분명하다.

물론 이것이 확실한 결론은 아니다. 하지만 기네스 가의 사람 중에서 성직자의 길을 택한 사람들이 가장 화려한 공적을 세운 것은 분명하다. 이점에 대해 어느 역사가는 이렇게 기술했다.

19세기가 저물어갈 무렵에 기네스 가의 사람들-맥주 양조업자, 금융계로 진출한 사람들, 선교인-은 모두 실제로 세계 전역으로 진출하여 각자의 분야에서 왕성하게 활동하고 있었다. 트리플-스타우트 기네스 맥주인 '웨스트 인디스 포터West Indies Porter'는 이미 오랫동안 캐리비언과 대영 제국의 식민지 곳곳에서 일하는 백인들의 짐을 덜어주고 있었다. 은행가 리차드 세이모어Richard Seymour와 그의 아들인 벤자민은 정직하게 돈을 벌 수 있는 곳이라면 어디든지 해외 지부를 설치하여 계속 연락을 주고받았다. 하지만 이러한 해외 사업은 모험성이나 열정에 있어서 '그라탄' 기네스와 감히 비교할 수준이 아니었다. 그라탄을 필두로 한 선교인들의 동기는 물질적 야망이 아니라 타고난 깊은 신앙이었다. 그들은 성서에 사람들을 개화시키는 힘이 있다고 굳게 믿었다.

제6장
20세기에 들어선 기네스

20세기의 여명이 밝을 무렵 기네스는 이미 세계 어디에서도 경쟁업체를 찾아볼 수 없는 대규모 맥주 브랜드로 우뚝 서 있었다. 직원들은 삼천 명이 넘었으며 기네스의 맥주 생산과 관련된 일을 하는 사람들은 1만 명 이상이었다. 1900년대 초반에는 사람들이 입을 딱 벌릴 정도로 급격히 성장했다.

요즘처럼 급박한 변화에 익숙한 세대는 19세기에 태어나 20세기에 생을 마감한 사람들이 그러한 변화의 속도에 따라가지 못해서 쩔쩔매는 모습을 상상도 하지 못할 것이다.

윈스턴 처칠Winston Churchill을 예로 들어 그의 생애를 잠깐 생각해보면 그는 나폴레옹 참전 용사들이 살아있던 시절인 1874년에 태어났다. 그 해에 율리시즈 S. 그랜트Ulysses S. Grant 장군은 제2의 전성기를 맞이했으며 미국 대통령과 칼 막스Karl Marx는 영국 도서관British Library에서 공산당 선언을 작성했다. 또한 마크 트웨인은 여러 편의 소설을 발표했지만, 전혀 인기를 끌지 못했다. 전기, 라디오, 텔레비전, 전화는 그 시절에 아직 등장하지 않았다. 예일, 프린스턴, 콜롬비아, 루트거스Rutgers, 미국 뉴저지 주에 있는 주립 대학-옮긴이 대학이 '풋볼'이라는 새로운 경기에 대한 최초의 규칙을 제정한 것도 불과 1년 전 일이었다.

1965년에 처칠이 90세를 일기로 세상을 떠났을 때 사람들은 지구를 도는 위성을 만들고 우주를 여행했으며 금성 표면을 탐사하는 로켓을 쏘아 올렸다. 당시 자동차는 이미 시속 965킬로미터 이상으로 질주할 수 있었고 성전환 수술도 성공리에 이루어졌다. 핵무기도 이미 개발되어 있었다. 당시 미국 대통령이었던 린던 존슨Lyndon Johnson은 처칠이 34세가 되던 해에 태어난 사람인데도 그 시절에 중년 취급을 받았다. 처칠이 죽던 해에 영국 여왕은 비틀즈에게 대영제국훈장을 하사했다. 처칠도 이 훈장을 받았지만 오래전에 전혀 다른 공적으로 받은 것이었다.

한평생 살면서 이런 변화를 어떻게 감당해야 할까? 과연 어디에서 정신적으로 의지할 곳을 찾을 수 있으며 시간의 흐름에 따라갈 수 있었을까? 분명히 급변하는 세계 정세를 파악하는 것조차 몹시 힘들었을 것이다. 처칠은 매순간 이러한 어려움을 느꼈으며 그 고민을 좀처럼 떨치지 못했다. 그는 이렇게 회상했다.

"지금까지 살았던 사람 중에 과연 지금처럼 엄청난 가치관의 변화를 겪은 사람이 있을까? 지금처럼 하루가 멀다고 새로운 자료가 산더미처럼 쏟아져 나온 시절이 있었을까? 내가 파악한 구체적, 추상적인 개념 중에서 영원히 지속되며 계속 가치있는 것으로 여겨진 것은 거의 없었다. 내가 불가능하다고 확신했던 일, 도저히 있을 수 없다고 배웠던 일들이 현실로 나타났다."

이 말은 기네스에 그대로 적용된다. 이미 국제적인 기업으로 성장했던 기네스는 20세기가 시작되면서 정신을 차릴 수 없을 정도로 급박하게 변하는 주변 상황에 어떻게 대처했을까? 물론 기네스 가의 사람들이나 공장 직원 중에서 그 누구도 이런 일이 벌어지리라고는 예측하지 못했을 것이다. 세계 대전, 급진적인 기술 발전, 지금까지 알고 있던 모든 것을 뒤흔들어놓은 가치관의 변화는 쉽게 예측할 수 있는 문제가 아니기 때문이다. 변화의 힘은 용기와 융통성의 필요를 강조하며 이러한 특성을 키워준다. 사실 인생을 살면서 가장 필요한 기술은 그런 용기와 융통성을 가지고 계속 변하는 미래에 대처하는 자세일 것이다. 기네스는 바로 이런 면에서 좋은 모범을 세웠다. 지금도 세상은 변화에 적응하여 더 나은 사람이 되기보다는 힘에 부쳐서 쓰러질 것 같다는 생각이 들 정도로 급변하고 있다. 그러므로 기네스의 모범을 연구하면 우리 자신에게도 큰 도움이 될 것이다.

20세기의 여명이 밝을 무렵 기네스는 이미 세계 어디에서도 경쟁업체를 찾아볼 수 없는 대규모 맥주 브랜드로 우뚝 서 있었다. 직원들은 삼천 명이 넘었으며 기네스의 맥주 생산과 관련된 일을 하는 사람들은 1만 명 이상이었다. 1900년대 초반에는 사람들이 입을 딱 벌릴 정도로 급격히 성장했다. 1888년의 맥주 생산량은 약 158만 배럴이었으나 1899년에 208만 배럴로 증가했다. 1909년이 되자 이 기록은 277만 배럴로 껑충 뛰었으며 유럽 전역에 전운이 감돌던 1914년에는 354만 배럴을 생산했다. 간단히 말해서 인류 역사상 이처럼 대규모로 맥주를 생산하는 기업은 전례를 찾아볼 수 없었다. 기네스는 가장 생산적이며 번창하는 건실한 기업이었다.

이러한 성공은 대부분 기네스 회사가 맥주를 공급하는 각 소매상과 끈끈한 관계를 유지한 덕분이었다. 영국에 있던 선술집은 대부분 맥주 양조 공장에 딸려 있는 경우가 많았다. 그래서 술집마다 연계된 공장에서 생산하는 맥주가 아닌 다른 브랜드를 취급할 수 없었다. 하지만, 기네스는 특정 술집과 제휴하지 않고 한정 브랜드 취급점과 일반 술집에서 모두 판매하는 '게스트' 상품이었으므로 기네스는 술집을 소유, 운영하는 부담에 얽매이지 않고 주류 시장 전체에 보급되었다. 이렇게 맥주 생산이라는 한 가지 업무에만 집중한다는 지혜로운 결정을 내린 덕분에 맥주를 마시는 대중에게 널리 알려지게 되었다.

기네스가 대대적으로 공장을 확장하는 중에도 에드워드 세실이 이끄는 이 사회는 수출품의 질과 현지 상인들이 기네스 제품을 다루는 방식에 대해 고민을 놓을 수 없었다. 신속한 전자 통신이 보급되기 전에는 국외로 직접 사람을 보내서 세계 여러 나라마다 선적에서 판매까지 이어지는 모든 과정을 일일이 점검하는 것밖에 달리 방도가 없었다. 그리하여 '기네스 세계 여행원'이 등장했다. 1890년대 초반에 시작된 이 서비스는 1차 세계 대전 때문에 더는 각국을 돌아다니는 것이 불가능해질 때까지 계속되었다. 기네스는 자사 제품이 판매되는 곳은 어디든지 신뢰할 만한 사람을 보내서 유통 및 판매 과정을 개선하는 데 필요한 점을 알아오게 했다.

이 분야에서 두 사람이 두각을 드러냈다. J. C. 하인즈J. C. Haines는 예전에 맥주 양조장을 직접 운영한 경험을 살려서 유럽, 중동, 오스트레일리아를 돌아다녔다. 반면에 아더 T. 샨드Arthur T. Shand는 미국, 캐나다, 라틴 아메리카, 남아프리카를 맡았으며 오스트레일리아를 지원하기도 했다.

세계 각국을 돌아다니는 것은 결코 쉬운 일이 아니었다. 한 번에 몇 달씩, 길게는 몇 년씩 집을 떠나 있었다. 또한 매사에 꼼꼼하고 회사에 대한 충성심이 강하며 장부 기록을 잘 해야 하고 몇 달이고 혼자서 여행하는 것도 감수해야 했다. 기네스 맥주가 선적되는 과정, 현지 기후가 미치는 영향, 세계 각국의 주점과 가게의 판매 현황을 하나도 빠짐없이 보고하고 맥주병, 라벨, 마케팅 및 현지 생산 여부와 관련하여 개선할 점이 있는지 살펴보는 것이 그들의 임무였다. 이에 더하여 이사회의 요청에 따라 현지에서 팔리는 기네스 맥주를 구입하여 본사로 보내야 했다. 그러면 이사회는 해외 에이전시가 기네스 제품에 별다른 처치를 했는지 확인할 수 있었다.

하인즈와 샨드의 일기 및 보고서를 살펴보면 20세기 초반 맥주 산업의 모습뿐만 아니라 당시 세계 각국의 모습을 엿볼 수 있다. 선적 중에 맥주병이 폭발하는 현상에 대해 자세히 보고했을 뿐만 아니라 기네스 맥주통이 낙타의 등에 실려 가는 모습을 그림 그리듯 아름답게 묘사한 부분도 있고 터번을 두른 아랍 상인들이 스타우트 맥주를 마시며 벌어진 온갖 에피소드도 등장했다. 보고서의 처음부터 끝까지 두 사람이 프로다운 면모를 발휘하여 임무를 정성스럽게 완수했다는 증거로 가득했다. 어느 것도 두 사람의 예리한 관찰과 분석을 피해가지 못했다. 한 가지 예시로 하인즈가 오스트레일리아를 돌아본 후에 작성한 보고서를 잠깐 살펴보기로 하자.

심하게 파손된 제품은 없었으며 깨진 병은 한두 개에 불과했습니다. 파손품이 많지는 않았지만 짚을 많이 넣지 않고 너무 복잡하게 포장한 것이 파손의 원인으로 보입니다. 제 경험으로 볼 때 짚으로 병을 감싸주는 것이 가장 효과적인 포장방법입니다. 또한 박스는 어느 정도 공간 여유를 주는 것이 좋습니다. 그렇지 않고 너무 단단하게 포장하면 한쪽 끝이나 모서리 부분이 충격을 받을 때 한두 병이 반드시 깨지게 되어 있습니다. 이렇게 맥주가 새면 젖은 지푸라기가 발효되기 시작하여 열이 발생하고 문제는 걷잡을 수 없이 심각해집니다.

두 사람의 보고서는 자기가 맡은 일을 지혜롭게 최선을 다해 처리한 증거가 된다. 당시 기네스 직원들은 누가 먼저랄 것도 없이 모두 헌신적이었다. 다들 자신의 기술을 자랑스럽게 여겼으며 책임감을 신성한 약속처럼 중시했다. 맥주 제조 과정에 대한 사소한 사항까지도 일급 기밀을 다루듯이 함부로 발설하지 않았다. 모두 매우 중요한 프로젝트에서 가장 어려운 부분을 맡은 사람처럼 언행에 신중을 기했다. 보고서를 읽으면 절로 탄복할 수밖에 없었다. 하인즈와 샨드는 단지 월급만 바라고 일을 하는 사람들이 아니었으며 자기 인생에서 이보다 더 중요한 일은 없다고 생각했다. 그들에게 직업이란 곧 자기 자신을 대변하는 수단이며 보고서는 그들의 모습을 그대로 담은 거울과도 같았다.

사람은 직업을 통해서 세상 사람들에게 자신의 내면을 드러내며 그가 노동을 제공하고 받는 대가가 정당한 것임을 증명한다. 오늘날에 비해 가치관이 크게 다른 시대라는 점을 감안하더라도 보고서에는 여전히 우리에게 흥미로운 내용이 많았다.

더블린에 있는 기네스 본사에 대한 두 사람의 충성심은 라벨과 같은 사소한 문제나 병의 디자인, 표지판의 각도 등에 대한 의견에 고스란히 반영되어 있었다. 또한, 두 사람은 자신들의 일에 대단한 자부심이 있었으며 세상 사람들의 신뢰를 얻으려면 그 정도의 수고는 당연하다고 생각했다.

이 기간에 기네스가 세계 전역으로 뻗어나간 범위는 가히 상상을 초월했다. 1933년에 남극에 온 탐험대는 앞서 1929년에 온 탐험대가 머물렀던 장소에 들렀다가 한 가지 특이한 것을 발견했다. '선반 위에 기네스 네 병이 보였다. 꽁꽁 얼어 있었지만 꽤 유용하게 사용할 수 있었다'라고 그들은 보고했다. 영국의 유명한 탐험가인 랄프 패터슨 코볼드 Ralph Patteson Cobbold는 중앙

아시아 파미르 산맥의 힌두쿠시Hindu Kush, 중앙아시아의 거대한 산계(山系)-옮긴이에서도 기네스를 파는 사람들을 만났다. 그는 ≪아시아의 최중심부 : 파미르에서 즐기는 스포츠와 여행Innermost Asia : Travel and Sports in the Pamirs≫이라는 저서에서 이렇게 기술했다.

'와인과 음료를 파는 가게를 둘러보는데 놀랍게도 스타우트 파인트에 새겨진 기네스의 하프 모양이 눈에 들어왔습니다. 가격은 꽤 비싸더군요. 한 병에 8실링이나 했으니까요. 하지만, 생산지에서 그곳까지 오는 데 든 비용을 생각하면 나쁘지 않다고 생각했습니다. 아무튼, 스타우트 맥주는 맛이 정말 끝내주더군요.'

시대적 분위기가 낙관적으로 변해가며 회사도 날로 번창하자 기네스는 또 한 번 커다란 도약을 시도했다. 이사회의 승인을 얻어 성 제임스 게이트 공장은 확장 공사를 시작했으며 주요 항구로 상품을 운송하기 위해 증기선을 여러 대 매입했다.

1913년에는 W. M. 바클리Barkley라는 선박을 제조하는 동시에 캐로도어Carrowdore라는 선박을 구매했다. 이듬해인 1914년에는 제작 기간을 1년으로 계획하여 클레어아일랜드Clareisland와 클레어캐슬Clarecastle을 짓기 시작했다. 이와 동시에 에드워드 세실은 맨체스터 대형 선박용 운하를 따라 40만 4천 제곱미터의 부지를 매입하여 맥주를 대량으로 생산하는 제2공장을 지으려 했다. 그는 이사회 임원들에게 1912년에 생산한 물량의 네 배를 목표로 성 제임스 게이트 공장을 대규모로 짓겠다고 말했다. 이는 굉장히 획기적인 발상으로서 20세기의 기업 목표와 어울리는 것이었다. 이미 신기록을 거듭하며 폭발적인 성장을 거듭하던 기네스에게 그리 무모한 일은 아니었다.

하지만, 기대가 너무 컸던지 그 계획은 거의 실행되지 못했다. 잔혹한 전쟁이 벌어진 탓도 있었다. 전쟁은 그야말로 참혹하기 이를 데 없었다. 1914년 가을, 훗날 시인들이 '8월의 총성'이라고 불렀던 사건이 터지면서 수많은 사람이 희생되었다. 4년 후에 이 전쟁이 종식되기까지 천만 명 이상이 목숨을 잃고 그보다 두 배가 넘는 사람들이 부상을 입었다. 이로써 유럽은 큰 충격을 받았고 향후 수십 년간 전통, 희망, 믿음이 사라지게 되었다. 전쟁이 끝나자 누가 이기고 졌는지 구분하는 것이 아무런 의미가 없었다. 그저 '상실의 시대'라고 불린 후세대에게 죽어가는 선조들의 어리석음만 더욱 부각되었다.

이번 위기를 계기로 또 한 번 기네스 기업의 가치관이 표면으로 드러나게 되었다. 기네스 회사에서는 군복무를 하게 된 직원의 일자리를 그대로 보존해 줄 뿐만 아니라 복무 기간에 월급의 절반을 계속 지급했다. 정말 믿을 수 없을 정도로 파격적인 대우였다. 이로써 집에 남아 있는 아내와 자녀들은 재정적 어려움을 겪지 않았으며 전장에 나간 남자들은 가족을 걱정하지 않고 전쟁에만 집중할 수 있었다.

약 백여 명의 직원들이 성 존 앰뷸런스 연대에 소속된 성 제임스 게이트 사단에 즉시 자원입대했다. 그 후로도 약 오백 명 이상의 직원들이 입대 의사를 밝혔다. 그렇게 해서 공장 직원의 20%가 줄어들었고 앞으로도 그런 추세가 계속될 것이 분명했다. 전쟁 직전까지만 해도 사업이 놀랄 만한 속도로 확장되고 있었지만, 전쟁이 벌어지자 2년 만에 매출이 10%나 급감했고 1917년이 되자 전쟁이 발발하기 전의 절반 수준으로 떨어졌다. 갈수록 원료를 구하기가 어려워져서 생산을 지속하는 데 여러 가지 어려움이 많았다. 특히 전쟁 때문에 보리밭이 모두 밀밭으로 바뀌자 보리값이 폭등하여 큰 문제가 되었다. 전쟁과 더불어 아일랜드 본사의 자체적인 문제 때문에 경영난이 가중되었다. 이사회 임원들은 기업이 20년 전의 모습으로 되돌아갈지 모른다는 두려움을 떨칠 수 없었다.

그러나 기네스의 강인한 정신은 사라지지 않았다. 특히 전쟁 참사에서 살아남은 생존자들의 이야기에 귀기울여 보면 이 점을 확실히 느낄 수 있다. 1917년에 기네스에 처음 등록된 증기선인 W. M. 바클리가 독일잠수함의 어뢰에 맞아 침몰하여 선원들이 거의 다 목숨을 잃었다. 하지만, 생존자들의 생생한 증언은 지금까지도 전설처럼 회자되고 있다. 당시 바클리에 승선했던 토마스 맥글루Thomas McGlue는 이렇게 회상했다.

> 우리는 바다 밑으로 가라앉는 바클리에 휩쓸리지 않으려고 재빨리 노를 저어 달아났다. 그때 배의 고물 쪽에 독일 잠수함이 보였는데, 너무 커서 우리는 그것이 석탄선인 줄 알았다. 전망탑에서는 독일인 7명이 쌍안경으로 우리를 주시하고 있었다. 우리는 선장에게 구조를 요청하는 손짓을 보냈다. 그는 우리를 가까이 불러서 가라앉은 배의 이름, 거기에 실려 있던 화물, 소유주, 등록된 국가명, 목적지를 말하게 했다. 선장은 우리보다 영어를 더 잘하는 편이었다.……그는 우리에게 가도 좋다고 말했다.……뭍의 불빛을 가리키며 그쪽으로 노를 저으라고 알려주었다. 잠수함은 떠나버리고 우리는 망망대해에 홀로 남겨졌다. 주변에는 스타우트를 담았던 맥주통만 둥둥 떠 있었다. 바클리는 산산조각이 나서 조용히 가라앉아 버렸다.

우리는 키시를 향해 노를 저으려고 안간힘을 썼지만, 미국 방향으로 흘러가고 있었다. 그래서 닻을 내리고 배에 앉은 채로 밤새도록 고함만 질렀다.……마침내 검은 물체가 다가오는 것이 보였다. 그 배는 더블린으로 가는 도네트 헤드Donnot Head라는 석탄선이었다. 사람들은 우리를 태운 다음 구명보트를 배와 연결했다. 새벽 5시에 더블린에 도착했는데 어느 장교가 우리를 화재가 발생했던 세관에서 기다리라고 했다. 우리는 모두 바닷물에 흠뻑 젖어 있었고 옷도 엉망이었기에 그나마 다행이라 생각했다. 그런데 3시간이 지나도록 아무런 소식이 없었다. 그때 누가 다가와서 "당신들은 외국인입니까?"라고 물었다. 나는 "그렇소. 더블린에서 온 외국인이오"라고 응수해 주었다. 그는 더 이상 관심을 보이지 않았다. 우리는 걸어 나와서 다시 구명보트에 오른 다음 세관 부두를 행해 노를 저었다. 기네스 측 관리자가 나와서 우리에게 브랜디 한 병과 마른 옷가지를 건네주었다.

이 이야기는 기네스 가에서 끊임없이 회자되고 있으며 전쟁으로 힘든 시기에 많은 격려가 되었다. 기네스에 닥친 불행은 거기에서 끝나지 않았으므로 사람들은 계속 힘을 북돋워줄 필요가 있었다. 런던에 있는 정부도 기네스에게 일격을 가했다. 전쟁 중에 영국 의회는 맥주에 대한 세금을 올리기로 결정하고 맥주의 그래비티gravity, 맥아즙 안에 포함된 당분의 양-옮긴이를 낮추라는 말도 안 되는 법을 만들었다. 그래비티를 낮춘다는 것은 알코올 함량을 줄인다는 뜻이므로 맥주의 맛과 질이 모두 저하될 우려가 있었다. 설상가상으로 의회는 술집 영업을 밤 11시까지로 제한하여 기네스 매출에 큰 타격을 입혔다. 이러한 상황 때문에 전쟁이 벌어졌던 기간은 기네스 역사상 가장 큰 악몽이었다.

전쟁이 끝날 무렵 영국에서는 70만 명이 넘는 사상자가 발생했고 160만 명 이상의 부상병들이 고향으로 돌아왔다. 그들은 직업을 다시 찾아야 하는 데다 정상적인 생활을 원했다. 하지만, 아일랜드에서 벌어지던 상황 때문에 그들의 기대는 이루어지지 않았다.

아일랜드는 그 시기에 영국으로부터 독립하기 위해 산고를 치르고 있었다. 자치 정부를 지지하던 세력들은 이미 여러 대를 이어오고 있었다. 아일랜드가 대영제국에 속한 상태에서 일정 수준의 독립에 만족할 것인지 아니면 완전히 자치 정부를 세워야 할 것인지를 두고 나라 전체가 대립 구도에 빠져들었다. 냉정한 지식인들은 자치 정부에 만족했으나 신페인당Sinn Fein黨, 북아일랜드와 아일랜드공화국의 통합을 원하는 아일랜드 정당-옮긴이을 비롯한 일부 급진파들은 영국에서 완전히 독립하여 영국과 어깨를 나란히 하는 국가를 세워야 한다고 주장했다.

마침내 영국 의회는 아일랜드를 분할시켜 북쪽에 있는 얼스터의 개신교 구획으로 포함시키고 더블린을 중심으로 로마 가톨릭 교회를 지지하는 카운티는 남쪽 구획으로 분리하는 제3차 자치법Third Home Rule Act을 통과시켰다. 하지만 1차 세계 대전이 시작되어 이 계획을 실행에 옮기지는 못했으며 모든 일이 잠정 연기되었다.

그러나 아일랜드 독립에 대한 열망은 사라지지 않았다. 1916년에 비교적 소수의 혁명주의자들이 힘을 모아 부활절 봉기를 일으켰다. 하지만 전국적인 지지를 얻지 못하여 더블린 시를 벗어나지 못하고 일주일 만에 끝나고 말았다. 그러나 영국 정부가 사건의 주동자들을 엄벌하기로 결정하자 아일랜드 전국이 들썩이기 시작했다. 이번에야말로 전 국민이 영국 정부에 대한 강한 반발심을 드러냈다. 그 후로 수년간 전국 각지에서 폭탄을 투척하고 암살을 시도하는 등 폭력적인 시위가 끊이지 않았다.

1919년에 아일랜드는 독립을 선언했으나 그 후로도 영국과 유혈 마찰을 수없이 치러야 했다. 마침내 1922년에 영국과 아일랜드 양측의 협상가들은 오스트레일리아나 캐나다처럼 대영 제국의 영토에 속하되 자치 정부를 운영하는 아일랜드 자유국을 인정하기로 합의했다. 총 32개의 카운티 중에서 6개만 별도로 북아일랜드를 구성하여 영국의 일부로 남게 되었다. 그로부터 25년이 지난 1949년에 나머지 26개 카운티가 영국 연방에서 완전히 벗어나 아일랜드 공화국의 출범을 선포했다.

이러한 변화는 아일랜드 국민들 전체는 물론이고 기네스 맥주 사업과 기네스 가의 사람들에게 커다란 고비가 되었다. 기네스 가의 사람들은 정세 변화에 대하여 반대 의견을 고수했기 때문에 식사 시간은 물론이고 공식적인 석상에서도 언성을 높이는 일이 많았다. 공장에서도 정치적 의견이 다른 직원들이 주먹 싸움을 벌이는 일이 잦았고 식사 시간에도 열띤 공방이 벌어졌다. 더는 하루 일과를 마친 후에 맥주를 나눠 마시며 담소를 나누는 분위기도 찾아볼 수 없었다. 하지만 이보다 더 심각한 문제가 있었다. 공장 주변에서 계속 폭발음이 들리고 검은 연기가 자욱하게 피어오르는 일이 끊이지 않아서 현장 노동자들은 잠시도 마음을 놓을 수 없었다.

그런데 이렇게 힘든 시절에도 기네스는 봉사 활동을 계속했다. 특히 전장에서 부상병들을 돌보고 기네스 공장에서 직원들에게 응급 처치 요령을 전수하는 임시 교육 프로그램을 운영한 럼스덴 박사는 모든 사람의 존경을 받았다. 기네스 가의 사람들 역시 때로는 정치적 의견 대립으로 언성을 높이긴 했지만 모든 면에서 근검절약하면서도 관대히 도움을 베푸는 모습을 보였다. 또한 이들은 정당 간의 갈등을 초월하여 아일랜드 국가에 대한 남다른 충성심으로 훌륭한 모범을 세웠다. 또한 항상 흐트러지지 않고 평소와 같이 말쑥하게 단장하고 다니는 모습을 보면서 많은 사람이 곧 상황이 나아지리라는 희망을 얻게 되었다. 사정이 어려워도 기네스 이사회의 회장은 정기적으로 공장 직원들을 모아서 개인 소유의 보트인 팬텀Fantome을 타고 짧은 여행을 즐기도록 마련해 주었다. 어느 일요일 오전에 뱃놀이에 합류했던 직원 한 사람은 이렇게 회상했다.

"갑판에 앉아 있으면 음료수가 제공되었다.……강둑에 있는 건물 사이에서는 사람들이 다투는 소리가 들렸고 총을 쏘아 상대방을 죽이거나 팔다리에 큰 부상을 입히는 모습도 보였다. 하지만 그곳에서 배까지는 360m 이상 떨어져 있었기 때문에 배에 탄 사람들은 생명의 위협을 느끼지 않았다."

호화선상에서 강바람을 즐길 때면 길거리에서 싸움이 벌어져도 별로 신경이 쓰이지 않았다. 하지만 전쟁이 끝난 후에 몇 년간 경제가 어려워지자 기네스도 위기를 맞았다. 전쟁이 발발하기 전에 극적인 성장을 이루었으나 1914년부터 1918년까지 이어진 전쟁 때문에 맥주 생산량은 거의 절반 수준으로 하락했다. 1920년에는 매출이 전쟁 이전 수준으로 회복되었고 1921년에는 매출이 10% 증가하면서 서서히 회복세를 타는 것 같았다. 하지만, 1922년에 다시 매출이 급감하더니 한동안 그대로 머물러 있었다. 여기에는 여러 가지 요인이 작용했다. 전쟁 중에 정부가 요구한 대로 그래비티gravity, 맥아즙 안에 포함된 당분의 양—옮긴이를 줄이는 바람에 맥주 맛이 예전 같지 않았다. 게다가 아일랜드 정부는 맥주에 대한 세금을 전쟁 중에 영국이 부과한 것과 동일한 수준으로 유지했다. 설상가상으로 프로히비션Prohibition이라는 맥주가 등장하여 미국에서 기네스 맥주 시장이 완전히 사라져버렸다. 당시 기네스의 고충이 무엇이었으며 맥주와 술에 대한 미국인들의 태도가 어떤지 알면 그때 기네스가 얼마나 큰 어려움을 겪었는지 이해할 수 있다.

미국에서는 오랫동안 술을 팔지 못하게 했다. 여기에는 그럴 만한 이유가 있다. 식민 시대 초반부터 술은 거의 생활의 모든 면에 지대한 영향을 끼쳤다. 사람들은 상품을 구입할 때 돈 대신 위스키를 내놓았고 의사들은 포도주를 치료에 사용했으며 정치적 모임이 있을 때마다 정치가들이 직접 독주를 마시고 흥청거렸다. 술에 취한 사람들은 정치적 공격을 퍼붓기에 만만한 대상이었다. 당시 위스키 소비량이 많았기 때문에 신 연방정부는 1791년에 주류 판매에 세금을 부과했고 이를 발단으로 위스키 반란이라는 역사적인 사건이 벌어졌다.

대중들은 일부 종교인들과 마찬가지로 술에 취하는 것은 정죄받아 마땅한 사회악이지만 적당히 마시는 것은 인생을 풍요롭게 해준다고 생각했다. 개척자들이 미국 서부로 뻗어나가서 여기저기에 소도시를 건립하자 술의 부정적인 면모가 부각되기 시작했다. 술에 만취한 남자가 몇 명만 나타나도 마을 전체가 공포에 떨었으며 술주정뱅이 가장이 식구들을 저버리면 가족 전체는 험난한 개척지에서 누구에게도 도움을 청할 수 없었다. 자연스럽게 음주 반대 협회가 생겨났고 이들 중 다수는 여성들이 주도했다. 시간이 갈수록 미국 서부 지역에는 음주 '찬성'과 '반대' 세력이 팽팽하게 대립했다.

음주에 대한 부정적인 시각이 팽배해지자 모든 주에서 주류 판매를 금지했다. 1851년에 메인 주에서 최초의 금지령이 내려졌고 1852년에 로드 아일랜드Rhode Island, 매사추세츠, 버몬트 주로 번져나갔다. 1년 후에 미시간 주에서도 금지령이 발포되었고 1854년에 코네티컷 주로 이어졌다.

그러나 금주령은 제대로 시행되지 않고 당국이 느슨하게 대처하여 금주를 외치는 사람들의 불만이 가중되었다. 마침내 음주를 반대하는 움직임이 종교와 손을 잡고 1874년에 여성 기독교 금주 협회를 설립했다. 이 단체는 시골 지역에서 큰 반향을 일으켰으며 첫 번째 남편의 알코올 중독에 화가 나서 도끼로 중서부 지역의 모든 술집을 부숴버린 전설적인 여성인 캐리 네이션Carrie Nation이 등장하기에 이르렀다. 이 사건으로 수많은 미국인의 이목이 집중되었으며 반부패 개혁운동 시대와 맞물려서 음주에 대한 반감이 더욱 강화되었다.

하지만, 맥주 양조업자들은 이러한 시대적 변화를 깨닫지 못했다. 미국인들의 생활에서 맥주와 술이 항상 특별한 자리를 차지한다고 철석같이 믿었기 때문에 미국 전역의 맥주 양조업자들은 음주반대 운동이 확산되는 것을 보고도 대수롭지 않게 여겼다. 이들은 적절히 술을 즐기는 미국 문화를 계속 옹호했으며 심지어 미국이 독립을 선언한 시절로부터 전해 내려온 유명한 문구인 '맥주가 가장 좋은 약'이라는 표현을 자랑스럽게 내걸었다.

이것은 정말 뼈아픈 실수였다. 여성들이 정치적으로 세력을 확장하고 있었으며 그들 중 대다수는 과음으로 말미암은 수많은 가정 문제를 귀가 닳도록 들어온 사람들이었다. 게다가 1차 세계대전은 독일에 대해 거센 반감을 일으켰고 이 때문에 독일의 대표적인 산업인 맥주 양조업을 바라보는 시선도 곱지 않았다. 수많은 정치인이 반부패운동의 흐름에 편향하려고 국내의 여러 문제가 모두 술에서 비롯되며 금주령이야말로 이 나라에 만병통치약과 같을 것이라는 공약을 내세웠다. 뒤늦게 미국에 있던 양조업자들은 이러한 분위기를 파악했으나 그때는 이미 손을 쓸 수 없었다.

1917년에 식품규제법Food Control Act이 통과하면서 우드로 윌슨Woodrow Wilson, 미국 28대 대통령-옮긴이은 맥주와 포도주 생산을 규제할 권리를 갖게 되었다. 금주옹호자들은 주류 판매를 법적으로 금지하려면 우선 식품규제법을 통과시켜야 한다고 판단하여 남모르게 이 법안을 추진했고 윌슨도 그들의 계획을 도와주었다. 그는 맥주 판매량을 30%가량 줄이고 맥주의 알코올 함량도 크게 제한했다. 하지만 이는 시작에 불과했다. 얼마 지나지 않아서 모든 술을 완전히 금지하는 헌법수정안이 발의되었다. 이 수정안은 1919년에 통과되었으나 본격적으로 시행되려면 별도의 시행령이 만들어져야 했다.

그 후에 등장한 유명한 금주법Volstead Act에서는 알코올 농도가 5%를 넘으면 주류로 분류했다. 이상하게도 대통령은 거부권을 행사하고 의회에서도 이를 기각했으나 대법원에서는 맥주 양조업자들이 제기한 반대 소송에서 금주법을 지지해주었다. 이로써 1920년 1월 17일에 미국은 금주 국가로 등극했다.

그 법을 제정한 것은 미국 역사에서 가장 어리석은 짓이었다. 국민들은 금주법을 별로 환영하지 않았다. 1926년에 실시한 여론 조사를 보면 금주법과 이에 대한 제18차 시행령을 지지하는 국민은 19%에 불과했다. 금주법은 민주주의에서 커다란 타격을 안겨 주었으며 법과 질서 전체를 어지럽혔다. 미국 전역에는 17만 7천 개의 술집이 있었는데, 금주법이 제정된 이후로 모두 비밀리에 영업을 했다. 일례로 뉴욕에만 3만 2천 곳의 주류 밀매점이 성행했으며 비밀 고객들에게 매춘과 같은 또 다른 불법 서비스를 제공해주었다. 이러한 밀매점들은 위스키, 진, 럼주를 주로 밀매하는 상인들과 손을 잡고 있었다. 이처럼 금주법 때문에 불법 주류 밀매가 성행했을 뿐만 아니라 건강을 증진시켜 주는 맥주를 적당히 마시기보다는 독주를 마시는 국민이 많이 늘어났다. 결국 금주법은 미국 전역에 독주 소비량만 늘려 놓았다. 또한 가정에서 직접 술을 담그는 사람들도 많아졌다. H. L. 멘켄Menchen은 당시 상황을 이렇게 기술했다.

'집집마다 직접 술을 담그는 진풍경이 벌어졌다.······인구가 75만 명인 도시 한 곳에만 맥주 제조용품을 전문적으로 파는 가게가 100개나 생겨났다. 최근에 어느 대형 가게의 주인은 맥아 시럽이 하루에 2천 파운드나 팔렸다고 말했다.'

금주법의 폐해와 비리, 영향력은 거의 10년밖에 지속되지 못했다. 이윽고 뉴욕 출신의 알 스미스Al Smith라는 로마 가톨릭 교인이 대통령 선거에 출마하여 금주법 폐지를 선거운동의 주제로 삼았다. 비록 대통령에 당선되지는 못했지만 많은 사람이 그의 주장에 동의하기 시작했고 블랙 잭 퍼싱Black Jack Pershing 장군, 월터 크라이슬러Walter Chrysler, 크라이슬러의 창업주—옮긴이, 하비 파이어스톤Harvey Firestone, 파이어스톤 타이어 회사의 창업주—옮긴이, 존 록펠러John Rockefeller, 석유 사업으로 크게 성공한 미국의 대실업가—옮긴이 등이 스미스의 뒤를 이어 금주법 폐지를 외쳤다. 흥미롭게도 록펠러는 자신이 술을 마시지 않으면서도 금주법 폐지를 주장했다. 그는 이 법의 폐해를 제대로 파악하고 있었다.

제18차 시행령의 실패는 국민 대다수가 아직 금주를 실천할 준비가 되어 있지 않다는 증거이다. 적어도 법으로 강압적인 금주를 요구하는 것은 아직 무리인 것 같다. 그에 대한 최선의 대안은 절제이다. 수많은 사람이 이 점에 적극적으로 동의할 것이다. 따라서 완전 금주를 실천하는 것이 어느 정도 가능성이 있다면 나도 그 방안을 지지하겠지만 지금으로서는 절제를 강조하는 편이 낫다는 생각이 확고하다.

새로 취임한 프랭클린 델라노 루즈벨트Franklin Delano Roosevelt 대통령은 이 법안을 당장 없애라는 압력에 시달렸다. 취임한 지 불과 1주일 만에 그는 맥주의 알코올 함량을 3.2%까지 올리는 방안을 의회에 제출했다. 의회는 대통령의 제안을 수락하여 잘못된 정부 방침이 드디어 막을 내리게 되었다. 금주법은 1933년 제21차 수정안이 통과된 후에야 비로소 완전히 자취를 감췄다.

금주법은 맥주의 좋은 점을 모를 경우 얼마나 큰 피해를 초래할 수 있는지 보여주는 증거가 되었다. 맥주는 과음의 해결책이라기보다는 건강과 생활을 모두 망치는 독주에 대한 대체 건강 음료였다. 이 법을 옹호한 사람들은 술은 다 똑같다고 생각했다. 그 때문에 금주법이 시행되는 동안 독주를 마시는 사람들이 늘어났고 금주법이 폐기된 후에도 공장을 재가동하지 않는 곳이 많아서 맥주가 사회에 미치는 혜택을 기대할 수 없었다.

금주법이 제정되기 전에는 미국 전역에 16,000개의 맥주 양조 공장이 있었는데, 그 법이 폐지된 후에 공장을 재가동한 곳은 고작 700군데였고 그 중에서 500개는 낙후된 설비와 경영난 때문에 다시 문을 닫았다. 그래서 1930년대에 대공황이 닥치자 사람들은 맥주로 마음을 달래지 못하고 또다시 독주를 찾게 되었다. 이 때문에 많은 사람들이 폐인이 되었고 범죄와 가난이 확산되었다. 결국 금주법은 시행되던 기간은 물론이고 이 법이 폐지된 후에 경제적 위기가 닥쳤을 때 술을 적절히 마시는 풍습만 망쳐버렸다.

금주법이 시행되자 기네스는 미국 시장을 통째로 잃어버리게 되었다. 그와 동시에 아일랜드에서는 맥주 제조공장에 세금이 부과되어 어려움이 가중된 데다 오스트레일리아와 남아프리카 등에서는 현지 맥주 브랜드가 등장하여 기네스를 위협했다.

그러나 기네스의 영향력은 쉽게 약화되지 않았다. 매출이 급감하여 공장이 일정 수준 이하로 가동하자 앨런 맥멀런Alan McMullen이라는 젊은 과학자는 그 기회를 이용해서 자신의 새로운 아이디어를 실험해 보았다. 그는 기네스 연구팀의 책임자였는데 더욱 과학적인 방법으로 맥주를 양조하면 좋은 결과가 나오리라 확신했다. 그동안은 공장이 워낙 바쁘게 돌아가서 좀처럼 실험 기회를 마련할 수 없었다. 그는 공장의 일부 설비를 실험에 사용해도 좋다는 허가를 받은 다음에 살균 지속 과정을 개발하고 보리의 질소함유량에 대한 연구를 실시했다. 덕분에 기네스 제품은 질적으로 크게 향상되었으며 금방 매출 신장으로 이어졌다.

맥멀런의 과학적 접근 방식이 좋은 결과를 낳자 기네스 사내 문화도 크게 달라졌다. 당시 기네스는 매출을 더욱 꼼꼼하게 파악하고 가격을 적절히 조절하며 선적 방식에 대한 연구도 지속하고 있었다. 당시 기네스 이사회의 임원 중에서 시대적 요구와 기네스 문화, 현대적 비즈니스 방식을 모두 꿰뚫고 있던 사람은 벤 뉴볼드Ben Newbold뿐이었다. 그는 존 럼스덴 박사와 비슷하게 1926년에 영국 전역을 돌아보면서 맥주 보급실태에 대하여 직접 자료를 수집했다. 무려 두 달 동안 그는 맥주를 병 단위로 파는 사람들, 소매상 및 소비자들을 직접 만나서 어떤 점이 좋고 나쁜지 물어보면서 기네스가 시장 점유율을 확대할 방안을 모색했다. 이러한 조사를 통해 벤 뉴볼드는 럼스덴에 필적할 만한 장기적인 계획을 수립했다. 그는 마케팅을 가장 중시하여 아래와 같이 제안했다.

> 직접 고객을 상대로 '판매' 하는 조직소매상이 있긴 하지만 지금까지 스타우트 맥주는 기네스라는 브랜드의 인지도 덕분에 꾸준한 매출을 기록했다. 물론 소비자들은 지금도 기네스 맥주가 돈이 아깝지 않은 술이라고 생각하지만, 앞으로 상당히 오랫동안 기네스의 매출이 전쟁 이전의 수준으로 자연스럽게 회복되기를 기대하는 것은 사실상 불가능하다. 매출이 예전 수준을 회복할 때까지 별도의 노력을 기울일 필요가 있다. 이를테면 소매상에게 인센티브를 지급하거나 기네스 맥주의 그래비티 또는 가격을 조절하여 소비자층을 확대하는 방법, 대대적인 광고를 내보내고 자체적으로 판매 네트워크를 구축하는 방법 등이 있다. 필요하다면 이러한 방법들을 모두 사용하는 것도 고려해야 할 것이다.

광고라는 문제는 기네스에 매우 민감한 사항이었다. 일찍이 1909년에 에드워드 세실은 "어떤 식으로든 광고를 하지 않는 것이 우리 회사의 방침입니다. 영국이나 아일랜드에서는 절대로 광고를 하지 않을 것입니다"라고 못 박은 상태였다. 매출은 하루가 다르게 늘어나고 광고 없이도 좋은 평판을 얻었기 때문에 굳이 광고를 하는 것은 일종의 사치와 같았다.

하지만, 전쟁이 끝난 1920년대에는 상황이 달라졌다. 뉴볼드는 시대가 달라져서 하루빨리 광고를 기획해야 한다고 이사회를 열심히 설득했다. 그는 "잃어버린 후에 되찾기보다는 지금 가지고 있는 것을 잃어버리지 않게 관리하는 것이 훨씬 더 쉽고 비용도 적게 듭니다"라고 주장했다. 기네스 문서 담당자였던 에이브린 로체Eibhlin Roche는 당시의 상황을 이렇게 설명했다.

"아이바 경에드워드 세실은 자기 상품을 광고하는 짓은 곧 그 상품이 경쟁사 제품보다 못하다는 뜻이라고 생각하셨지요. 그런데 벤 뉴볼드 씨가 설득한 끝에 기네스도 광고를 해야 한다고 생각을 바꾸셨어요. 뉴볼드 씨는 기네스 최초의 마케팅 전략가입니다. 그분도 기네스 출신 위인에 반드시 포함시키셔야 합니다."

이러한 변화는 에드워드 세실이 생애를 마감할 즈음에 시작되었다. 그는 1927년 8월 30일에 열린 이사회 회의에서 기네스 광고에 대한 첫 번째 안건을 승낙했고 불과 몇 주 후인 10월 27일에 80세를 일기로 세상을 떠났다.

에드워드 세실은 1876년에 경영을 시작하여 사업을 크게 확장했으며 주식회사로 전환하고 1차 세계 대전이 발발하기 전에 공장을 크게 증축했다가 전쟁 후 매출이 급감하던 시절에 이르기까지 기네스를 성공적으로 지휘했다. 이제 생을 마감할 무렵이 되자 새로운 시대적 변화에 발맞추어 기꺼이 자신의 주장을 굽혔다. 그는 일평생을 맥주 사업에 바쳤으며 막대한 부를 축적했다. 사망 시에 그의 부동산 시가는 무려 1,350만 파운드에 육박했다. 이는 영국 역사상 전례를 찾아볼 수 없는 막대한 자산이었다. 또한, 빅토리아 시대의 신사로서 세기의 변화에 흔들리지 않고 대기업을 성공적으로 운영한 인재였다. 비록 기네스 회사가 위기에 처해서 새로운 해결책을 시급히 마련해야 한 것은 사실이지만 에드워드 세실 기네스가 오랫동안 진두지휘했다는 사실만으로도 미래의 성공은 어느 정도 보장된 것 같았다.

기네스 이사회의 대표직은 세실의 장남인 루퍼트Rupert에게 돌아갔다. 비록 작고한 아버지의 유언에 따른 것이긴 하지만 그 자리에 오르는 것은 만만한 일이 아니었다. 당시 53세였던 루퍼트는 공장 경영 경험이 거의 없었다. 게다가 사람들과 어울리기보다는 현미경으로 미생물을 관찰하는 것을 좋아하고 맥주보다는 여행과 공상을 선호하는 편이었기에 가족들마저 그를 이상한 사람처럼 취급했다. 그래서 루퍼트는 이사회에 합류하면서도 따가운 시선을 피할 수 없었다.

어린 시절에 그를 돌봐주던 유모는 윈스턴 처칠도 맡고 있었기 때문에 두 소년은 시간 단위로 함께 놀곤 했다. 당시에는 아이들의 활동을 시간 단위로 계획하는 일이 다반사였다. 한번은 야단스럽게 장난을 치다가 윈스턴이 채찍으로 루퍼트의 눈을 찰싹 갈겼다. 그런데 의사가 상처 부위를 제대로 치료하지 못해서 그만 흉터가 생기고 말았다. 세월이 흘러서 두 소년은 80대 노인이 되었고 처칠은 당시 아이바 경 2세로 불리던 친구에게 이렇게 말했다.

"이봐, 루퍼트, 우리가 더블린에서 한 판 싸웠던 것을 아직 기억하나?"

두 사람은 순수한 어린 시절의 추억을 더없이 소중히 여기고 있었다.

루퍼트는 가족들의 냉대를 받으며 성장했다. 학교 공부를 못하는 것은 기네스 가문에서 있을 수 없는 일이었으므로 가족들은 그가 멍청하고 게으르다고 생각했다. 시력 검사에서 정신 감정까지 모든 테스트를 받았지만, 가족들은 이렇다 할 이유를 찾지 못했다. 사실 루퍼트는 난독증을 앓았지만, 당시에는 이 병이 알려지지 않았기에 영문도 모른 채 가족들의 질타와 조롱을 당해야 했다. 일곱 살 때에는 아버지가 새로 구입한 현미경에 매료되어 우주를 구경하는 데 취미를 붙였다. 그 후로 루퍼트는 과학 연구에 묻혀 지내는 삶을 꿈꾸었다. 사실 그는 발육이 느리거나 학업에 전혀 관심이 없는 아이가 아니었다. 그저 학교에서 배우기보다는 독학이 더 적합한 아이였지만 성인이 될 때까지 그 누구도 루퍼트의 재능을 알아보거나 칭찬해주지 않았다.

그는 이튼과 캠브리지에서도 둔재 취급을 받았으나 친구들은 그를 좋아했다. 이튼 학교의 교장은 부모님께 보내는 편지에 루퍼트가 '행실이 올바르고 성격이 좋아서 모든 학생에게 귀감이 됩니다.……지금까지 여기서 가르치면서 루퍼트만큼 착하고 순한 아이는 본 적이 없습니다. 이 아이가 나쁜 짓을 한다는 것은 상상할 수도 없습니다'라고 기술했다.

그는 과학뿐만 아니라 조정 대회漕艇에도 남다른 재능을 보였다. 캠브리지 재학 시절에는 다이아몬드 조정 대회Diamond Schulls의 챔피언을 가볍게 물리쳐서 캠퍼스의 영웅이 되었으며 머지않아 영국 최고의 아마추어 조정 챔피언으로 인정받았다. 루퍼트에게는 난생처음으로 모두에게 인정받는 순간이었다. 그러나 심장이 약해서 운동을 계속하면 안 된다는 진단을 받았기에 더는 활약할 수 없었다. 그는 또다시 혼자서 몇 시간이고 현미경 앞에서 시간을 보냈으며 장남에게 실망한 아버지는 그의 동생인 어니스트와 월터에게만 관심을 쏟았다.

그는 20세기 후반에 윌리엄 토머스 경의 참모총장이 되어 보어 전쟁Boer War에 참전했다. 이질, 장티푸스로 고생하면서도 전쟁에서 큰 공을 세웠기에 본국으로 돌아와서 훈장을 받았으며 아버지의 비서로 일하게 되었다. 얼마 후에 그웬돌린 온슬로우Gwendolin Onslow라는 여성과 결혼했으며 아버지는 두 사람의 결혼을 축복하는 의미로 500만 파운드를 내놓았다.

그 시절의 부잣집 자손들처럼 루퍼트도 편하게 살 수 있었다. 하지만, 그는 전혀 다른 행보를 취하여 모든 사람을 깜짝 놀라게 했다. 기네스 가문 출신답게 루퍼트는 불쌍한 사람들에게 남다른 관심을 보였으며 개인의 부는 인류 전체의 복지를 위해 사용해야 한다는 의무감을 강하게 느꼈다. 그래서 결혼식에서 아버지가 준 돈을 흥청망청 쓰지 않고 아내를 설득하여 슬럼가로 이사한 다음 극빈층의 어려움을 덜어주는 자선 사업을 시작했다.

그를 잘 아는 상류층 사람들은 술렁거리기 시작했고 아일랜드 평민들은 크게 감동했다. 언론사들은 이 사실을 어떻게 보도해야 할지 갈피를 잡지 못했다. 어느 신문은 '요트와 조정, 사격, 골프를 취미로 즐기고 비프스테이크를 즐겨 먹으며 레안더Leander, 칼튼Carlton, 게릭Garrick, 로열 요트 클럽Royal Yacht Squadron에서 활동하는 상류층 청년이 힘없고 불쌍한 사람들을 도우려 한다. 이는 국가의 공공 서비스가 얼마나 빈약한지 적나라하게 보여주는 것이다' 라고 보도했다.

루퍼트는 단지 관심을 끌거나 잠깐 시간을 낸 것이 아니었다. 그는 7년이나 쇼레디치Shoreditch라는 빈민가에 살면서 그들의 고통을 온몸으로 느꼈다. 1906년에 임신 중이던 그웬돌린은 그만 자동차 사고를 당했다. 이 사고로 사내아이가 미숙아로 태어났지만 3일 후에 죽고 말았다. 이 일을 겪은 후에 루퍼트는 예전보다 더 자선 사업에 몰두하기 시작했다. 그는 런던 시의회에서 활동하면서 박애주의 개혁 정책, 특히 어린이와 관련된 문제를 개선하는 데 남다른 관심을 보였다. 그리하여 사람들은 루퍼트를 동정심이 많고 물러날 줄 모르는 개혁가로 여겼다.

그는 1908년에 해거스톤Haggerston을 대표하는 하원의원으로 당선되었으며 1912년에는 사우드엔드-온-시Southend-on-Sea의 의원으로 뽑혀서 25년 이상 재직하다가 아버지가 돌아가신 후에 기네스로 돌아왔다. 덕분에 그는 아버지와 동일한 귀족으로 인정받아 영국의 상원의원에 합류하게 되었다.

그웬돌린은 혼자서 가난한 사람들을 위해 계속 투쟁하기로 결심했다. 그녀는 남편의 뒤를 이어 하원의원에 출마하여 영국 역사상 최초의 여성 하원의원으로 당선되었다. 현재 남편은 영국의 상원의원이며 아내는 하원의원으로서 빈민가에 살았던 경험을 살려 가난한 사람들을 지속적으로 도와주고 있다. 두 사람은 기네스 가의 사람들답게 죽는 날까지 자선 활동을 계속할 것이다.

1927년에 루퍼트가 돌아왔을 때에는 기네스 공장이 예전과 많이 달라져 있었다. 1759년에 1만 6천 제곱미터의 부지를 빌려서 시작했으나 이제는 면적이 24만 2천 8백 제곱미터에 육박했다. 거대한 부지 곳곳에 수많은 건물이 있어서 12.8킬로미터에 달하는 철로가 아니면 도저히 공장 내부를 마음대로 돌아다닐 수 없었다. 발효실, 마구간, 저장실, 통장이통을 메우는 일을 직업으로 하는 사람-옮긴이 작업실, 맥주통을 세척하는 헛간, 차량 보관소, 홉과 맥아를 저장해 두는 대형 창고 등이 나란히 자리 잡고 있었다. 거기에다 부두와 선박은 물론이고 온갖 종류의 차고와 관리용 건물은 상상을 초월하는 수준이었다. 건물 주변에는 항상 트럭과 철도 차량 및 말이 끄는 마차가 바삐 지나다녔다. 맥주 생산량이 워낙 많다 보니 1930년에만 인쇄한 라벨을 한 줄로 길게 연결하면 지구를 한 바퀴 돌 수 있을 정도였다. 기네스는 맥주를 병에 담는 것은 외부에 맡겼지만 라벨은 모두 직접 제작했다.

루퍼트가 기네스 경영을 맡은 지 얼마 지나지 않아 서방 세계에는 최악의 경제 위기가 몰아쳤다. 이후 1929년 10월 29일은 뉴욕 증권 시장이 몰락한 검은 화요일로 알려졌다. 영국의 맥주 생산업은 그 후로 20% 이상 줄어들었으나 이는 아일랜드 경제가 무너진 것에 비하면 아무것도 아니었다. 1932년이 되자 기네스의 매출은 1927년의 절반 수준으로 떨어졌다. 하지만, 경영진이 지혜롭게 대처하고 몇몇 상황이 마침 운 좋게 맞아떨어져서 1939년에는 1914년에 산출한 수익의 두 배를 기록했다. 1933년에 미국의 금주법이 폐지되어 미국 시장이 다시 열리고 이사회 임원인 벤 뉴볼드의 노력으로 기네스가 광고를 시작한 것이 큰 원동력이 되었다.

에드워드 세실이 1927년에 광고를 허락하였기에 S. H. 벤슨Benson 광고회사와 계약을 맺고 시험적으로 마케팅 캠페인을 벌였다. 그때까지도 몇몇 이사회 임원들은 과연 광고로 효과를 볼 수 있을지 의심하는 눈치였다. 광고회사의 권유로 우선 글래스고우Glasgow에서 시험적으로 맥주 광고를 선보였다. 그곳은 아일랜드에서 인구 밀도가 비교적 높은데도 1914년 이래로 매출이 줄어든 지역이었다. 1927년 가을에 기네스 광고를 내보내자 1928년 4월에 매출은 7.3% 증가했다. 그래도 고개를 갸우뚱하는 임원들이 있었기에 매출액이 6.8% 하락했던 영국에도 시험적으로 광고를 선보였다. 그러자 금세 매출이 급격히 상승했다.

이제 기네스는 광고의 효과를 확신하게 되었다. 벤슨 광고회사 덕분에 광고 역사상 가장 유명한 슬로건과 캠페인을 만들 수 있었다. 초반에 벤슨에서는 '기네스는 당신에게 좋은 맥주예요'라는 문구를 제안했다. 이는 사람들이 기네스 맥주를 마시면 '기분이 좋아진다'고 말한 것에서 착안한 표현이었다. 예상대로 광고 문구는 좋은 반응을 일으켰으며 수십 년이 넘도록 계속 사용되었다. 타이밍이나 광고 문구가 모두 완벽하게 들어맞은 것이었다. 후에 조사해보니 술을 적당히 마시면 기분도 좋아지고 건강에도 이롭다는 사실이 증명되었다.

이것은 시작에 불과했다. 벤슨은 기네스에게 자사의 일러스트레이터인 존 길로이John Gilroy를 소개해 주었고 그 후로 기네스 광고는 전 세계적으로 유명해졌다. 대머리에 안경을 쓴 길로이는 기네스 브랜드를 식상하게 여기는 대중의 마음을 얻으려면 기발한 접근법이 필요하다고 판단했다. 그는 영국 출신으로 더럼 대학에서 공부했으나 1차 세계 대전이 발발하는 바람에 왕실의 야전포병으로 참전했으며 후에 런던에 있는 왕립 예술 대학에 진학했다. 졸업 후에는 벤슨에 취직하여 윈스턴 처칠, 존 길거드John Gielgud, 에드워드 히스Edward Heath, 교황 요한 23세 등을 비롯하여 왕족들의 초상화를 그리는 등 예술적 재능을 마음껏 발휘했다. 엘리자베스 여왕 2세도 초상화를 그리기 위해 22세의 젊은 화가인 길로이 앞에 자리를 잡고 앉았다.

1925년, 그는 벤슨에 입사한 지 얼마 되지 않아서 기네스의 첫 광고를 맡게 되었다. 당시 광고의 핵심은 '기네스를 마시고 힘내세요'라는 문구였으며 들보를 들고 있는 남성의 다양한 이미지도 등장했다기네스의 다른 광고에도 계속 등장한 이 남자는 바로 길로이 자신이었다. 1935년부터 길로이는 다양한 동물들이 등장하는 광고를 기획했다. 그 때문에 어떤 사람들은 '기네스 동물원'이라는 표현을 쓰기도 했다. 동물이 등장하는 광고는 매우 신선한 접근법이었다. 그는 후에 이렇게 설명했다.

"저는 항상 즐겁게 사는 사람입니다. 기네스 광고에도 약간의 유머를 쓰면 좋겠다고 생각했었지요."

하루는 베르트람 밀스 서커스를 보러 갔다가 야생 동물에 대한 아이디어를 얻었다. 그때 이후로 부리 위에 기네스 맥주를 올려놓거나 사육사의 맥주를 몰래 마시고, 전쟁 중에 떼를 지어 기네스를 배송하는 동물들이 등장하기 시작했다.

　이 광고는 대중들에게 큰 사랑을 받았다. 새로운 광고가 나올 때마다 큰 호응을 얻었다. 특히 1936년의 광고 포스터에는 사육사의 맥주 파인트를 꿀꺽 삼켜버린 타조가 등장했는데, 타조의 목에 걸린 맥주잔이 거꾸로 된 것이 아니라 탁자에 놓인 듯 위를 향하고 있었다. 그러자 맥주잔의 방향이 잘못된 것이 아니냐는 문의가 수천 건을 넘어섰다. 사람들은 광고 속의 캐릭터에 불과하지만 목에 걸린 컵이 뒤집히지 않아서 맥주를 못 마신 것을 몹시 안타까워했다. 1952년에 같은 광고가 다시 등장했는데 이번에는 아래의 시가 함께 소개되었다.

> 타조 한 마리가
> 여행자의 기네스 맥주를
> 컵까지 통째로 삼켜버렸네요.
> 목이 저렇게 기네요.
> 기네스 맥주가 타조를 힘내게 해주려면
> 시간이 한참 걸리겠어요.

　그 후로도 길로이는 '기네스 한 잔하기에 딱 좋은 날이에요,' '평소처럼 기네스 한 잔 어떠세요?', '세상에! 내 기네스 맥주잖아!' 와 같은 다양한 광고 문구를 내놓았다. 광고마다 맥주를 훔쳐서 달아나는 물개를 쫓아가거나 큰부리새가 파인트 두 개를 부리 위에 들고 있는 모습을 보며 신기해하는 만화 주인공이 등장했다. 큰부리새는 길로이가 기네스 광고에 등장시킨 동물들 중에서 가장 큰 인기를 얻었으며 종종 아래의 시와 함께 등장했다.

> 이 새가 사람처럼 말을 할 수 있다면
> '기네스는 당신에게 좋은 맥주예요' 라고 말할 겁니다.
> 큰부리새는 저렇게 맥주를 쏟지 않고 들 수 있군요.
> 큰부리새로 태어나서 얼마나 좋을까요?
> 큰부리새들이 둥지에 모여 앉아서 입을 모으네요.
> 기네스는 당신에게 좋은 맥주라고요.
> 오늘 맥주 몇 병을 준비해 보세요.
> 사람들은 맥주로 무엇을 할까요?
> 그럼 큰부리새는 맥주로 무엇을 할까요?

길로이의 머리에서 나온 기네스 광고는 그야말로 전설이 되었다. 그는 1960년대에 이르기까지 무려 35년 이상 백여 편 이상의 광고를 제작했다. 실력이 이렇게 출중하다 보니 월트 디즈니에서는 할리우드로 넘어오면 거액을 벌게 해주겠다고 제안했으나 길로이는 이를 거절했다. 영국 광고의 아버지라 불리는 데이비드 오길비David Ogilby는 길로이의 광고 포스터 덕분에 "기네스 맥주와 영국인의 생활은 뗄려야 뗄 수 없는 관계가 되었다. 어디를 가도 길로이의 작품보다 뛰어난 광고를 찾아보기 어렵다"라며 극찬했다.

기네스 광고를 좋아하는 유명 인사들도 광고의 영향력에 큰 힘을 실어주었다. 아일랜드의 대표적인 작가인 제임스 조이스James Joyce는 여러 작품에서 기네스를 수십 번이나 언급했을 뿐만 아니라 '진한 거품 속에 자유가 느껴지는 최고의 음료'라는 광고 문구를 직접 만들어 주기도 했다하지만 '기네스는 당신에게 좋은 맥주예요'라는 광고 문구를 그대로 사용한 것을 보면 제임스 조이스가 만들어준 표현이 별로 마음에 들지 않은 모양이다.

피터 윔지Peter Wimsey 경의 미스터리소설로 유명한 작가인 도로시 세이어스Dorothy Sayers는 1922년부터 1931년까지 벤슨 광고회사에 근무하면서 길로이와 함께 수십 건의 광고를 제작했다. 큰부리새에 대한 첫 번째 시는 바로 그녀의 작품이었다.

1930년대에 기네스 매출은 광고에 힘입어 크게 증가했다. 그러자 이사회는 공장을 또 한 번 확장할 계획을 세웠다. 이윽고 1936년에 런던 중심부에서 북쪽으로 40킬로미터 정도 떨어진 파크 로열Park Royal에 새 공장이 문을 열었다. 이곳은 앞으로의 성공을 좌우하는 핵심 요지가 되었다. 1939년이 되자 이곳에서 기네스 맥주의 삼분의 일을 생산했으며 2차 세계 대전이 종식된 직후에는 성 제임스 게이트 공장의 생산량을 앞서기 시작했다.

이 시기에 기네스는 미국에 공장을 세웠다. 1934년에 기네스 맥주 보급회사인 E. J. 버크Burke 회사는 맨해튼 빌딩 숲이 보이는 뉴욕 시내에 버크 맥주 양조 주식회사Burke Brewery Inc.를 설립했다. 하지만, 이곳은 파크 로열만큼 성공적이지 못했다. 당시 미국은 경제 공황을 겪고 있는 데다 맥주 브랜드 사이의 경쟁이 매우 치열했고 금주법 때문에 미국 시장에서 완전히 밀려났던 탓에 브랜드 인지도를 다시 높이는 데 상당히 애를 먹었다. 회사가 부도나는 것을 막고, 미국 시장이 폭발적으로 확장되는 것을 고려할 때 이미 설립되어 있는 공장을 이용하는 것이 훨씬 유리하다고 판단하였는지 1943년에 기네스는 이곳을 직접 사들였다. 하지만 2차 세계 대전이 끝날 때까지는 이곳에서 스타우트 맥주를 생산하지 못했다.

하지만, 2차 세계 대전은 미국 국민 대다수의 생활에서 기네스 맥주가 생필품과 같은 음료라는 점을 일깨워 주었다. 1939년 9월 1일에 히틀러의 군대가 폴란드를 침공하자 영국과 프랑스는 독일을 상대로 전쟁을 선언했다. 수백만 명의 남자들이 전장에 뛰어들었으며 기네스도 모든 지원을 아끼지 않았다. 영국 정부가 맥주에 대한 태도를 바꾼 것도 도움이 되었다. 1차 세계 대전 중에는 많은 장교가 맥주는 군인과 일반 노동자에게 모두 방해가 된다고 여겼다.

하지만, 이번에는-기네스의 적극적인 광고와 로열 파크에 새로 지은 공장 덕분에 기네스 맥주가 아일랜드뿐만 아니라 영국에서도 널리 보급된 영향으로-기네스가 군인들에게 고향을 기억나게 해주며 그로 말미암아 전쟁터에서 기운을 북돋는 효과가 있다는 것을 정부도 이해하게 되었다.

기네스는 무료로 병원에 맥주를 공급했으며 집에 돌아온 군인들에게는 할인가를 적용해 주었다. 최전방에 나가 있는 군인들에게도 기네스 맥주가 공급되었다. 이처럼 맥주에 대한 전반적인 인상이 달라지자 영국 육군은 기네스 생산량의 5%를 군부대용으로 떼어놓아 달라고 요청했다.

기네스는 이를 기꺼이 수락하여 1939년 12월에 프랑스의 침공을 앞두고 전쟁이 잠시 소강상태에 접어들었을 때 최전방에 있는 군인들에게 모두 크리스마스 저녁식사와 함께 기네스 맥주 한 병을 지급하기로 결정했다. 분명 그렇게 많은 맥주를 공급하는 것이 결코 쉬운 결정은 아니었을 것이다.

이미 기네스 직원 중 상당수가 참전하여 자리를 비운 상태였기 때문에 12월 25일까지 모든 군인에게 맥주를 한 병씩 선물하려면 공장에는 수백 명의 일꾼이 필요했다. 그러자 애국심에 불타는 수많은 자원봉사자가 공장 앞에 줄을 섰다. 그 중에는 기네스 공장에서 일하다가 퇴직한 사람도 있었고 1차 세계 대전에 참전했던 퇴역용사도 있었다. 적십자에서도 일할 사람을 보내주었고 경쟁업체들이 중요한 주문을 잘 처리하라며 숙련공을 보내주기까지 했다. 덕분에 기네스는 대량의 주문을 성공적으로 처리해냈다. 케르크 전투, 1940년에 벌어진 독일에 의한 영국대공습 등 피비린내나는 끔찍한 전투를 겪게 될 군인들에게 기네스 맥주는 평생 잊지 못할 고마운 선물이 되었다.

신께이 벌어지는 동안 매출이 폭락하여 기네스 공장의 직원들은 많은 어려움을 겪었다. 독일군의 공습으로 파크 로열의 공장에 폭탄이 떨어진 것은 한두 번이 아니었다. 1940년 10월에는 제빙 설비가 산산조각이 나고 4명의 직원이 목숨을 잃었다. 얼마 지나지 않아 기네스 가의 사람들에게도 죽음의 손길이 미쳤다.

루퍼트의 아들이었던 아더는 서포크Suffolk 의용부대의 소령으로 참전했다. 그는 가업을 이어받을 상속자이자 아이바 경이라는 작위를 물려받을 사람으로서 아버지의 가장 큰 희망이었다. 그는 전장에서도 큰 공을 세웠다. 작전 당일에 최초의 연합작전군을 따라 유럽에 입성하여 1945년 2월에는 대전차 55연대의 218부대 소속으로 치열한 전투에 참전하게 되었는데, 2월 8일에 네덜란드 네이메헌Nijmegen에서 벌어진 전투에서 32세를 일기로 세상을 떠나고 말았다. 루퍼트는 죽는 날까지 아들의 죽음을 비통해했다.

기네스 집안에서 목숨을 잃은 사람은 아더에서 끝나지 않았다. 그의 남동생인 월터 기네스는 몬 남작Baron Moyne이라고 불렸다. 그는 노련하고 주위의 호감을 사는 편이었으며 영국수상인 처칠을 포함하여 재계 인사들과 가깝게 지냈다. 직접 연방 하원에서 활동하다가 나중에는 연방 상원까지 진출했다. 1차 세계 대전에서 참전했으며-당시 그는 공교롭게도 조카인 아더 기네스가 2차 세계 대전에서 목숨을 잃은 바로 그 부대에 소속되어 있었다.-히틀러의 아프리카 군단Afrika Korps이 불과 몇 킬로미터 떨어진 곳에 주둔하면서 이집트에 위협을 가할 때 처칠 수상을 수행하여 그곳을 방문했다. 불행하게도 그는 유대인들이 팔레스타인으로 이주하는 것을 규제하는 영국의 정책을 상징하는 인물로 인식되었다. 그 때문에 이스라엘 국가를 염원하는 많은 사람이 그를 대적으로 여기게 되었다. 1944년 11월 6일에 카이로에 있는 영국 대사관에서 게지라 섬의 숙소로 돌아오는 길에 월터 기네스이제는 '몬 경'이라고 불러야 한다는 유대인 게릴라 조직인 팔마크Palmach 요원에게 암살당했다.

처칠은 그의 죽음에 큰 충격을 받아 11일간이나 의회당에서 그 일에 대해 침묵으로 일관했다. 마침내 입을 열었을 때 처칠 수상은 "시오니즘에 대한 우리의 꿈이 암살자들의 총구에서 솟아오르는 연기와 함께 끝날 수 있다면, 우리가 이렇게 노력해도 독일 나치군과 다를 바 없는 폭력배들이 더 생겨난다면 영국은 지금까지 오랫동안 고집해온 태도를 다시 고려해봐야 할 것입니다"라고 말했다. 이스라엘에 있던 유대인 사회도 큰 충격에 휩싸였다. 영향력 있는 일간지인 〈하아레츠Haaretz〉는 이렇게 보도했다.

'우리의 목적을 추구하는 데 있어서 이보다 더 안타까운 희생은 없었다.'

많은 사람이 이스라엘이 1948년에 독립하기까지 영국이 그들에 대해 강경한 태도를 보인 것은 이 암살 사건의 영향이 컸다고 추정한다. 그것이 옳았다면 〈하아레츠〉의 보도 내용은 당시 독자들이 체감했던 것 이상으로 당시 사건의 심각성을 파악한 것이었다.

루퍼트 기네스는 그의 아버지처럼 믿을 만하고 실력 있는 인재들의 힘을 빌려 기네스 공장을 이끌어갔다. 여러 해 동안, 특히 전쟁이 벌어지던 중에는 뛰어난 전략가인 벤 뉴볼드가 경영진을 진두지휘했다. 그는 기네스 회사도 광고에 투자할 필요가 있다고 이사회를 설득했으며 실제로 광고를 크게 성공시킨 인물이었다. 하지만 전쟁이 끝난 직후인 1946년에 뉴볼드는 갑자기 세상을 떠났다. 오랫동안 기네스가 승승가도를 달리도록 이끌어주고 훌륭한 아이디어를 내놓던 인재였기에 그의 죽음은 이루 다 표현할 수 없는 큰 손실이었다.

다행히도 루퍼트는 뉴볼드가 죽기 1년 전에 휴 비버Hugh Beaver라는 또 다른 인재를 기용하여 그를 보좌하도록 했다. 그는 행정의 귀재로서 또, 전쟁 중에 노동부의 단체장이나 감사 총책임자로서 훌륭한 공적을 쌓아서 1943년에 작위를 받았다. 뉴볼드가 죽은 뒤 비버는 기네스의 경영 책임자가 되어 전례 없는 대규모 확장 공사에 착수했다. 맥주 양조업자 경험이 없는 사람이 기네스의 경영을 맡은 것은 이번이 처음이었지만 그는 성 제임스 게이트 공장과 파크 로열의 공장 설비를 손바닥 들여다보듯이 꿰뚫고 있었으며 기네스 가문과 유산을 깊이 존중했다. 가장 중요한 것으로 그는 시대의 흐름을 정확히 파악하는 사람이었다.

비버는 새로운 비즈니스 시대의 필요에 맞추어 회사를 개혁하기 시작했다. 그는 성 제임스 게이트 공장과 파크 로열의 공장을 별개의 기업으로 분리하여 아더 기네스, 선 앤 컴퍼니Arthur Guinness, Son & Co. Ltd.의 계열사로 등록했으며 또한 맥주 제조 과정의 과학적 원리를 존중하여 앨런 맥멀런이 개발한 살균 지속 과정에 거액을 투자했다. 그뿐만 아니라 성 제임스 게이트 공장에서 쓰이는 열차 시설을 개선하고 앞으로 국제 시장이 확대될 것에 대비하여 새로운 선박을 사들였다.

휴 비버는 금세 비즈니스가 확장될 것이라고 예상했다. 1945년에 기네스 생산량은 1921년 이후에 처음으로 2백만 통을 넘어섰다. 미국 시장은-금주법 폐지에 힘입어-30년간의 슬럼프에 종지부를 찍고 서서히 회복세를 보였다. 전쟁으로 말미암은 어려움과 제약이 아직 남아 있었지만, 시간이 지나면 상황이 나아져서 준비된 사람들에게는 호기가 찾아오리라고 확신할 이유가 충분했다. 비버는 기회를 기다리며 만반의 준비를 갖추었다.

이러한 기대를 현실로 이루기 위해 기네스는 존 길로이의 아이디어를 다시 한 번 신뢰하기로 했다. 기네스 광고의 트레이드마크는 전쟁이 벌어지는 동안 고향에 있는 시민과 외국에 나가서 참전한 병사들 모두에게 큰 위로가 되었다.

이제 물개와 큰부리새, 동물원 사육사, 타조를 다시 등장시켜 평화가 찾아온 것을 축하할 시기가 되었다. 1950년대 초반에는 길로이의 포스터에 등장하여 유명해진 야생동물들이 도자기로 만든 인형에서 테이블 램프에 이르기까지 다양한 형태로 만들어졌다. 길로이의 작품이 큰 인기를 누린 것은 전쟁 후에도 기네스 광고가 여전히 효과를 발휘한다는 증거였다.

기네스와 영국식 생활을 상징하는 이러한 동물들이 많은 사람의 사랑을 받자 급기야 1955년 9월 22일에는 영국 역사상 상업 텔레비전이 처음으로 방영되던 밤에 이 동물들이 등장했다. 그날 밤 수많은 시청자가 살아있는 바다사자와 실제의 동물원 사육사에 더하여 기네스 광고에서 보았던 친근한 동물들이 꼭두각시 인형이나 움직이는 캐릭터로 만들어져서 텔레비전에 나오자 몹시 기뻐했다. 이로써 영국의 시청자들이 기네스 맥주와 기네스 광고에 등장한 동물 가족을 특별한 의미로 여긴다는 사실이 명백히 입증되었다.

하지만, 기네스는 존 길로이와 같은 천재의 작품이라 할지라도 광고의 효과에 계속 의존할 생각이 전혀 없었다. 아더 포셋Arthur Fawcett과 같은 다른 천재적인 인물들도 기네스에 많은 도움을 주었다.

1932년에 인수한 알렉산더 맥피Alexander MacFee라는 음료회사도 기네스의 식구가 되었다. 그 회사의 사장이었던 포셋은 이제 기네스 수출 유한회사 Guinness Exports Limited를 맡게 되었다. 사람들은 그를 가리켜 '성격은 까칠하지만 창의적이고 진취적인 아이디어가 풍부하다'고 말했다. 하지만, 이는 포셋을 제대로 모르고 하는 말이었다. 사실 기네스 역사상 가장 획기적이고 성공적인 아이디어는 모두 그의 머리에서 나온 것이었다.

1950년대 초반에는 스타우트 맥주가 든 수천 개의 미니어처 병을 판매하는 계획을 세웠다. 이 프로젝트는 사상 초유의 성공을 거두었다. 덕분에 기네스라는 브랜드 인지도는 크게 높아졌으며 3인치 높이의 병은 전 세계 수집가들의 애장품이 되었다.

1954년과 1959년에 포셋은 광고 역사상 유례를 찾아볼 수 없는 엉뚱하고 기발한 프로젝트를 내놓았다. 그것은 바로 수천 개의 유리병에 메모를 쓴 종이를 넣고 봉한 다음 유리병에 숫자를 매겨서 대서양, 인도양, 태평양에 흘려보내는 이벤트였다. 그의 의도는 병을 주은 사람들이 기네스 회사에 연락하게 하는 것이었다. 병에 든 쪽지에는 '귀하가 발견한 병이 정확히 언제 어디에 떨어뜨렸던 것인지 반드시 회신해 드리겠습니다. 물론 소정의 기념품도 함께 제공됩니다. 하지만 이보다 가장 중요한 것은 수천 킬로미터를 이동해서 귀하에게 온 메시지, 즉 '기네스는 당신에게 좋은 맥주'라는 것을 잊지 마세요'라고 쓰여 있었다. 1954년에 5만 개의 병을 뿌려서 큰 성공을 거두자 1959년에는 창사 200년 기념일을 맞이하여 15만 개가 넘는 병을 바다에 뿌렸다.

포셋은 광고에서 가장 중요한 원칙, 즉 상품만 팔지 말고 상품 특유의 문화를 함께 판매해야 한다는 점을 알고 있었다. 바다에 쪽지가 든 병을 뿌린 이벤트 덕분에 기네스는 흥미와 모험, 발견, 관대함이라는 이미지를 강화할 수 있었다.

처음에 병을 뿌렸을 때에는 가장 먼저 아조레스 섬에서 편지가 왔으며 뒤이어 필리핀, 서인도제도, 인도 등에서도 편지가 쇄도했다. 코티스 섬의 해변에서 병을 두 개나 발견한 탐험가도 있었다. '세계에서 가장 상영시간이 가장 긴 광고'라는 별명까지 얻었다. 지금도 일 년에 한두 번씩 병을 주웠다는 편지가 오는 것을 보면 별명을 제대로 지은 것이 분명하다. 성 제임스 게이트 공장에 가면 세계 각국에서 날아온 흥미진진한 편지를 직접 볼 수 있다.

병을 이용한 이벤트는 휴 비버가 기네스를 이끌며 끊임없이 실험과 혁신을 반복하던 시절을 기억하게 만들었다. 그가 제안하여 '기네스'라는 이름을 붙인 책도 마찬가지였다. 분명 이 책이 나온 후로 사람들이 내기를 얼마나 많이 했는지 감히 추정할 수 없다.

1951년의 어느 날, 휴 비버는 친구와 함께 카운티 웩스포드Country Wexford에서 사냥을 하고 있었다. 둘은 대화를 나누던 중에 영국에서 사냥감이 되는 새 가운데 가장 빠른 것에 대해 언쟁이 붙었다. 검은물떼새 아니면 들꿩일 것으로 생각했지만, 사냥터의 숙소나 시내 서점을 다 뒤져봐도 정확한 답을 찾을 수 없었다. 여기에서 비버는 술집이나 스포츠 클럽에서 사람들이 나누는 이야깃거리에 대한 각종 통계자료를 모아놓은 책을 출간하면 좋겠다고 생각했다.

그기 회사로 돌아와서 새로운 아이디어를 소개하자 측근 중 한 사람이 런던에서 사실 확인 서비스를 해주는 전문가 두 명을 소개해주면서 그들이라면 원하는 책을 충분히 만들어줄 것이라고 확언했다. 두 사람은 바로 노리스Norris와 로스 맥휘터Ross McWhirter라는 쌍둥이 형제였다. 둘 다 스포츠 전문 기자로 활동한 경력이 있는 20대 중반의 청년들이었다. 비버는 두 형제를 만나본 후에 즉시 고용하여 출간에 착수했다. 책을 기획한 의도는 영국과 아일랜드의 술집에 광고자료로 배포하기 위함이었다. 이 책 덕분에 매상이 올라가면 책을 무료로 배포한 비용은 충분히 보상받을 수 있을 것이라고 생각했다.

이렇게 해서 《기네스북The Guinness Book of Records》이 탄생했다. 1954년에 간단한 유인물처럼 뿌린 자료가 이듬해에 영국 베스트셀러 1위에 오르는 기염을 토했다. 가장 놀란 사람은 바로 휴 비버였다. 이 책은 1956년에 미국에 출간되어 7천 부 이상 팔려나갔다. 그때 이후로 기네스북은 역사상 최고의 베스트셀러가 되었으며 백 년에 걸쳐 수십만 부의 판매고를 기록했다. 물론 가장 중요한 점은 베스트셀러로 등극한 덕분에 기네스라는 브랜드가 모든 나라와 전설적인 맥주 브랜드를 모르는 후세대까지 알려지게 되었다.

상무이사의 임무가 비전과 혁신이 뿌리내릴 환경을 조성하는 것이라면 휴 비버는 1950년대에 그 임무를 확실하게 해냈다고 말할 수 있다. 창의적인 광고를 제작하고 베스트셀러를 출간했으며 경영 조직을 개편한 것에 더하여 그는 많은 사람이 즐기는 흑맥주를 서빙하는 방법을 보다 독창적으로 바꾸어야 한다고 주장했다. 그 무렵에 기네스의 수익이 계속 상승세를 보이긴 했지만, 경쟁업체들 역시 바짝 추격하고 있었다. 라거Lager 맥주가 여러 시장에서 인기몰이를 하자 경영진은 흑맥주의 인기를 더 높일 방안을 강구할 필요성을 느꼈다. 그래서 일관성을 유지하되 기네스 맥주를 고객 앞에 내놓는 방법을 바꾸고자 노력했다.

그때까지 기네스 맥주는 술집에서 높은 곳에 얹어놓거나 바닥에 내려놓은 커다란 맥주통에서 따라 마셨다. 그래야 손님의 잔에 맥주를 부을 때 탄산가스가 잘 섞여서 거품이 많이 생겼다. 하지만 맥주통에 잔고장이 많았고 바텐더에 따라 맥주 맛이 달라졌다. 맥주와 탄산가스의 균형이 맞지 않을 때가 많았기 때문이었다. 맥주가 너무 차가우면 거품이 별로 생기지 않았고 반대로 미지근하면 거품이 너무 많이 생겨서 문제였다. 이런 문제를 해결하여 어디서 마시든 맛이 다르지 않으면 시장 점유율을 더 높일 수 있었다.

휴 비버는 젊은 엔지니어였던 마이클 애시Michael Ash에게 이 문제를 해결해 보라고 말했다. 애시가 맡은 프로젝트의 공식 명칭은 드라우트 프로젝트Draught Project, '드라우트'는 환기, 통풍이라는 뜻-옮긴이이였으나 사람들은 '대프트 프로젝트Daft Project, '대프트'는 어리석다는 뜻-옮긴이'라고 부르며 이를 비웃었다. 이윽고 1958년에 애시는 '이지 서브Easy Serve'라고 이름붙인 새로운 시스템을 내놓았다. 이는 커다란 금속통의 내부를 둘로 나누어 놓은 것으로 한쪽에는 스타우트 맥주를 담고 다른 쪽에는 정확한 비율로 압축된 이산화탄소와 질소 혼합물을 담았다. 꽤 혁신적인 장치였지만 회사 측에서는 별로 탐탁지 않게 여겼다. 애시가 방향을 제대로 잡긴 했지만, 더 개선된 방식이 필요했다.

마침내 애시가 만든 시스템을 기초로 단일형 생맥주통을 완성하게 되었다. 이산화탄소와 질소 혼합물을 스타우트 맥주에 이미 주입해 두는 방식이었다. 이를 계기로 맥주 배송 방식이 완전히 달라졌지만, 이후에 등장할 또 다른 발명품에 비하면 그런 변화는 아무것도 아니었다. 하지만 마이클 애시의 작은 노력 덕분에 맥주 배송에 있어서 가장 대단한 혁신이 이루어졌다는 사실은 주목할 만한 가치가 있다.

1980년대 초반에 캔맥주가 인기를 끌자 기네스는 맥주의 배송 과정에서 부드러운 크림 같은 거품과 기네스 고유의 맛을 그대로 유지할 방법 때문에 고심하게 되었다. 수많은 엔지니어가 이 문제를 연구하면서 다양한 방법을 내놓았지만 저마다 크고 작은 단점을 안고 있었다. 마침내 1985년에 기발하게도 500밀리리터 캔의 바닥에 플라스틱 디스크를 삽입하는 인-캔 시스템In-Can System, ICS이 등장했다. 간단히 설명하자면, 후에 '위젯widget, 요즘에는 맥주에 뜨는 둥근 공 모양으로 바뀌었다' 이라 불리게 된 이 디스크가 캔을 열 때 질소를 방출하여 맥주 표면에 기네스 특유의 거품을 만들었다.

위젯은 매우 기발하고 시대를 앞서는 발명품으로 인정받았으며 1991년에 영국 여왕이 수여하는 기술발전상을 수상했다. 2003년에 실시된 여론조사에서 영국인들은 지난 40년간 가장 뛰어난 발명품으로 위젯을 선택했다. 현재 수많은 맥주 제조업체에서 이 기술로 다양한 형태의 위젯을 만들고 있다. 한마디로 위젯의 시초는 휴 비버가 성 제임스 게이트 공장에서 혁신 문화를 강조한 것에 1950년대 마이클 애시의 아이디어가 더해진 것이라 할 수 있다.

하지만, 문제는 거기에서 끝나지 않았다. 기네스 이사회는 전세계적으로 라거 맥주의 인기가 높아지는 것을 실감했다. 라거는 스타우트와 전혀 다르다는 면에서 무서운 경쟁 상대였다. '저장하다' 라는 독일어에서 이름을 따온 라거는 스타우트와 전혀 다른 이스트를 사용하여 '하단 발효 방식'이 아니라 '상단 발효 방식'으로 만들어졌으며 스타우트보다 훨씬 차가웠다. 이 황금빛 맥주는 진하지 않고 쓴맛이 덜한 데다 스타우트와 달리 다양한 향을 첨가할 수 있었다. 20세기에 들어와서 영국과 아일랜드를 제외한 다른 나라에서 라거가 큰 인기를 얻은 것도 이해할 만한 일이었다.

라거가 맥주 시장을 빠른 속도로 장악하는 것을 보고 기네스는 1959년에 자체적으로 라거 맥주를 생산하기로 결정했다. 아마 나이가 많은 이사회 임원들은 오래전에 미국 시장에 진출하려다 실패한 경험을 떠올렸을지 모른다. 2차 세계 대전이 끝난 직후에 기네스는 롱아일랜드에 있는 예전의 버크 공장 Burke Brewery에서 새로운 모험을 시도했다. 엄청난 자금을 투자한 끝에 1948년 3월에 미국에서 생산한 기네스 엑스트라 스타우트가 출시되었다. 하지만, 이 사업은 6년도 버티지 못하고 막을 내렸다. 치열한 경쟁과 미국 시장에 대한 경험 부족은 값비싼 대가를 치르게 했다. 어느 미국인 평론가의 말처럼 사람들은 "금발머리들이 장악하는 시장에서 시커먼 맥주가 팔릴 리 없다"고 결론내렸다.

이제 1960년부터 스타우트 맥주만 고집하던 창립주 아더 기네스의 결정을 역으로 적용하여 황금빛 맥주를 미국 시장에 내놓았다. 오랫동안 기네스의 로고 역할을 했던 브라이언 보루 하프에 착안하여 새로운 맥주는 '하프 라거Harp Lager'라고 이름지었다. 기네스표 라거 맥주는 대성공을 거두었으며 수십 년 동안 최고의 맥주로 인정받았다.

하프 라거는 루퍼트 기네스가 경영하던 시절에 나온 수많은 혁신의 마지막을 장식했다. 1962년에 가족들은 88세인 루퍼트에게 이제 경영권을 넘길

기네스 스토어하우스에 있는 발효실의 모습

때가 되었다고 말했다. 이는 매우 중대한 시점이었다. 그의 상속자는 당시 25세였던 아더 프랜시스 벤자민Arthur Francis Benjamin이었다. 하지만, 벤자민은 맥주 공장에 대한 경험이 전혀 없었고 본인 역시 가업을 이어받을 뜻이 없었다. 이러한 역사적인 변화를 미셸 기네스는 다음과 같이 예리하게 분석했다.

벤자민은 숫기가 없어서 주목받는 것을 좋아하지 않았다. 그래서 사람들 앞에 나서는 자리가 있으면 극도로 긴장했다. 그는 중대한 일을 맡기기에는 도저히 미덥지 않아 보였다. 아더 기네스 1세의 장남이 성직자가 되었을 때 아더 2세가 가업을 물려받았다. 아더 2세의 장남은 성직자의 길을 택했고 차남은 시인이 되었으므로 벤자민 리가 가업을 이었다. 벤자민 리의 장남인 아딜라운 경 Lord Ardilaun이 공동경영자의 자리를 사임하자 에드워드 세실이 뛰어들어서 실

오늘날 기네스의 창고

력을 발휘했다. 에드워드 세실은 아들 셋을 두었는데 그 중 두 사람은 기네스에 크게 공헌했으며 처가 쪽 식구들도 기네스에 많은 도움을 주었다. 이렇게 5대에 걸쳐 200년 동안 아버지에서 아들로 가업이 이어져 왔다. 벤자민은 자신의 운명을 마음대로 결정할 권리가 없었다. 그는 성직자, 시인, 의사, 우체부 따위를 꿈조차 꿀 수 없었다. 이미 모든 책임이 그의 어깨에 놓여 있었다.

벤자민의 등장은 단지 최고경영자만 달라진 것이 아니라 회사 전체의 변화로 이어졌다. 그는 기네스 집안의 전통적인 가치를 고수하던 세대가 아니었다. 기네스의 새로운 수장이 된 벤자민은 훌륭한 인재였으며 20년 이상 근무하면서 많은 업적을 세웠다.

그가 경영권을 이어받은 후에는 아프리카와 말레이시아에 진출하는 등 해외시장이 전례 없는 규모로 확장되었다. 또한 기네스는 출판, 영화제작, 부동산, 외식 산업, 당과 제품 등 다양한 분야에 손을 뻗었고 집안 어른들이 살아계셨더라면 분명히 반대했을 증류주 사업도 시작했다. 아더 벨 앤 선즈Arthur Bell & Sons라는 프리미엄 위스키 제조업체를 인수하는 것을 시작으로 여러 개의 증류주 업체를 인수했다. 그래서 기네스는 단지 맥주 제조업체가 아니라 다양한 형태의 주류 조달업자라는 평판을 받았다. 이는 기네스 역사에서 매우 중대한 변화였다. 이로써 기네스는 단일 기업이 아니라 여러 기업을 총괄하는 합병기업이 되었다.

루퍼트에서 벤자민으로 경영권이 넘어가면서 기네스 전통을 고수하던 시대는 막을 내렸다. 공장을 경영하며 이사회를 이끌던 사람들은 모두 오랜 전통을 자랑하는 가족의 가치관을 중시했다. 맥주만 만드는 것이 아니라 직원들을 대하는 방식도 남달랐으며 자선 사업에 막대한 자금을 내놓았고 여러 나라의 행보를 바꿔놓은 기업 문화를 창달했다.

가족의 기대를 별로 얻지 못했던 루퍼트도 기네스 가문 출신답게 아버지가 결혼 선물로 준 500만 파운드를 자선 사업에 사용했으며 실제로 빈민가에 살면서 가난하고 멸시받는 사람들의 편에 섰다. 그는 동정심과 역경으로 만들어진 특별한 인재였으며 그가 남긴 유산은 벤자민이 기네스를 맡은 후에도 완전히 사라지지 않았다. 하지만, 기네스 가의 전통이 서서히 약화되면서 사라지기 시작한 것은 엄연한 사실이었다.

1986년에 벤자민은 아직 50세도 되지 않은 나이에 기업 총수자리에서 물러나 사장이라는 직함만 유지하기로 결정했다. 기네스 역사상 처음으로 가족이 아닌 사람에게 경영권을 넘겨준 것이었다. 다양한 분야로 사업을 넓히고

기네스 맥주 공장

여러 기업을 인수하여 이미 가업으로 물려주기에는 너무 커진 상태였다. 기네스는 믿기 어려울 정도로 빠르게 발전하여 1983년에는 순자산 2억 5천만 파운드를 기록했으며 불과 4년 후에는 네 배 이상인 10억 파운드 이상으로 늘어났다. 이렇게 세계 최고의 규모로 확장된 후에는 기업 운영에 평생을 바칠 각오가 되지 않은 상태에서 단지 가업이라는 이유만으로 회사를 자손에게 물려줄 수 없었다.

기네스 가의 사람들이 경영에서 손을 뗀 후에도 회사는 계속 성장했다. 벤자민 기네스의 후계자인 어니스트 사운더스Ernest Saunders가 감옥에 가는 등 스캔들이 생기는가 하면 지나치게 많은 분야에 손을 대고 있으니 이제는 어느 정도 단순화해야 하는 숙제도 있었다. 지금까지도 유명한 '지니어스Genuis'와 남자답게 잘 생긴 룻거 하우어Rutger Hauer가 등장하는 '기네스를 마시는 남자'라는 광고에 더해 아주 흡족한 목소리로 '훌륭해!'를 외치는 광고가 이어졌다.

1997년에는 그랜드 메트로폴리탄Grand Metropolitan과 극적인 합병을 성사시켜 디아지오Diageo라는 세계 최고 규모의 주류 회사를 설립했다. 디아지오는 매년 기네스 브랜드를 새로운 지역과 젊은 사람들에게 알리는 데 많은 노력을 기울이고 있다. 그 점은 참으로 고마워할 일이다. 더블린에 대규모 스토어하우스가 남아 있어서 기네스의 천재성과 더불어 그 집안의 유산을 둘러볼 수 있는 것도 고마운 일이다.

하지만 기네스의 유산 중에서 가치관에 대한 부분을 이어가는 것은 디아지오의 몫이 아니다. 아더의 신앙심과 에드워드 세실이나 럼스덴 박사의 동정심, 루퍼트와 그라탄의 자기 희생적인 태도를 디아지오가 어떻게 표현할 수 있겠는가. 그런 부분은 사람들이 기네스 가의 역사를 직접 배우고 실천하고자 노력할 때만 본받을 수 있다.

에필로그

기네스의 방식

성 제임스 게이트 공장에서 트리니티 대학까지는 걸어서 15분밖에 걸리지 않는다. 그 길은 아마 유럽에서 가장 멋진 산책로일 것이다. 맥아 냄새를 맡으며 공장에서 북쪽으로 이어지는 여러 갈래의 길 중에서 하나를 따라 걷다가 토마스 스트리트Thomas Street에서 동쪽으로 꺾으면 된다. 그러면 자유 구역 The Liberties을 지나게 되고 더블린에서 가장 유명한 저잣거리를 통해 도심으로 갈 수 있다. 하이 스트리트High Street를 따라 몇 걸음 가다가 데임 스트리트 Dame Street로 돌아서면 트리니티 대학에 가까워진다.

데임 스트리트는 고대의 데임스 게이트Dame's Gate에서 이름을 딴 역사적인 거리이며 성 메리 델 데임 성당과 연결된다. 이곳에는 더블린에서 유명한 음식점들도 즐비하다. 계속 길을 따라가면 아일랜드 은행, 시청이 나오고 트리니티 대학 정문에 도착하기 전에 양옆으로 더블린 성으로 이어지는 길도 보인

트리니티 대학에서 데임 스트리트를 바라본 풍경, 오른쪽에 헨리 그라탄의 동상과 아일랜드 은행(기둥이 많은 건물)이 보인다.

다. 대학 정문을 통과하려면 반드시 헨리 그라탄의 동상을 지나야 한다. 그는 18세기 아일랜드 기업가로서 "맥주는 자연이 인간에게 보내준 유모와도 같으며 아무리 좋아하고 권해도 지나치지 않는다"라는 말을 남겼다. 기네스 가의 사람들은 이 동상 앞을 지날 때마다 모자를 벗고 경의를 표했을 것이다.

이제부터는 트리니티 대학이 펼쳐진다. 이곳은 엘리자베스 여왕의 위대함을 전 세계에 알리는 대표적인 대학이다. 19만 제곱미터에 달하는 캠퍼스 곳곳은 자갈길로 아름답게 꾸며져 있고 오백 년이 넘는 건물들이 즐비하다. 물론 이곳이 지루하고 발전이 느린 학교가 아니라는 점을 보증하듯이 최첨단 건축술을 자랑하는 현대식 건물도 찾아볼 수 있다.

이렇게 15분간 걸어서 몇 킬로미터를 돌아보는 것이 아니라 수백 년 전으

트리니티 대학은 1592년에 엘리자베스 여왕 1세가 설립한 학교로 아일랜드에서 가장 오래된 대학이다. 루퍼트 기네스는 이 학교를 물심양면으로 지원했다. 위 사진은 대학원의 기념관이다.

로 돌아갈 수 있다면 당시 트리니티 대학을 대표하던 학과를 찾아가볼 수 있다. 지금은 이 학과가 없어졌으며 그 때문에 현대인들은 상당한 손해를 보고 있다. 그것은 바로 역사, 신학, 철학, 도덕을 모두 합쳐놓은 윤리학이다. 간단히 말해서 역사를 통해 과거를 조명해보고 거기에서 배울 점을 찾는 학문이다. 사람들은 신의 섭리를 발견하거나 당대 최고의 지혜를 얻기 위해 이런 방식으로 역사를 연구했다. 요즘은 상아탑에 갇혀 공부하기보다 현실적인 방법으로 학문을 연구하는 것을 중시하지만, 당시에는 이런 연구 방식이 매우 실용적이라 여겼다.

우리가 기네스 이야기를 연구할 때에도 이런 태도를 취해야 한다. 250년이라는 기간 동안 이 가문이 어떤 일을 겪었는지 주로 살펴보았으나 여기에는 수백 년 전에 트리니티 대학에서 학문을 연구하던 자세처럼 윤리학적 접근법이 반드시 필요하다. 기네스 이야기에서 우리가 배울 점이 무엇일까? 어떤 진리의 기둥을 발견할 수 있을까? 기네스 가의 역사에서 아직 우리가 모르는 교훈은 무엇일까? 이제부터 기네스의 방식을 하나씩 정리해보자.

1. 자신이 어떻게 살아가야 하는지 판단한다

헨리 그라탄 기네스는 다음과 같은 유명한 말을 남겼다.

"여러분, 여러분이 시대와 세대에 대한 하느님의 뜻을 분별한 다음 가능한 한 빨리 그에 맞추어 행동하도록 하십시오."

기네스의 성공과 기네스가 사회에 미친 영향력은 대부분 바로 이러한 행동수칙에 따라 생활한 결과라는 데에는 의문의 여지가 없다. 성공의 시작은 바로 아더 기네스라는 개인의 생활이었다. 그도 우리처럼 인생을 살면서 자신이 무슨 역할을 해야 할지 궁금하게 여겼을 것이다. 자신의 능력을 검토해보고 미래에 어떤 모습일지 고민했을 것이다. 또한, 자부심을 느끼며 즐겁게 할 수 있는 일이 무엇인지 깊이 생각했을 것이다. 그 결과 아더 기네스는 자신이 맥주 양조에 탁월한 재주가 있으며 그것이 바로 자신의 천직이라 확신하게 되었다.

하지만, 그것이 전부가 아니었다. 아더 기네스는 맥주 사업과 자신의 부를 이웃을 돕는 데 사용하는 것을 넘어서 자신의 생명에 대한 종교적 의미를 알고 싶었다. 왜 이렇게 가난으로 허덕이는 사람들 사이에서 자신은 많은 부를 누리는 사람으로 태어났을까? 이런 점을 깊이 생각해보면서 하느님이 어떤 일을 하시는지, 성서적 지식을 통해 가난에 허덕이는 사람들을 어떻게 도와

주시는지 알게 되었을 것이다. 그뿐만 아니라 허영심에 가득 차서 사람들끼리 벌이는 결투를 막는 것도 역시 신이 자신에게 부여한 사명이라고 느꼈다. 아더 기네스는 이러한 사명을 위해 온 영혼을 바쳤다. 그는 주일학교를 개설하고 빈민층에게 아낌없이 도움을 베푸는 한편 당시 많은 사람들이 피의 대결을 벌이는 것을 단호히 반대했다.

아더 기네스는 모든 면에서 큰 성공을 거두었으며 그의 후세들도 마찬가지였다. 자신이 어떻게 살아야 하며, 그 의미를 종교적으로 분별하여 그것을 이루고자 노력하는 것이 기네스 가의 사람들을 움직이는 원동력이 되었다.

2. 미래 세대를 염두에 두고 계획한다

역사가들은 영국의 유명한 캔터베리 성당을 완공하려면 세대가 23번 바뀌어야 한다고 말한다. 사람들은 포르티코portico, 특히 대형 건물 입구에 기둥을 받쳐 만든 현관 지붕, 볼트vault, 아치에서 발달된 반원형 천장-옮긴이, 기둥 여러 개를 짓는 것이 하느님께 바치는 희생이라 생각하여 평생을 바쳐 일한다. 이들은 죽을 때가 되면 흔히 자기가 일했던 성당에 데려다 달라고 부탁한다. 그곳에서 가족들이 모두 보는 가운데 그들은 아들에게 자기가 쓰던 연장을 쥐여주며 후세 자손들이 하느님의 제단을 완성해야 한다고 엄숙히 명령한다. 그 후에야 비로소 평안히 눈을 감을 수 있다.

요즘은 이렇게 더 큰 목적을 위해 여러 세대가 합심해서 노력해야 한다고 생각하는 사람이 거의 없을 것이다. 그렇지만, 여기에는 성공의 비결, 즉 기네스의 특별한 지혜가 숨어 있다. 성 제임스 게이트 공장을 돌아보면 수백 년 동안 부유한 기네스 가의 자제가 일용직 노동자들과 함께 일하며 맥주양조

기술을 배워서 마침내 명장이 되었다. 몇몇 기네스 가의 상속자들은 경영진에서 근무한 것보다 견습생으로 보낸 세월이 훨씬 길었다. 경험 많은 기술자들과 오랜 시간을 함께 보냈기에 가업을 이을 준비를 제대로 할 수 있었다.

이 교훈은 우리 생활에 그대로 적용할 수 있다. 요즘 사람들은 굉장히 단기적으로 계획을 세우는 경향이 강하다. 세대마다 처음부터 새로 시작해서 자기 힘으로 일어서는 것이 당연하다는 식이다. 하지만, 이것은 어디까지나 현대인들의 사고방식이다. 과거에는 각 세대가 부모 세대를 잇는 주자로 여겨졌으므로 부와 영향력을 행사하는 가문이 나타날 수 있었다.

이 점은 기네스 이야기에서 우리 모두가 배워야 할 점이다. 몇 십 년만 내다보고 계획할 것이 아니라 수백 년을 내다볼 줄 알아야 한다. 사람이 죽을 때 인생의 가치를 평가받는 것이 아니다. 지금 우리의 인생이 앞으로 태어날 후손들의 삶과 업적에 포함될 수 있다.

3. 무슨 일을 하든 적어도 한 가지는 확실하게 해낸다

루퍼트 기네스는 처음으로 영국 상원의원이 되었을 때 일어서서 발언할 용기를 내지 못했다. 사실 그는 딱 한 번밖에 연설하지 않았는지 지금도 그 내용을 글자 하나 틀리지 않고 확인할 수 있다. 하루는 동료 의원이 아름다운 영국의 시골길마다 있는 '기네스는 당신에게 좋은 맥주예요' 라는 광고판에 대해 불평을 늘어놓았다. 한참 후에야 말을 마치자 90세 노인이었던 루퍼트가 일어서서 이렇게 말했다.

"기네스는 당신에게 좋은 맥주가 맞습니다."

영국 상원의회는 그의 이 한마디가 가장 짧고도 감동적인 연설 중 하나라고 평가했다.

루퍼트 기네스는 다른 것은 몰라도 맥주를 만드는 일에는 자신이 있었다. 기네스 가문이 이렇게 발전한 것도 다 맥주 덕분이었기에 대를 거듭할수록 맥주의 맛을 향상시켜 보려고 땀 흘려 노력했다. 물론 기네스 가문의 사람 중에 다른 분야에 관심을 보이거나 맥주 사업과는 다른 길로 간 사람도 많았지만, 가업을 택한 가족들 사이에서는 맥주를 만드는 일이 인생에서 가장 중대한 문제였다.

후세에 와서 지나치게 많은 분야에 진출하다가 결국 기네스의 본분인 최고의 맥주 양조 기술을 저버릴 뻔한 것은 어리석은 실수였다. 맥주 사업만 하면서 부와 명성을 얻을 때는 모든 일이 순조로웠다. 지금 기네스가 세계적인 명성을 누리는 것은 한 가지 사업에 성공한 후로 다른 일을 추구할 때에도 모두 맥주 사업과 연계한 덕분이다.

이 점 또한 우리 모두 명심해야 한다. 다양한 목적을 추구할 기회는 많지만 우선 한 가지 명확한 기초를 마련해야 한다. 그뿐만 아니라 기업이든 개인이든 명확한 기초에 있어서 숙련된 전문가가 되어야 한다. 이 기초의 범위가 넓고 잘 다져 있다면 그 위에 어떤 것을 올려놓아도 흔들리지 않을 것이다. 한 가지를 파고들되 그 분야의 최고가 되는 것이 성공의 시작점이다. 기네스의 성공은 이 진리를 강력하게 증명해주는 사례라 할 수 있다.

4. 행동하기 전에 정확히 파악한다

기네스 회사가 새로운 시장을 개척하는 문제를 두고 중대한 결정을 내릴 때 반드시 고려하는 사항이 있다고 한다. 기네스의 의사 결정 방식을 설명하면서 어느 중역은 이렇게 말했다.

"기네스는 오랫동안 생각하고 빨리 행동하는 전통을 고수합니다."

이 또한 기네스 방식의 독특한 단면이라 할 수 있다. 모든 사실을 확인하고 자료를 확보하는 것, 문맥을 모두 파악하고 가능한 변수를 모두 계산하는 것이 반드시 선행된 후에 행동하되 일단 결정이 내려지면 매우 단호하게 움직인다.

이에 더하여 한 가지 더 생각할 점이 있다. 의심쩍은 것은 반드시 확실히 밝혀내고 게으른 생각은 철저히 뿌리 뽑아야 한다. 경험이 없는 사람들은 조사를 더 한 후에 행동하라는 조언을 들을지 모른다. 통상적으로 인정되던 것도 확실히 증명될 때까지 틀릴 수 있다는 가능성을 열어두어야 한다. 인내심이 부족한 사람들은 이런 기네스 방식을 좋아하지 않았지만, 경영진은 그런 반응에 아랑곳하지 않았다. 인내심이 부족한 사람들에게 기네스를 맡겼다면 지금처럼 성장하여 역사적인 브랜드로 알려지지 못했을 것이다. 그들은 단지 앞으로 밀고 나가려는 생각이 앞서서 실수를 범하기 십상이다. 이런 사람들은 마음을 다스리고 부족한 부분이 없는지 항상 점검하며 서두르는 태도를 고치려 노력해야 한다. 지혜로운 사람은 필요한 지식을 모두 얻을 때까지는 절대로 중요한 결정을 내리지 않는다.

오늘날 현대인들에게도 이 점은 매우 중요하다. 요즘은 자료와 정보를 동일시하며 빨리 처리하는 것이 훌륭한 계획이나 대단한 전략을 세우는 것이라 착각하는 경향이 있다. 현대 사회처럼 지식의 양이 폭발적으로 증가하는 시대에서는 자료 수집에 게을러지는 반면 성급히 결정을 내릴 우려가 크다. 하지만, 오늘날에도 아더 1세와 마찬가지로 주변의 압력에 아랑곳하지 않고 기도하는 마음으로 심사숙고하는 경영자들이 있다. 그들은 자신의 현재 위치와 자기가 해야 할 일을 명확히 이해하며, 모든 준비를 갖춘 상태에서 결과를 예측할 수 있을 때에 비로소 행동한다. 이렇게 결정을 내려야 제대로 된 부를 거머쥘 수 있다. 물론 이런 리더가 되려면 정말 대단한 용기가 필요하다.

5. 회사에 도움을 줄 수 있는 사람에게 과감하게 투자한다

기네스를 더 발전시킨 기업가 에드워드 세실은 이런 말을 남겼다.

"사람들이 당신을 위해 돈을 벌도록 지원해주지 않으면 그들과 손잡고 돈을 벌 수 없을 것이다."

요즘에는 이와 정반대의 사고방식이 유행하는 것 같다. 현대 기업들은 직원들에게 더는 아무것도 나오지 않을 때까지 쥐어짜는 경향이 있다. 직원에게 투자하거나 직원의 복지를 배려해 그가 고용주의 이득을 위해 성심껏 일하게 하는 것이 아니라 경영진과 노사 간의 긴장감을 고조시켜 결국 양측의 생산성을 모두 저하시킨다.

기업의 운명이 무엇인지 잊어버리면 그런 식으로 행동할 수밖에 없다. 고용주와 노동자, 경영진과 노사는 함께 번영하거나 함께 몰락할 수밖에 없는 관계이다. 도덕적 자유 시장에서는 후히 베푸는 경영자의 영향력이 강할 때 사회가 크게 발전한다. 사람들은 직업 활동을 통해서 기술을 연마하고 성품을 변화시킨다. 또 더 넓은 교육을 받고 사람들을 이끄는 법을 배우며 가족들의 생활을 향상시킬 방법을 발견하게 된다.

기네스는 바로 이 점을 정확히 파악하고 있었다. 그래서 직원들을 파김치로 만든 다음 교회나 국가가 그들을 다독여서 다시 일으켜주기를 기대하지 않았다. 기네스는 직원들에게 과감히 투자했다. 급여를 올려주고 모든 형태의 교육을 지원해 주었으며 의학, 스포츠, 오락은 물론이고 사색 공간까지 마련해 주었다. 또한, 근무평점이 좋은 직원들에게는 경제적 안정을 보장해 주기까지 했다. 지원 사택 마련, 자녀들의 대학 교육 지원 등 가족 전체의 복지 향상에도 크게 기여했다. 기업주로서 당연한 일이라 생각했겠지만, 그 덕분에 이러한 투자의 가치를 인식하지 못했던 경쟁사에 비해 큰 발전을 이루었다.

직원들이 열심히 근무하기 바란다면 그들에게 먼저 아낌없이 투자해야 한다는 에느워드 세실의 말에는 틀린 점이 하나도 없다. 이것이야말로 기네스의 유산을 오랫동안 지탱해준 버팀목이며 반목과 대립이 난무하는 현대 사회의 경제에 적용해야 할 지혜이다.

지금까지 살펴본 점은 우리가 기네스 가의 이야기에서 배울 수 있는 교훈 중 몇 가지 예시에 불과하다. 이러한 교훈 속에는 세계 최고의 경지에 오른 기업이 250년간 쌓은 지혜와 경험이 고스란히 녹아 있다. 이 책을 읽고 당대에 기네스가 기여한 바가 무엇인지 깊이 생각해보면 그들의 윤리를 우리 시대에 적용하여 더 큰 성공을 이룰 수 있다.

감사의 말

명실공히 세계 최고의 맥주 기업을 방문할 무렵에 나는 예전에 화성에 대해 글을 쓸 때만큼 기네스 가의 이야기에 대해 많은 도움을 받아야 하는 처지였다. 고맙게도 좋은 사람들을 많이 만나서 충분한 도움을 얻게 되었다. 그들은 신앙심이 깊고 전문 기술이 뛰어난 데다 시에 대한 조예도 매우 깊었다.

조지 그랜트 박사Dr. George Grant 덕분에 맥주가 아주 고상한 역사를 가진 술이며 고대의 유명한 성인들이 맥주를 사랑하고 즐겨 마셨다는 사실을 알게 되었다. 또 그들이 맥주에 대한 글을 남겼다는 사실도 알게 되었다. 내게 시간을 많이 빼앗기는데도 잘 참아주고 여러 가지로 도움을 베풀어 준 것에 깊이 감사드린다.

처음으로 맥주 양조에 대해 알게 된 것은 내슈빌에 있는 블랙스톤이라는 음식점 겸 양조장이었다. 그곳의 소유주인 스테파니 웨인스Stephanie Weins는 나를 따뜻이 환영해 주었고 트래비스 힉슨Travis Hixon과 조시 개럿Josh Garrett은 아무것도 모르는 나에게 맥아, 맥아즙, 그래비티, 이스트 등에 대해 자세히 알려주었다. 그들의 오랜 기술은 정말 존경할 만하며 맥주에 대한 남다른 사랑도 잊을 수 없다. 나에게 기꺼이 시간을 내주신 점에 대해 깊이 감사드린다. 바비 블레이지어Bobby Blazier는 넓은 인맥을 활용하여 내게 필요한 사람들을 소개해 주었다. 맥주뿐만 아니라 모든 일에 열정적인 그분께 감사드린다.

전문 양조기술자인 랍 히긴포탐Rob Higginbotham은 여러 차례 시간을 바쳐서 나에게 맥주 양조 과정을 가르쳐 주었다. 그분은 기술자인 동시에 시인이었으므로 맥주 만드는 과정을 아름답게 표현하는 요령도 알려주었다. 그분이 아니었다면 이런 지시은 세상 어디에서도 얻지 못했을 것이다. 정말 감사하게 생각한다.

작가는 글을 쓸 때 세상 사람들이 무지하다고 생각하지만 일단 책이 완성되면 태도가 달라져서 세상 사람들의 칭찬과 인정을 갈망하게 된다. 하지만, 작가에게 가장 좋은 벗은 칭찬에 더하여 깊은 애정에서 우러나온 비평을 아끼지 않는 사람이다. 나는 이 분야에서 경험이 많은 친구들에 더하여 좋은 인연을 많이 만났다.

입은 거칠지만 마음은 따뜻한 동료 작가인 제프 팩Jeff Pack은 지혜로운 조언을 아끼지 않았으며 아이작 다널Isaac Darnall은 저널리스트다운 피드백을 내놓은 데다 나와 함께 아일랜드까지 가서 이 책에 실린 수많은 사진을 찍어주었다. 그의 예술적 감각에 더하여 내가 친구보다 맥주를 더 사랑한다며 장난스럽게 격려해 준 덕분에 이 책이 한층 더 발전한 모습을 갖추게 되었다.

토마스 넬슨Thomas Nelson, 아일랜드 출판사—옮긴이에 근무하는 조엘 밀러Joel Miller라는 친구는 나보다 더 맥주를 좋아하며 맥주의 역사를 훤히 꿰뚫고 있다. 내가 가장 절실하게 도움이 필요했을 때 바로 그가 지혜로운 조언과 따스한 격려를 베풀어 주었다. 진심으로 감사의 말을 전한다.

더블린에 있는 성 제임스 게이트 공장의 문서 보관소에 에이브린 로체Eibhlin Roche보다 더 고마운 사람은 없을 것이다. 그녀는 똑똑하고 학식이 풍부하여 인터뷰 대상으로 더할 나위 없이 좋았다. 내가 문서보관소에서 여러 시간 조사할 수 있도록 도와주고 그밖에 여러 가지 도움을 베풀어 준 것에 감사드린다.

기네스 가문의 인사가 나의 책에 관심을 보여준 것은 내 인생에서 가장 큰 영광이라 할 수 있다. ≪기네스 가의 천재들The Genius of Guinness≫을 출간한 미쉘 기네스는 나를 잘 다독여주고 많은 정보를 알려주었다. 특히 그라탄 이야기를 들려주며 그녀가 보였던 열정과 친절은 나에게 큰 힘이 되었다.

마지막으로 남자가 인생을 살면서 선한 아내를 만나는 것은 축복 중의 축복일 것이다. 그 아내가 친구 역할도 해주면 그 남자는 두 배의 축복을 받은 것이다. 아내가 항상 연인과 친구 노릇을 하면서도 전문성을 갖춘 파트너로서 일에 대한 도움을 준다면 그 남자는 수시로 무릎을 꿇고 감사한 마음을 가져야 한다. 내가 바로 그런 남자이다. 베버리를 만난 것은 이루 다 말로 표현할 수 없는 축복이다.

참고자료에 대하여

기네스를 주제로 책을 출간한 사람들은 정말 대단해 보인다. 내가 소심하기 때문에 그들이 대단해 보인다는 뜻은 아니다. 기네스 가의 사람들은 좀처럼 자신을 드러내지 않는 데다 공격적인 글을 썼다는 이유로 작가를 고소한 일이 많았다. 게다가 의견 차이는 복수와 잔인한 배신으로 이어진 일도 있다. 그래서 이야기를 어디까지 다룰 것인가도 쉽지 않은 문제였다.

기네스 이야기는 비틀즈 노래의 주제— '삶의 하루A Day in the Life' 라는 노래는 기네스 상속인의 사망을 기리기 위해 만든 노래일 가능성이 크다—에서 존 웨슬리의 포교 활동, 19세기 더블린의 빈곤에서 현대 두바이에서나 볼 수 있는 금주 상황에 이르기까지 매우 다양하다.

나는 오로지 기네스 가 사람들의 신앙과 후히 베푸는 태도만 책에 담았기 때문에 이러한 위험을 피할 수 있었다. 맥주를 양조하는 과정에 대한 설명과 계보에 대한 갖가지 의견이나 기네스 가 엘리트층의 뒷이야기는 하나도 다루지 않았다. 따라서 이 책은 공격의 대상이 되지 않으리라 확신한다.

기네스 가의 이야기를 아끼는 사람으로서 디아지오가 기네스 회사에 기여한 것처럼 누군가가 기네스 가문을 널리 알려주는 것이 나의 바람이다. 기네스 가에 대한 자료는 거의 남아 있지 않은 데다 아더 기네스의 후손들이 얼마나 훌륭한 일을 했는지 기리는 연구 센터나 박물관도 찾아볼 수 없다. 기네스 가의 차세대 주자들이 이러한 필요를 충족시키리라 기대해 본다. 그들은 가문을 이을 상속자뿐만 아니라 이웃도 따뜻이 챙길 것이 분명하다.

이 책을 집필하는 데 참고한 자료를 소개할까 한다. 서문에서 언급한 대로 기네스가 직원들에게 호의를 베푼 것에 대한 자료는 ≪성 제임스 맥주 공장에 대한 가이드북Guide to St. James's Brewery≫이라는 소책자에서 가져온 것이다. 이 책은 1928년에 아더 앤 기네스, 선 앤 컴퍼니에서 발행한 것으로 당시 기네스 역사를 가장 정확하게 묘사한 것이다.

청교도에 대한 이야기와 기네스가 세상에 나타나기 이전의 맥주에 관한 자료는 윌리엄 브래드포드의 ≪플리머스 플랜테이션Plymouth Plantation≫과 ≪몰트의 이야기Mourt's Relation≫를 참고한 것이다. 이 책들은 신세계에서 청교도들이 겪은 일을 생생하게 알려준다. 고대와 중세 시대의 맥주에 관한 자료는 그레그 스미스Gregg Smith가 저술한 ≪메소포타미아에서 소형 양조장에 이르기까지 맥주와 문명의 역사A History of Suds and Civilization from Mesopotamia to Microbreweries≫와 톰 스탠데이지Tom Standage의 ≪여섯 개의 컵에 담긴 세계 역사A History of the World in 6 Glasses≫를 참고했다. 둘 다 재미있고 유용한 자료가 많이 들어 있다.

중세 이후로 이어진 맥주의 역사와 기네스의 등장에 대한 점, 특히 기독교 교회와 관련된 맥주의 역사를 논하기 위해 짐 웨스트Jim West의 ≪칼뱅, 루터와 한잔하실까요? : 교회 속 알코올의 역사Drinking with Calvin and Luther : A History of Alcohol in the Church≫와 케네스 L. 젠트리 주니어Kenneth L. Gentry Jr.의 ≪신이 내린 포도주 : 알코올에 대한 성서의 견해God Gave Wine : What the Bible Says About Alcohol≫만큼 좋은 책은 없었다.

1987년 3월 4일자 〈뉴욕타임스New York Times〉에 '문명은 맥주에 빚지고 있는가?'라는 주제로 솔로몬 H. 카츠 박사의 유명한 논문을 요약한 기사가 등장했다. 이 내용은 인터넷으로 쉽게 확인할 수 있으며 펜실베이니아 대학의 교수이자 인류학 학자인 카츠 박사의 다른 자료도 널리 읽혀졌다.

빌 옌이 저술한 ≪기네스 : 완벽한 파인트를 찾아나선 250년간의 탐험 Guinness : The 250 Year Quest for the Perfect Pint≫은 맥주의 역사와 관련해 1장을 저술하는 데 많은 도움이 되었다. 기네스라는 기업의 역사에 대해서도 많은 점을 알려주지만 양조 방법의 진화, 이스트의 생명력, 양조 기술 발전에 있어서 기네스의 공헌도 등을 논하는 면에서는 빌 옌을 따라올 사람이 없을 것이다. 저널리스트다운 글솜씨와 직설적인 표현 덕분에 기네스 맥주 양조 과정에 대해서는 단연 그의 저서를 으뜸으로 평가해야 한다.

아더 기네스의 등장을 저술할 때 도움을 받았던 패트릭 기네스의 ≪아더의 무대 : 맥주의 전설인 아더 기네스가 살았던 시대와 그의 삶Arthur's Round : The Life and Times of Brewing Legend Authur Guinness≫은 백과사전을 방불케 한다.

또 기네스에 대한 서적 중에서 단연 으뜸인 책은 바로 ≪기네스 가의 천재들The Genius of Guinness≫이라는 미셸 기네스의 저서일 것이다. 이 책은 주로 성직자의 길을 택한 그라탄 후손을 논하고 있지만, 가업을 물려받은 현명하고 배울 점이 많은 기네스 가의 사람들도 꿰뚫어보고 있다.

제3장 조상들의 발자취를 따라 걷다을 집필할 때에는 빌 옌과 미셸 기네스의 책에 더하여 프레더릭 멀러리의 《은쟁반 : 기네스 가족 이야기The Silver Salver : The Story of the Guinness Family》의 도움을 톡톡히 받았다. 이 책은 맥주 양조에 대한 이야기나 신앙보다는 기네스 유명인사의 삶에 초점을 맞추고 있다. 데렉 윌슨의 《빛과 명암 : 기네스 가의 이야기Dark and Light : The Story of the Guinness Family》도 비슷한 책으로 분류할 수 있다. 윌슨의 책은 기네스의 역사적 배경을 이해하는 데 가장 큰 도움이 되었다. 또한, 수많은 역사가가 기네스 가문에 대한 종교적 영향력을 아예 무시해버리거나 호기심 차원에서 가볍게 다루었지만 데렉 윌슨은 이 점을 사실대로 표현하고자 많은 노력을 기울인 것 같다.

제4장 부를 나누어 선행을 실천하다을 집필할 때에는 토니 코르코란의 《기네스 가의 선행 : 맥주 기업, 더블린 시와 그곳에 사는 사람들The Goodness of Guinness : The Brewery, Its People and the City of Dublin》에 더하여 스토어하우스 자료보관실에서 발견한 코르코란의 논문을 주로 참고했다. 이 작가는 기네스 가의 후대 정신을 높이 평가했을 뿐만 아니라 럼스덴 박사의 업적을 철저히 연구했으며 기네스 가의 선행을 생생하게 묘사했다.

찰스 카메론 박사의 글도 정말 유용했다. 카메론 박사의 글은 럼스덴 박사의 업적에 대한 배경과 19세기 후반 더블린 빈민층의 모습을 이해하는 데 필수적이었다.

제5장 성직자의 길을 선택한 사람들을 집필할 때에는 미셸 기네스의 저서에 의존할 수밖에 없었다. 그녀를 직접 만나서 이야기를 나눠보니 지금도 헨리 그라탄 기네스의 서한과 저서를 다수 소장하고 있으며 그 때문에 그라탄의 일생을

책으로 쓰게 되었다고 말했다. 아일랜드 역사상 가장 파격적인 종교 부흥을 이끈 것은 접어두고 헨리 그라탄이 남긴 글만 볼 수 있다 해도 대단히 가치 있는 자료가 될 것이다.

제6장 20세기에 들어선 기네스에 와서는 빌 옌의 저서를 주로 참고했다. 또한 마크 그리피스Mark Griffiths의 ≪기네스는 기네스다…흑백 브랜드의 화려한 이야기Guinness is Guinness…The Colorful Story of a Black and White Brand≫라는 책도 풍부한 자료에 더하여 다양한 웃음거리를 제공해 주었다. 이 작가는 기네스를 잇는 디아지오의 실체와 대중문화 속에서 기네스를 하나의 아이콘으로 만드는 기발한 광고를 가장 잘 보여준다. 미셸 기네스는 특히 무피드 기네스에 대해 부드럽고 아름답게 묘사한다.

지금까지 언급한 자료 외에도 이 책을 집필하는 데 유용했던 자료들이 많이 있다. S.R. 데니슨S. R. Dennisson과 올리버 맥도너Oliver MacDonagh가 저술한 ≪1886년부터 1939까지 기네스의 모습 : 주식회사로 우뚝 서서 2차 세계 대전에 직면할 때까지Guinness 1886-1939 : From Incorporation to the Second World War≫라는 책은 과거에 대한 깊은 성찰을 담은 기업 보고서로서 큰 도움이 되었다. 데이비드 휴즈David Hughes의 ≪기네스 한 병 주세요 : 기네스의 화려한 역사A Bottle of Guinness Please : The Colourful History of Guinness≫는 전문적인 자료가 풍부하고 사례가 많은 책이므로 기네스 역사를 연구하는 사람이라면 반드시 읽어봐야 할 것이다. 마지막으로 조나단 기네스의 ≪가업에 대한 회고록 Requiem for a Family Business≫은 1980년대의 스캔들을 주로 다루지만, 기네스 역사의 의미에 대한 깊은 성찰을 담고 있다.

작가에 대하여

《뉴욕타임스》가 선정한 베스트셀러 작가인 스티븐 맨스필드는 역사, 자서전, 현대 문화에 대해 십여 권의 저서를 출간했다. 그는 컨설팅 및 커뮤니케이션 기업인 맨스필드 그룹Mansfield group(Mansfieldgroup.com)과 도서관 프로젝트를 계획, 추진하는 유명 기업인 차트웰 문학모임Chartwell Literary Group을 창립하여 운영하고 있다.

그는 미국 육군 장교의 아들로 태어나서 유년기를 대부분 유럽에서 보냈다. 미국에서 대학에 진학하여 역사와 신학 학사를 취득했으며 역사와 공공정책 석사 및 역사, 문학 박사 학위를 얻었다.

그는 윈스턴 처칠을 주인공으로 하는 《결코 항복하지 마라Never Give In》로 작가로서의 첫발을 내디뎠으며 골드 메달리언 상을 수상했다. 그 후로 부커 T. 워싱턴, 조지 화이트필드의 자서전을 출간했다. 1997년에 테네시 주지사의 부탁으로 200여 년에 걸친 테네시 주의 종교 역사를 책으로 엮었다.

2003년에 출간한 《조지 W. 부시의 신앙The Faith of George W. Bush》은 오

랫동안 〈뉴욕타임스〉가 선정하는 베스트셀러 목록에 포함되었으며 미국 정치에 있어서 종교에 대해 전 국가적인 관심을 이끌어냈다. 이를 필두로 이라크 참전 용사들의 신앙을 연구하여 ≪미국 군인의 신앙The Faith of the American Soldier≫으로 엮어냈으며, 교황 베네딕트 16세에 관한 책도 출간했다. 교황의 책에 관해서는 〈퍼블리셔스 위클리Publisher's Wookly〉에서 '새로운 세계 지도자에 대한 흥미진진한 연구'라고 평가하기도 했다.

2008년에 맨스필드는 ≪버락 오바마의 신앙The Faith of Barack Obama≫을 출간했다. 이 책은 미국 최초의 흑인 대통령이 보여준 전통에서 벗어난 종교적 생활을 객관적인 관점에서 기술한 것이다. 신학적으로나 정치적으로나 보수적 성향이 강한 작가가 개인적으로 지지하지 않는 사람에 대해 편파적이지 않은 어조로 기술하였기에 논란의 여지가 많았다. 이 책은 베스트셀러가 되었으며 2008년 대통령 선거에서 부각된 종교적 주제를 정확히 묘사했다는 평을 받았다.

이처럼 맨스필드는 작가로서 높은 평판을 받고 있을 뿐만 아니라 신앙, 유산, 목표 성취, 리더십 등의 다양한 주제에 대해 활발한 강연 활동을 펼치고 있다. 그는 미국뿐만 아니라 세계 각국에서 빈곤, 사회 부정 등의 문제를 뿌리 뽑는 데 앞장선 바 있다.

현재 유명한 작곡가이자 프로듀서인 아내 베버리Beverly와 테네시 주 내슈빌에 살고 있다.

옮긴이의 말

기네스 맥주의 명성은 익히 들어 알고 있었지만 그 안에 이렇게 흥미로운 이야기가 많을 줄은 미처 몰랐다. 이 책에서 기네스 맥주의 맛과 거품에 대한 비법이나 막대한 부를 쌓은 비결이 전격 공개되리라고 기대했다면 약간 실망할지 모른다. 하지만 이 책에서 기네스라는 브랜드의 뿌리와 역사를 제대로 읽어보면 더 큰 감동과 깨달음을 얻을 것이다. 마치 여러 브랜드의 맥주가 모여 있는 진열대 앞에서는 기네스의 비싼 가격 때문에 망설였지만 그 부드러운 거품과 깊은 맛을 본 후에는 후회는커녕 만족스런 미소와 함께 고개를 절로 끄덕이게 되는 것과 같다.

또한 기네스 맥주를 좋아하는 사람들만 이 책에 끌릴 것이라고 생각하는 것은 큰 오산이다. 대대손손 가업을 물려주기 원하는 장인, 기네스에 버금가는 전 세계적인 브랜드로 성장하려는 꿈을 품고 있거나 직원 복지 개선방안을 고심하는 기업, 진정한 사회 환원의 의미, 사명감, 용기의 중요성을 보여주는 사례를 찾는 교사도 이 책을 꼭 읽어보기 바란다.

개인적으로 가장 좋아했던 표현은 '역사를 돌이켜보면 항상 실력이 뛰어난 사람보다 용감한 사람이 행운을 거머쥔다. 아더 기네스 역시 최고의 실력자는 아니지만, 용기만큼은 그 누구에게도 뒤지지 않는다는 사실은 우리에게 희망을 준다' 라는 저자의 말이었다.

개인적으로 럼스덴 박사, 벤슨 광고회사와 존 길로이 등 기네스 집안 출신이 아닌 사람들에 대한 이야기도 흥미로웠다. 이들 모두 오늘날의 기네스를 만드는 데 큰 공을 세운 사람들이다. 불가능할 것 같은 프로젝트였지만 사람에 대한 신뢰와 헌신적인 지지를 보여준 기네스 이사진들 덕분에 럼스덴 박사의 공적은 더욱 감동적이었다.

또한 오랫동안 광고를 반대해온 기네스였지만 과감하게 결정을 내리고 변화를 받아들이는 모습도 인상적이었다. 광고에 더하여 바다에 병을 뿌리는 기발한 프로젝트를 추진하고 기네스북을 출간하는 등 끊임없이 새로운 자극을 만들어내는 기네스의 모습은 전통에 지나치게 얽매이지 않는 신선한 느낌을 주었다.

자, 지금까지 이야기한 것은 빙산의 일각에 불과하다. 부드럽고 진한 기네스의 맛이 수백 년 동안 전 세계적인 사랑을 받은 비결은 한 문장으로 요약할 수 없고 그렇게 할 필요도 없다. 직접 이 책을 통해 독자가 직접 공감하고 이해하기 바란다. 기네스 맥주를 특별히 좋아하든 그렇지 않든 기네스 맥주와 기네스 가의 이야기는 누구나 꼭 읽어볼 만한 따뜻하고 교훈적이며 힘을 주는 이야기이다.

착한 맥주의
위대한 성공, 기네스

초판 1쇄 펴낸 날 2010. 10. 22
초판 2쇄 펴낸 날 2010. 12. 17

지은이   스티븐 맨스필드
옮긴이   정윤미
발행인   홍정우
편집인   이민영
디자인   문인순
발행처   브레인스토어
등록   2007년 11월 30일(제313-2007-000238호)
주소   (121-841)서울시 마포구 서교동 465-11 동진빌딩 3층
전화   (02)3275-2915~7
팩스   (02)3275-2918
이메일   brainstore@chol.com

한국어출판권 ⓒ 브레인스토어, 2010
ISBN 978-89-94194-14-1(03320)

값은 뒤표지에 있습니다.
잘못 만들어진 책은 구입하신 서점에서 바꾸어 드립니다.